A Sombra de Outubro

Coleção Estudos
Dirigida por J. Guinsburg

Equipe de realização – Tradução: J. Guinsburg; Coordenação textual: Luiz Henrique Soares e Elen Durando; Edição de texto: Rita Durando; Revisão: equipe da Perspectiva; Sobrecapa: Sergio Kon; Produção: Ricardo W. Neves, Sergio Kon e Lia N. Marques.

**Pierre Dardot e
Christian Laval**

A SOMBRA DE OUTUBRO
A REVOLUÇÃO RUSSA
E O ESPECTRO DOS SOVIETES

Título do original
L'Ombre d'Octobre
Copyright © Christian Laval e Pierre Dardot, 2017

CIP-Brasil. Catalogação-na-Fonte
Sindicato Nacional dos Editores de Livros, RJ

D244s
    Dartot, Pierre
    A sombra de outubro : a Revolução Russa e o espectro dos sovietes / Pierre Dartot, Christian Laval ; [tradução Jacó Guinsburg]. - 1. ed. - São Paulo : Perspectiva, 2018.
    224 p. ; 23 cm. (Estudos ; 361)

    Tradução de: L'ombre d'octobre
    ISBN 978-85-273-1138-0

    1. União Soviética - História - Revolução, 1917-1921. I. Laval, Christian. II. Guinsburg, Jacó. III. Título. IV. Série.

18-52836   CDD: 947.0841
                                                    CDU: 94(47+57)"1917/1921"

Meri Gleice Rodrigues de Souza - Bibliotecária CRB-7/6439
27/09/2018 03/10/2018

1ª edição

Direitos reservados em língua portuguesa à
EDITORA PERSPECTIVA LTDA.

Av. Brigadeiro Luís Antônio, 3025
01401-000 São Paulo SP Brasil
Tel: (011) 3885-8388
www.editoraperspectiva.com.br

2018

Sumário

Outubro de 1917, Esse "Pesadelo Oprimindo o Cérebro
dos Vivos" – Prefácio à Edição Brasileira............... xi

Introdução: Luz dos Sovietes, Sombra de Outubro xvii

1. DA REVOLUÇÃO DE FEVEREIRO
   À INSURREIÇÃO DE OUTUBRO 1
   A Revolução de Fevereiro......................... 2
   A Atitude dos Bolcheviques a Respeito dos Sovietes .. 8
   A Virada de Meados de Setembro
   e a Preparação da Insurreição 14
   A Insurreição de Outubro e o Golpe de Estado
   de Lênin... 21

2. O PARTIDO SOBERANO 35
   Uma Decisão Unilateral do Comitê Central 36
   Uma Falsa Dualidade do Poder Entre Partido
   e Sovietes....................................... 38

Rumo ao Monopólio do Partido 42
O Fetichismo do Partido........................ 50
A Soberania do Partido Como Essência
do Bolchevismo 54
Marx e Lênin................................... 61

3. O ESTADO CONTRA OS SOVIETES 69
A "Ditadura do Proletariado"................... 72
O Mais Democrático dos Estados? 78
O Imperativo do "Mais Estado" 86
O Estado Terrorista em Guerra Contra
a Sociedade 94
Uma Soberania de Estado Antissoviético......... 102

4. A SOMBRA DE OUTUBRO
E AS REVOLUÇÕES OCULTAS 107
A Revolução Mexicana, uma Revolução
Social Olvidada................................ 110
Do Liberalismo Radical ao Comunismo Anarquista .112
Uma Revolução Operária e Agrária 116
La Casa del Obrero Mundial, uma Instituição
Operária Única................................. 119
A Revolução Mexicana Vista Pelos Bolcheviques ... 122
A Revolução Espanhola, uma Revolução Social
Dissimulada 125
O Movimento de Coletivização e as Experiências de
Autogestão 128
O Partido, Ponta de Lança da Reconstrução
do Estado...................................... 135

5. QUAL COMUNISMO? 145
   Um Comunismo de Estado 147
   Historicidade e Pluralidade de Comunismos 150
   O Comunismo da Comunidade................... 152
   O Comunismo da Associação dos Produtores...... 156
   O Peso da Herança Saint-Simoniana.............. 160
   O Comunismo dos Comuns: um Comunismo
   Político e Institucional........................... 166

Referências Biográficas das Personagens Citadas......... 173

Outubro de 1917, Esse "Pesadelo Oprimindo o Cérebro dos Vivos"

prefácio à edição brasileira

No início de *O 18 de Brumário de Luís Bonaparte*, Marx observa que "a tradição de todas as gerações mortas oprime como um pesadelo o cérebro dos vivos". Os homens desempenham seu novo papel histórico tomando emprestado de antepassados ilustres os trajes e a linguagem, em vez de confrontar lucidamente as tarefas que seu tempo lhes prescreve. Dessa "conspiração histórica dos Mortos" ele dá vários exemplos: Lutero "envergou a máscara do apóstolo Paulo"; os homens da Revolução Francesa tomaram de empréstimo o traje e as frases da Roma antiga, enquanto os da Revolução de 1848 "não sabiam fazer nada além de parodiar" 1789 ou 1793. Podemos acrescentar, no espírito das observações feitas por Marx em 1871, os da Comuna de Paris, notadamente a maioria jacobina em favor de um Comitê de Segurança Pública, ainda em grande parte prisioneira da "grande memória" de 1792-1793. No entanto, diz Marx, se os homens da Revolução Francesa estavam à altura do presente, os de 1848-1851 deixaram o campo livre para o "espectro" da revolução, em vez de encontrar o "espírito"[1]. Por isso

---

[1] Karl Marx, Le 18 Brumaire de Louis Bonaparte, *Les Luttes de classes en France*, Paris: Gallimard, 2007, p. 176-178.

foram incapazes de realizar a tarefa que o seu próprio tempo lhes atribuiu. O que faz toda a diferença é, portanto, a relação prática com a "tarefa do momento". Contudo, é precisamente o lugar que continua a ocupar outubro de 1917 no imaginário de boa parte da esquerda hoje que constitui um obstáculo ao entendimento do presente. Ao longo de todo o século XX, aqueles que se autodenominaram "revolucionários" continuaram tomando emprestado os trajes e a linguagem passados, a ponto de repetir a peça de outubro no palco da história. É com toda uma ideia de revolução que precisamos romper de uma vez por todas, não para abandoná-la, mas, ao contrário, para pensar de forma renovada o que é uma "revolução" a fim de confrontar lucidamente as exigências do nosso presente.

O QUE É UMA REVOLUÇÃO?

O que queremos dizer quando falamos sobre a "Revolução Russa de 1917"? A historiografia soviética teve o prazer de glorificar a "Grande Revolução de Outubro", que teria conseguido o que a de fevereiro, reduzida na melhor das hipóteses à posição de episódio preparatório, fora impotente para alcançar. É certo que fevereiro e outubro eram "insurreições", mas, seguindo essa tradição, não o foram da mesma maneira. Fevereiro seria uma revolução política ou uma simples mudança de governo que teria afetado a "superestrutura" da sociedade, ao passo que Outubro fora uma revolução social, uma mudança na sociedade, estabelecendo novas relações de produção e propriedade. Essa interpretação prevaleceu amplamente na esquerda durante todo o século XX, mesmo na crítica trotskista do estalinismo. Daniel Bensaïd afirma que o levante de outubro 1917 representa "o culminar e o resultado provisório de um confronto que amadurecera ao longo de todo o ano", mas quando se trata de dar ideia do que foi a revolução enquanto "impulso transformador vindo de baixo", não lhe ocorre nada de melhor do que tomar de Marc Ferro exemplos relacionados à revolta popular de fevereiro[2].

2 Daniel Bensaïd, *Octobre 17: La Révolution trahie*, Fécamp: Lignes, 2017, p. 21-22. Cf. Marc Ferro, *A Revolução Russa de 1917*, 2. ed., São Paulo: Perspectiva, 2011.

O que ocorreu realmente? Tudo depende do significado do termo "revolução". Por isso podemos entender uma ação de curto prazo emanada da própria sociedade, por meio da qual a sociedade se autoinstitui. Castoriadis nos oferece uma definição notavelmente clara nesse sentido: "A melhor definição que podemos dar de uma revolução nos tempos modernos seria esta: nem barricadas nem aceitação do Palácio de Inverno (que não era senão um 'golpe de Estado'), mas a *reconstituição da unidade política da sociedade na ação*. Um período revolucionário é quando cada um deixa de ficar em casa, sendo apenas o que se é, sapateiro, jornalista, trabalhador ou médico, e se torna um cidadão ativo que quer algo para a sociedade e sua instituição, e considera que a realização desse algo depende diretamente dele e dos outros e não de uma votação ou do que seus representantes farão em seu lugar"[3]. Se mantivermos essa definição, então devemos concordar que ela se aplica plenamente a fevereiro: de 23 a 27 de fevereiro, e nas semanas que se seguiram, a sociedade dividida e esmagada pela opressão tsarista reconstituiu sua unidade política na ação e fez isso concedendo a si mesma as instituições de autogoverno que eram os soviets. No entanto, essa definição não se aplica mais a outubro: a insurreição bolchevique rompeu com a unidade da sociedade, restaurando o princípio do Estado contra os soviets, e essa ruptura ocorreu a partir do momento em que tomou o poder, sem esperar a vitória de Stálin sobre Trótski. Em 25 de outubro Lênin coloca o Congresso dos Soviets diante do fato consumado da formação de um governo bolchevique bem quando a legalidade revolucionária exigia a formação de um governo emanado do Congresso dos Soviets e responsável perante ele. É verdade, levou mais quatro anos para os soviets serem permanentemente proscritos com a revolta de Kronstadt, em 1921. Contudo, foi a partir de outubro de 1917 que a atividade autoinstituinte da sociedade acabou, se não brutalmente interrompida, ao menos seriamente solapada. Não que Stálin esteja já embrionário em Lênin à maneira de um filho em seu pai, mas porque os germes da morte já estão presentes nas práticas autoritárias do bolchevismo e seu fetichismo do "poder de Estado".

---

3   Cornelius Castoriadis, *La Cité et les lois*, Paris: Seuil, 2008, p. 173-174 (grifo nosso).

UMA CRISE HISTÓRICA DA ESQUERDA

Como isso nos afeta hoje? A crise global da esquerda no início do século XXI é sem precedentes. Não se trata de mera eventualidade devido a um lapso temporário das pessoas ou a uma lacuna nos programas, é uma *crise existencial*, que se deve principalmente a um colapso do imaginário face à ofensiva neoliberal que se dá sob as formas mais diversas (pensemos nas figuras complementares de Trump nos Estados Unidos e de Macron na França), muitas vezes muito confusas para quem continua a olhar para o presente com os velhos óculos do passado. Com o colapso do comunismo de Estado e o alinhamento da social-democracia às políticas neoliberais, a esquerda em muitos países já não parece mais portadora da esperança em uma sociedade mais igualitária e menos violenta. A isso acrescenta-se uma crise estratégica: o modelo de tomada do poder estatal por um partido com uma "ciência da história e da sociedade" não funciona mais. Temos que reinventar uma nova imaginação e outra estratégia. Para isso, o conhecimento crítico do passado é indispensável. A "esquerda global" não pode impunemente agir como se pudesse esquecer o que foi o século XX e ignorar a forma como a experiência revolucionária foi tirada de seu curso pelo destino sinistro da revolução russa e pelo estalinismo.

A tradução para o português do nosso livro aparece em um momento dramático na história do Brasil. A esquerda brasileira está hoje em uma encruzilhada. Após o golpe parlamentar de 2016, o governo neoliberal de Temer impôs uma política de austeridade e repressão bastante alinhada com o neoliberalismo autoritário. O efeito da desorientação produzida na esquerda é tanto mais profundo quanto a violência dessa política a desafia a definir alternativas que a forçariam a enfrentar o sistema de poder mundial neoliberal, tarefa que os presidentes anteriores, Lula ou Dilma Rousseff, não assumiram totalmente.

Para não "ser cego ao seu próprio objeto", como diria Marx, e conseguir redefinir uma via política original, a esquerda brasileira, assim como o resto da esquerda internacional, deve libertar-se completamente de suas ilusões "constitucionalistas", estatistas, assim como da fé no poder de um "homem providencial". A receita da mudança social por meio da "conquista do poder do Estado" acaba por ser uma miragem fatal. Seja a defesa dos direitos sociais, do movimento de camponeses sem terra, da luta pelo direito à moradia ou daquela das comunidades tradicionais, em todos os lugares é preciso favorecer, estimular e coordenar práticas do comum como práticas de autogoverno. Em suma, como este livro convida, é hora de reconstruir uma nova forma de comunismo, isto é, nas palavras de Marx, um movimento real que, para verdadeiramente abolir o estado de coisas existente, não mais oporá os meios ao fim. O novo comunismo começa com a instituição de comuns aqui e agora.

8 de setembro de 2018.

INTRODUÇÃO:
Luz dos Sovietes, Sombra de Outubro

> Os bolcheviques mostraram como
> a revolução não deve ser feita.[1]
>
> KROPOTKIN

No dia 21 de julho de 1917, o jornalista russo Ilya Ehrenburg, após ter passado quatro meses na França, visitado o *front*, Paris e a província, presta contas nos seguintes termos acerca do impacto da efervescência revolucionária na Rússia sobre a opinião popular francesa:

Não é nem Ribot nem Lloyd George que exprimem a esperança de círculos mais largos, na França, mas nosso Conselho dos Sovietes Operários e Soldados. Esse soviete é tão terrível para a imprensa amarela. Por toda parte, não se fala senão dele, tanto nas trincheiras da Champanha quanto em Paris. "Viva o soviete", bradam os *poilus* [soldados franceses da guerra de 1914-18], lendo os curtos telegramas. "Viva o soviete, assim terminam as moções das assembleias em que se reúnem centenas de operários. "Viva o soviete", assim são intitulados os editoriais dos órgãos democráticos tais como a *Tranché républicaine, L'Humanité, Le Journal du Peuple*.

Ele acrescenta: "Os escritores, os artistas, a juventude que escreve, dezenas de minúsculas revistas e tudo o que há na França de consciente crê na Rússia. Romain Rolland, que ultimamente fazia um apelo desesperado à Europa tão amada:

---

1   Apud Alexander Berkman, *Le Mythe bolchevique: Journal 1920-1922*, Paris: La Digitale, 1996, p. 78.

'Tomba, morre, eis tua tumba', escreve agora: 'A luz libertadora vem da Rússia'."[2]

A metáfora da "luz libertadora" é hoje de fazer rir, a tal ponto ela nos parece ao mesmo tempo ultrapassada e deveras ingênua e simplista, visto que o estilo lírico de Rolland é razoavelmente explícito e nós temos a nosso favor a perspectiva de um século de história. No entanto, o que essa imagem diz é irredutível à invenção de um mito: desde julho de 1917, muitos meses antes da tomada do poder pelos bolcheviques, a "luz da revolução russa" identifica-se com a luz do "soviete" e ela faz brilhar na lúgubre noite da Europa mergulhada na barbárie da guerra imperialista o clarão de uma esperança que não estará perto de extinguir-se, mesmo após a paz de 1918. De fato, na esteira da Revolução Russa, e em um momento em que a guerra civil entre brancos e vermelhos desencadeia o caos na Rússia, movimentos insurrecionais ou quase insurrecionais eclodiram em vários países da Europa, e seus atores não hesitaram em se apropriar do nome russo "soviete".

Na Alemanha, com o impulso da revolução de novembro de 1918, uma densa rede de conselhos operários se estende sobre todo o território. As repúblicas dos conselhos vêm à luz, notadamente na Baviera (abril-maio de 1919), na Hungria (abril-agosto de 1919) e no sudeste da Eslováquia (junho-julho de 1919). Comunas agrícolas de inspiração comunista libertária se constituem em certas regiões da Ucrânia (1918-1921). Conselhos de fábrica aparecem por toda parte no norte da Itália no curso do *biennio rosso* (os dois anos rubros) de 1919-1920: os 150 mil operários em greve de Turim elegem conselhos de fábrica e sovietes são formados em Florença. Gramsci tira daí esta conclusão: "O nascimento de conselhos operários de fábrica representa um grande acontecimento histórico, o começo de uma nova era na história do gênero humano."[3]

Mas há também experiências que, sem ir até a insurreição, testemunham a popularidade e a exemplaridade dos sovietes como instituições autônomas. O caso da Irlanda merece que nos detenhamos aí, tão pouco conhecido é ele e, no entanto,

---

2   Apud Marc Ferro, *La Révolution de 1917*, Paris: Albin Michel, 1997, p. 981-982.
3   Antonio Gramsci, O Conselho de Fábrica, *L'Ordine nuovo*, Turim, 5 de junho de 1920, disponível em: <www.marxists.org>.

social e politicamente significativo. Com efeito, não menos de uma centena de experiências de autogestão vêm à luz entre 1918 e 1923, praticamente todos sob a denominação de "soviete"[4]. Assim, o "soviete" de Limerick, criado em abril de 1919 e que é de fato um comitê de greve, nomeado pelo Conselho dos Sindicatos da cidade, toma a seu cargo a gestão da comuna e acaba mesmo por emitir sua própria moeda. Acontece igualmente assim com o "soviete" agrário de Broadford que, em fevereiro de 1922, toma em suas mãos durante dez meses a gestão de um domínio agrícola e converte as terras em pastagens comuns. Assim ainda é o caso dos sovietes formados em 39 usinas da empresa leiteira e panificadora Cleeve em julho-agosto de 1922, cuja divisa ("Long live the Soverenig People" ou "Longa vida ao povo soberano") e o *slogan* ("We make bread not profits" ou "Nós fazemos pão, não lucros") dizem de maneira bastante clara de sua dimensão anticapitalista.

Em junho de 1919, estoura em Paris a greve dos metalúrgicos, "condenação da união sagrada e do reformismo da Confederação Geral do Trabalho (CGT) encarnadas por seu secretário-geral, Léon Jouhaux", uma mobilização operária que "exprime uma oposição resoluta ao capitalismo e ao governo"[5]. O Comitê de Entendimento dos Sindicatos dos Metalúrgicos do Sena convoca para a greve geral em 2 de junho a fim de obter a semana de 44 horas e um aumento dos salários. Certos comitês locais de greve acrescentam outras reivindicações mais políticas: fim da intervenção contra os bolcheviques na Rússia, anistia dos prisioneiros políticos e militares. Por ocasião de um *meeting* organizado para o 4 de junho, em Saint-Denis, no subúrbio parisiense, o Comitê Intersindical se transforma em comitê local dos sovietes. Uma bandeira vermelha é pregada no balcão da prefeitura. O objetivo é impor à CGT o desencadeamento de um movimento geral destinado a derrubar o governo de Clemenceau. A historiadora Michèle Zancarini-Fournel comenta:

---

[4] Cf. Olivier Coquelin, Soviets irlandais: Experiences autogestionnaire dans l'Irlande révolutionnaire (1918-1923), 1ª parte, *Association Autogestion*, 6 de outubro de 2016, disponível em: <www.autogestion.asso.fr>.

[5] M. Zancarini-Fournel, *Les Luttes et les rêves: Une Histoire populaire de la France de 1865 à nos jours*, Paris: La Découverte, 2016, p. 581.

A Revolução Russa é muito popular entre os grevistas, particularmente os sovietes. É o "único regime que se aproxima mais das aspirações operárias", afirma um grevista de Ivry, em 18 de junho de 1919. Nesse mesmo subúrbio parisiense, por ocasião de um *meeting* organizado em 24 de junho, os membros das Juventudes Socialistas agitam a bandeira vermelha, entoando cantos revolucionários e gritam: "Viva a Revolução!" O quadro é o mesmo no leste parisiense, do XIII ao XX distritos.[6]

E no oeste da capital, em Boulogne, uma guarda vermelha é inclusive formada para combater a polícia.

A imensa popularidade da "revolução bolchevique" vem do fato de que ela confisca em seu proveito o prestígio e a popularidade dos sovietes, conquistados desde antes de 25 de outubro de 1917, de modo que a "luz do soviete" se torna, para milhões de homens e mulheres em todo o mundo, a "luz de Outubro". No entanto, olhando as coisas mais de perto, tal identificação decorre do menosprezo puro e simples: como veremos desde o primeiro capítulo, outubro de 1917 não marca de modo nenhum o triunfo dos sovietes, muito ao contrário, e o leninismo, como doutrina ou como estratégia política, não pode pretender – falta muito – monopolizar em seu proveito a experiência dos sovietes. A "arrastadora vaga conselhista" dos anos 1918-1920 na Alemanha vai, aliás, encontrar seus verdadeiros teóricos, não do lado do bolchevismo, mas em homens como Anton Pannekoek, Otto Rühle ou Herman Gorter, hoje bastante esquecidos, mas que foram, todavia, os defensores de um comunismo dos conselhos *oposto* ao bolchevismo. Herman Gorter é notadamente o autor de uma *Carta Aberta ao Camarada Lênin*, publicada em novembro de 1920 em resposta à celebre brochura *A Doença Infantil do Comunismo*. Ele defende aí a "tática das massas" por oposição à "tática dos chefes" preconizada por Lênin ou ainda uma "política das massas" por oposição à "política dos chefes" praticada pela III Internacional[7]. De maneira mais geral, é o primado leninista do Partido que essa esquerda internacionalista põe em questão. Otto Rühle, por sua vez, redige em maio de 1920 um texto-manifesto intitulado *Die Revolution ist keine Parteisache!* (A Revolução não é um caso de partido!) no qual

6 Ibidem, p. 583.
7 Cf. H. Gorter, *Réponse à Lénine. Lettre ouverte au camarade Lénine*, Paris: Spartacus, 1979 [1920], p. 51 e 97.

censura o Partido Comunista Alemão (KPD) de ter-se tornado "um partido parlamentar como os outros partidos", que mantém as massas em "uma submissão muda e uma passividade devota" em relação aos chefes. Ele advoga em favor de uma organização política que não seja um partido político e que trabalhe na criação de "organizações revolucionárias de empresas", federando-se de baixo para cima para formar uma "União Geral dos Trabalhadores" que nada teria a ver com um sindicato[8]. Por ocasião do III Congresso da Internacional Comunista, esses comunistas dos conselhos procuram sem sucesso se reagrupar com os delegados da Confederação Nacional do Trabalho (CNT) espanhola e dos Industrial Workers of the World (IWW)[9] norte-americanos para constituir uma oposição à direção leninista[10].

Como se sabe, o leninismo não se impôs somente na Rússia, mas na própria Internacional, logo transformada em correia de transmissão das políticas do Estado russo. A despeito dos esforços envidados por gerações inteiras de revolucionários para reencontrar o verdadeiro elã de 1917, o destino da Revolução Russa acabou em desastre para as sociedades dirigidas pelos partidos comunistas e, ainda mais, para todo movimento operário. Nenhum "reerguimento"[11] democrático foi possível, nenhuma "revolução antiburocrática" teve lugar. O capitalismo foi em toda parte restabelecido nos antigos países comunistas, e muitas vezes em suas formas predatórias e autoritárias mais odiosas. Pior ainda: aquilo que se empeteou com o nome de "comunismo" após 1917, aquilo que conseguiu açambarcar o monopólio dessa denominação, é uma catástrofe histórica que continua a produzir seus efeitos mais sombrios sobre a humanidade, privando-a de alternativa. Se a "revolução de Outubro"[12]

---

8 Cf. *La Révolution n'est pas un affaire de parti*, Genebra: Entremonde, 2010 [1920], disponível em: <www.marxists.org/>.
9 Organização operária de inspiração anarcossindicalista fundada em 1905.
10 Cf. Serge Bricianer, Introduction à la *Lettre ouverte* de Gorter: tenants et aboutissants, em H. Gorter, op. cit., p. 36.
11 Em francês, *redressement*, termo cuja utilização política, em nosso meio, não tem correspondente (N. da T.).
12 A expressão "revolução de Outubro", reduzida às vezes por metonímia a "Outubro", nada tem de neutro. Trata-se por certo de uma designação corrente e convencional, mas ela traz em seu bojo uma parte da mitologia que transfigurou o acontecimento tarde demais. Nós a utilizamos aqui para satisfazer as exigências de legibilidade, porém convém se desfazer da crença segundo a ▶

de fato inaugurou alguma coisa de inédito, não foi a libertação dos proletários, mas o poder totalitário do Estado. As desilusões foram tanto mais pungentes quanto as esperanças haviam sido imensas. O "sopro de Outubro", segundo a imagem muito pouco materialista que apaixonava os comunistas, arrastou massas imensas de indivíduos, em particular jovens, para a ação política[13]. Quantos, ao modo de Pannait Istrati, viram aí "a salvação do mundo que trabalha e que pena" antes de descobrir como esse "sopro" o converteu, às suas custas, no reino tirânico dos arrivistas cínicos e dos "canalhas" de paixões sórdidas e de costumes criminosos, ocultos sob o hábito de militantes devotados à revolução[14].

Alguns se deram conta disso muito cedo, como o anarquista americano Alexander Berkman, que escreveu essas linhas em seu diário de 1920-1922:

Os dias que correm são cinzentos. As brasas da esperança extinguiram-se umas após as outras. O terror e o despotismo trituraram a vida que havia visto a luz em Outubro. Os *slogans* da revolução são renegados, seus ideais estufados no sangue do povo. O sopro do passado condena milhares de homens à morte; a sombra do presente plana sobre o país como uma mortalha. A ditadura escarnece das massas populares. A Revolução está morta; seu espírito prega no deserto.[15]

Nessas poucas linhas tão lúcidas quanto sombrias, as metáforas do "sopro do passado" e da "sombra do presente" remetem ambos à morte, muito embora de uma maneira diferente, mas,

> qual a insurreição bolchevique de 25 de outubro de 1917 resume por si só um processo revolucionário muito mais complexo que começou muito antes e que prosseguiu após essa tomada do poder. Trata-se também de tomar nota do fato de que essa fórmula designa mesmo às vezes o embargo estatal e contrarrevolucionário que se impôs sobre os órgãos de autogoverno democrático.

13 Cf. Claude Pennetier e Bernard Pudal, *Le Souffle d'octobre 1917. L'Engagement des communistes français*, Paris: L'Atelier, 2017.

14 Cf. P. Istrati, *Vers l'autre flamme, Oeuvres III*, Paris: Phébus, 2006 [1929], p. 469 e 516.

15 A. Berkman, op. cit., p. 282. Berkman e sua amiga Emma Goldman haviam sido expulsos dos Estados Unidos para a Rússia em 1919. Militantes do movimento libertário, mas desejosos de contribuir para a revolução, foram testemunhas da degenerescência autoritária e burocrática do poder bolchevique. Em março de 1921, o esmagamento da Comuna de Cronstadt, que eles tentaram em vão evitar por sua mediação junto aos dirigentes bolcheviques, os convenceu a deixar o país.

ao mesmo tempo, elas manipulam no vazio um momento que não durou e que é identificado como o momento da "vida que viera à luz em Outubro". No espírito de Alexander Berkman, que se engajara de corpo e alma na revolução, "Outubro" aparece retrospectivamente como o começo de uma nova vida, cheia de promessas e carregado de todas as possiblidades. Que o olhar do ator empenhado que ele foi procura exprimir-se nessas fórmulas, eis o que não é duvidoso. Mas, fazendo isso, não cede ele ainda a um efeito de óptica que tem muito de miragem? Pois, no que outubro de 1917 marcou o início de uma nova vida? Que uma efervescência cultural e intelectual haja seguido à instalação do novo poder e que ela tenha sido sentida por muitos como o anúncio de uma nova vida é algo indiscutível. Mas o que se deve pensar da sorte bem depressa reservada por esse mesmo poder às instituições que eram os "sovietes" ou "conselhos" e que deviam, em princípio, assegurar ao maior número o exercício do poder efetivo?

Cada um sabe, ou deveria saber, que foi o Partido Bolchevique que exerceu sozinho todo o poder, desde a guerra civil até o fim da União Soviética, e que esse poder jamais teve nada de "soviético", *nem mesmo em Outubro*. A usurpação do termo "soviete" encontra-se, sem dúvida, no próprio coração da mentira que foi o comunismo burocrático de Estado durante quase todo o século XX. Se houve realmente uma Revolução Russa, ela foi o fato não do "partido da vanguarda", mas do movimento espontâneo de auto-organização dos operários, dos camponeses e dos soldados, que tanto surpreendeu os bolcheviques quanto os outros partidos. Mais precisamente ainda, e este é um fato histórico doravante estabelecido, o sistema dos sovietes como forma de autogoverno democrático é essencialmente estranho à prática bolchevique do poder. Os sovietes jamais foram a base do edifício "soviético". Na Rússia, após 1917, longe de um comunismo de sovietes, viu-se a instalação de um comunismo do partido, e até de partido-Estado. Como dirá em termos simples o grande escritor Vassili Grossman: "O partido dos bolcheviques devia tornar-se o partido do Estado Nacional."[16]

---

16 V. Grossman, *Tout passe*, Paris: Presse Pocket, 1986, p. 231.

Ora, nos dias de hoje, esse comunismo do "partido-Estado nacional" concluiu seu curso histórico. E isso é tanto melhor. É mais do que tempo de abrir uma nova página, mas, para fazê-lo, é preciso compreender aquilo que, com esse comunismo aí, foi desviado no projeto de emancipação que guiou o movimento operário desde seus inícios. Cumpre ir ao fundo das coisas, desdobrar toda a sua lógica, algo que numerosos revolucionários e marxistas, últimos guardiões dos vestígios de uma fé cega, se recusaram a fazer, arguindo apenas aqui ou ali alguns "erros", "excessos", "confusões", concedendo quando muito a existência de "crises", mas se preservando bem de rever de maneira crítica o início todo, o ato inaugural do drama histórico: a tomada do poder pelo Partido Bolchevique. É precisamente a uma tal revisão crítica que consagraremos os três primeiros capítulos do presente livro.

Por pouco que se consinta nisso, será preciso obrigar-se então a modificar a metáfora da sombra: não foi a sombra do terror que matou a "revolução de Outubro", foi a sombra de Outubro que se estendeu imediatamente sobre os sovietes de Fevereiro, a ponto de reduzi-los a uma existência puramente espectral. Isso não escapou aos observadores e aos historiadores mais advertidos sobre o funcionamento do regime dito "soviético". Em *As Origens do Totalitarismo*, Hannah Arendt cita o historiador Arthur Rosenberg que, em seu livro *A History of Bolchevism* (1934), explicava que havia duas construções políticas paralelas na Rússia: "o governo fantasma dos sovietes" e o "governo *de facto* do Partido Bolchevique"[17]. O poder dos sovietes, reconhecido, no entanto, como a mais alta autoridade do Estado, jamais foi outra coisa senão uma ficção jurídico-política. O verdadeiro poder, ao mesmo tempo opaco e tagarela, foi desde o começo exercido pelos órgãos centrais do Partido: "o poder real começa onde começa o segredo", segundo a excelente fórmula de Arendt[18].

Mas um emprego regrado da metáfora requer antes de tudo especificar o que se entende exatamente por "sombra". Em grego, "sombra" se diz *skia*, que significa também "traço"[19]. A sombra

---

17 Apud H. Arendt, *Les Origines du totalitarisme*, Paris: Gallimard, 2002, p. 729.
18 Ibidem, p. 738.
19 Cf. Roberto Casati, *La Découverte de l'ombre*, Paris: Albin Michel, 2002, p. 37. É preciso adicionar que o mesmo termo, *skia*, serve para designar a existência diminuída dos defuntos que povoam o Hades, isto é, "as duplas exangues de seres que se achavam outrora na plenitude de suas forças" (Ibidem).

é, em primeiro lugar, um traço. Mas esse traço não seria visto sem um pouco de luz. A sombra não é somente uma falta ou ausência de luz. Ela não vive senão do contraste da luz e da obscuridade. A noite negra não é uma sombra e não se discerne aí nenhuma sombra. A sombra não é isso que os filósofos tomaram o hábito de denominar um *nihil privativum*, um nada de privação, isso que eles diziam da obscuridade. Ela empresta a seu objeto o contorno, a silhueta, mesmo se ela não se lhe parece com todo rigor porque não respeita nem suas proporções nem sua estrutura interna. Ela é qualquer coisa de positivo e ativo à sua maneira, até em sua inércia.

No que e em quais condições aquilo pode se aplicar ao que chamamos aqui "a sombra de Outubro"? Não há nem jamais houve "luz de Outubro". Essa não é senão uma ilusão provocada pela captura da luz dos sovietes pelo poder bolchevique. Em óptica, a sombra produzida é projetada por um objeto que intercepta a luz emanada de uma fonte. *Mutatis mutandis*, ocorre o mesmo com a sombra de Outubro: ela é a sombra projetada pelo acontecimento da insurreição do Partido que serviu de tela à luz dos sovietes. Outubro não é o início de uma nova era na história da humanidade e não divide esta última em duas, como o evento da morte de Deus, segundo Nietzsche. A sombra de Outubro é o traço durável deixado por um ato de tomada de poder efetuado de início e antes de tudo *contra* os sovietes. Isso pode parecer bem paradoxal, mas é assim: a insurreição de Outubro desencadeada pelos bolcheviques relegou à sombra um episódio fundamental da grande gesta autoemancipadora dos séculos XIX e XX: um momento de liberdade coletiva que permitiu ao povo russo inventar novas instituições democráticas. Porém, há algo mais.

A "luz dos sovietes" se extinguiu definitivamente com o esfacelamento da União dita "Soviética" em 1991[20], ao mesmo tempo que "o curto século XX", como foi chamado por Eric Hobsbawn. Seria vão e estéril procurar reacendê-la. A mentira "soviética" acabou tendo razão por si: não se desnatura durante três quartos de século uma palavra sem corromper sua significação. Os sovietes como instituições de autogoverno pertencem

20 Cf. E. Hobsbawn, *L'Âge des extremes. Histoire du court XXe siècle*, Bruxelas/Paris: André Versaille/Le Monde diplomatique, 2008.

a um passado findo. Não haverá ressurreição do "conselhismo". Cumpre-nos doravante abrir novas vias, experimentar um novo imaginário, inventar novas práticas de emancipação.

Como veremos no capítulo 4, a sombra de Outubro ocultou aquela que a precedia (a revolução mexicana de 1910), bem como a que a seguiu (a revolução espanhola de 1936). Porém, o mais estranho é que essa sombra sobreviveu à extensão da luz dos sovietes e produz efeitos ainda hoje. É que ela nada tem a ver com a adesão a uma doutrina, a do "marxismo-leninismo", do que muitos nada sabem, ou com a fidelidade a uma estratégia política e militar, a da insurreição armada conduzida por um partido de vanguarda. Ela não somente é da ordem de um desconhecimento intelectual de nosso passado como serve de cortina a um esforço de compreensão de nosso presente, se estendendo sobre o solo das práticas. Práticas de argumentação, práticas de organização, práticas políticas. Pior ainda, ela pesa sobre as práticas e as condutas, impedindo que aquilo que há de verdadeiramente novo nos movimentos contemporâneos apareça por aquilo que é: uma ruptura radical com o passado do comunismo de partido e de Estado.

A sombra persistente se manifesta na fascinação pela soberania do Estado ou, mais amplamente, pelo poder absoluto que não tem nenhuma conta a prestar, se não a si mesmo. Ela se manifesta na predileção, confessada ou não, pelo centralismo e pela disciplina. No culto ao chefe, quer se trate do caudilho nacionalista ou do inspirador oculto de uma pequena seita. Na subordinação de toda questão de estratégia e de tática aos interesses superiores do "grupo", quer se trate de um partido no sentido leninista do termo ou de um "movimento" que pretende ultrapassar a forma do partido, embora mantendo sua verticalidade. Na recusa de reconhecer praticamente a autonomia das formas de auto-organização independente do Estado e de todo "partido". Mais do que tudo, ela se manifesta naquilo que Jacques Rancière chama de "ódio à democracia", o mais compartilhado do mundo, dos fanáticos da soberania nacional ao blanquismo de contrabando dos adeptos da "insurreição que vem"[21]. Esse

---

21 Não se pode senão dar razão a Jacques Rancière na suspeita de que um certo uso da palavra "insurreição" seja apenas "uma maneira de retomar a ideia da 'tomada do poder' como ocupação do órgão central da máquina por uma ▶

ódio à democracia, nós o reencontramos entre os que pretendem ser detentores do verdadeiro saber sobre a sociedade e a história. Ele inspira um profundo desprezo pelo "comum", o que não é de espantar quando se sabe que o princípio do comum não é nenhum outro senão a exigência de democracia levada ao extremo, aquele mesmo que contesta radicalmente a existência da expertise política sob todas suas formas.

Assim, ter-se-á compreendido, a sombra de Outubro nada tem da sombra fresca e benfazeja que nos protege do sol[22]. Ela é uma sombra que continua a desenhar na história uma forma de poder que falhou. Que ensombrece e oculta o que deve ser visto. E que deve definitivamente ser dissipada.

▷ força unitária". Cf. J. Rancière, *En quel temps vivons-nous?*, Paris: La Fabrique, 2017, p. 60.
22 Cf. R. Casati, *La Découverte de l'ombre*, p. 58. O termo *ombre* [sombra] admite dois sentidos principais, que o inglês, diferentemente do francês e do italiano, distingue recorrendo a duas palavras distintas: *shade* e *shadow*. *Shadow* se diz da silhueta que um objeto lança ao interceptar a luz (dir-se-á: projetar uma sombra sobre o sol). *Shade*, de todo lugar que é protegido da luz (dir-se-á: estar à sombra de qualquer coisa, isto é, ao abrigo do sol).

1. Da Revolução de Fevereiro à Insurreição de Outubro

"TODO PODER AOS SOVIETES!", eis a apalavra de ordem em nome da qual se fez a insurreição de outubro de 1917. No entanto, nas duas cartas que endereçou aos dirigentes do Partido em 12 e 14 de setembro, e que estes receberam em 15 de setembro, é aos bolcheviques que Lênin ordena tomar *eles mesmos* o poder: "Tendo obtido a maioria nos sovietes dos deputados operários e soldados de duas capitais, Petrogrado e Moscou, os bolcheviques podem e devem tomar em mãos o poder", não em várias semanas, mas "precisamente hoje"[1]. De fato, em 25 de outubro – ou seja, um mês e dez dias após terem recebido as cartas de Lênin –, são os próprios bolcheviques que se apoderam do poder e colocam o Congresso dos Sovietes diante do fato consumado. A tomada do poder *pelos* bolcheviques *em nome* dos sovietes substituiu assim praticamente a tomada do poder *pelos* próprios sovietes. Que significação é preciso conceder a esse fato? Os dirigentes bolcheviques faziam realmente caso dos sovietes, considerados, no entanto, como as instituições do poder proletário e camponês? Para compreendê-lo, cumpre

---

1   Lénine apud Alexander Rabinowitch, *Les Bolcheviques prennent le pouvoir. La Révolution de 1917 à Petrograd*, Paris: La Fabrique, 2016, p. 277.

lembrar as grandes linhas das voltas e reorientações que marcaram a estratégia do Partido Bolchevique entre julho e outubro de 1917. Se Lênin jogou um papel tão decisivo, foi porque ele conseguiu, não sem dificuldade e à força de obstinação, fazer com que se calassem aqueles que, no interior mesmo de seu partido, resistiam à estratégia de conquista direta do poder pelos bolcheviques.

A REVOLUÇÃO DE FEVEREIRO

A lenda de Outubro afirma que a revolução, a verdadeira, se identifica à *tomada do poder* pelos bolcheviques. Por contraste, a revolução de Fevereiro não seria essencialmente senão uma revolução *política* que encontra seu cumprimento na "revolução de Outubro", que, por si só, teria sido uma revolução *social*. Entretanto, contrariamente a essa lenda, a revolução social precedeu de fato a revolução política e não o inverso: é, a bem dizer, a sociedade que precedeu ela própria a derrubada de todas as autoridades antes da instalação do novo governo. Como lembra Marc Ferro,

acabou-se por esquecer isso, Fevereiro foi a mais violenta revolução de todos os tempos. Em algumas semanas, uma sociedade livrou-se de todos os seus dirigentes: o monarca e seus homens da lei, a polícia e os padres, os proprietários e os funcionários, os oficiais e os patrões. Não há mais um cidadão que não se sinta livre, livre para decidir a cada instante sobre sua conduta e sobre seu futuro. Bem depressa não há um só que não tenha também no seu bolso um plano pronto para regenerar o mundo[2].

Para os cidadãos, longe de constituir uma "finalização inelutável do passado", a revolução rompia com todo o passado e abria "uma nova era da história dos homens". Ela era verdadeiramente "o mundo revirado"[3]. A lenda de Outubro nô-la fez esquecer, mas Fevereiro foi em primeiro lugar uma prodigiosa liberação do imaginário. E é do igualitarismo que se nutria

2 M. Ferro, *La Révolution de 1917*, p. 469.
3 Ibidem.

"o sonho de Fevereiro"[4]: o cocheiro como o dândi, o simples soldado como o oficial, o pobre como o rico tinham o mesmo direito à palavra, fato que implicava que todos os *status* e privilégios herdados do passado tornaram-se nulos e não existentes da noite para o dia.

Por conseguinte, a ideia segundo a qual Fevereiro teria sido uma "revolução burguesa", relativamente pacífica, desprovida de dinâmica popular e sem efeitos sociais reais é uma ideia falsa. O relato mais conveniente a converte em um caso estritamente político de rivalidade ou de antagonismo entre partidos. Após as jornadas de 26 e 27 de fevereiro, abre-se, com efeito, uma situação de duplo poder entre o Comitê Provisório da Duma, dominado pelos liberais, e os Sovietes de Petrogrado, dominado pelos mencheviques e os socialistas-revolucionários. Porém, a dita revolução "de Fevereiro" não se resume, no entanto, no conflito entre a Duma burguesa e o soviete com dominância socialista moderada. Esses órgãos, que se põem mais ou menos de acordo para tomar medidas liberais contra a autocracia, foram rapidamente ultrapassados e submersos pela espontaneidade de frações inteiras da população e, longe de desencadeá-lo, eles tiveram de reagir ao processo revolucionário que era uma iniciativa da rua. A invenção política não era produto da atuação de partidos, era de algum modo anônima, como dava a entender Trótski a propósito do papel desempenhado pelo Soviete de Petrogrado em 27 de fevereiro: "[A] experiência dos sovietes de 1905 estava gravada para sempre na consciência operária. A cada montante do movimento, mesmo no curso da guerra, a ideia de constituir sovietes renascia quase automaticamente."[5]

A primavera de 1917 assistiu a eclosão ou o despertar de instituições independentes dos partidos e mesmo de sovietes de deputados controlados pelos partidos: comitês de fábrica compostos de delegados de oficinas, comitês de bairro, comitês de aldeia, de prédios, milícias, guardas vermelhos, sindicatos, cooperativas. O processo revolucionário tomou, de modo espontâneo, as formas de um autogoverno generalizado em

---

4 Ibidem, p. 474.
5 L. Trotsky, *Histoire de la révolution russe*, t. 1. *La Révolution de février*, Paris: Seuil, 1995, p. 201-202.

todos os níveis da sociedade, como havia sido o caso de maneira mais embrionária em 1905. Era uma imensa tomada de palavra que surgia subitamente, uma insurreição nutrida pelas reivindicações mais diversas: exigências democráticas no quadro do trabalho, de ocupações de fábrica e de práticas de autogestão, de questionamento generalizado da hierarquia, em particular nos exércitos, de partilha de terras nos campos que revelam toda a força das reivindicações da democracia agrária, de reivindicações das nacionalidades oprimidas pelo centralismo tsarista. Sem seguir palavras de ordem dos partidos ou dos sindicatos, muitas vezes hostis, indiferentes ou ultrapassados pelo movimento, um verdadeiro poder popular autônomo se desenvolvia e se outorgou suas próprias instituições, fora do governo provisório e do soviete dos deputados, controlados pelos partidos "conciliadores". A Conferência dos Comitês de Fábrica de Petrogrado ou a Conferência Interbairros ou, ainda, a Guarda Vermelha são alguns de seus exemplos, entre outros[6].

Nos campos onde as reformas de Stolypin, primeiro ministro do tsar, haviam tentado dissolver as comunidades rurais, ou *mirs*, assistiu-se a uma espécie de ressurreição desse modelo aldeão e a uma redefinição prática de antigas instituições, como os "comitês agrários" que se tornaram "órgãos da revolução camponesa"[7]. Os camponeses se reuniram para reivindicar e logo organizar a repartição das terras desde a primavera. Notemos, e esse ponto é notável mesmo que tenha sido pouco sublinhado, a referência onipresente à *komuna*, nome de uma das revistas do movimento socialista-revolucionário (SR). A partir de fevereiro, utiliza-se o termo "comuna" para designar a cidade, as regiões (falava-se, por exemplo, da comuna trabalhadora de Petrogrado), e o termo designava até às vezes serviços municipais. O mundo era convocado a tornar-se "a comuna mundial"[8]. Nos

---

6 Cf. M. Ferro, op. cit., p. 88-89.
7 Cf. L. Trotsky, *Histoire de la révolution russe*, t. 2, *La Révolution d'Octobre*, Paris, Seuil, col. Point, 2017, p. 396.
8 Nós tomamos de empréstimo esses elementos de Éric Aunoble, *"Le communisme tout de suite!". Le mouvement des commune en Ukraine soviétique (1919-1920)*, Paris: Les Nuits Rouges, 2008. Esse termo "comuna" parece mesmo ter sido importado da França pela Rússia bem antes da revolução de 1905, porque os estudantes e os jovens intelectuais, vivendo juntos nos mesmo alojamentos, chamavam essa prática de "viver em comuna". Cf. Trotsky, *Ma vie*, Paris: Livre de Poche, 1970, p. 128.

campos, a autoridade do velho Estado se desfazia ao mesmo tempo que apareciam, de modo espontâneo e desordenado, formas políticas autônomas. Mas foram sobretudo os soviets que atraíram as frações mais ativas das classes populares, como escreve Trótski: "As massas afluem aos soviets como sob os arcos do triunfo da revolução. Tudo aquilo que permanecia fora dos soviets recaía de alguma maneira em algo à parte da revolução e parecia pertencer a um outro mundo."[9]

Panait Istrati relata as palavras de Christian Rakowski, eminente dirigente bolchevique e amigo de Leon Trótski, a propósito do papel real dos bolcheviques na revolução e na guerra civil: "não fomos nós que estivemos em toda parte, foi a revolta. Foi ela que lutou e venceu. Nós soubemos dar-lhe sua expressão, sua figura e nos entregar a isso de corpo e alma"[10]. Eis o que diz com acerto aquilo que os dirigentes bolcheviques souberam realizar: encampar em boa hora um movimento que os precedia e os ultrapassava no campo e nas fábricas. Rakowski esquecia assim mesmo um ponto essencial: de seu lado, a revolta criou formas políticas independentes dos partidos. Até o Partido Bolchevique estava a reboque. Nas primeiras jornadas de Fevereiro, sintomaticamente, os bolcheviques exigiram a criação de um governo revolucionário provisório saído de eleições, sem levar em conta os soviets[11]. "É fato que a Rússia foi convertida em uma rede de soviets antes que um só partido político pudesse reunir suas sessões plenárias"[12], escreve Marc Ferro, e acrescenta mais adiante:

Nas cidades como no campo, as novas instituições revolucionárias traziam a marca do gênio dos trabalhadores da Rússia. Modo de representação, órgãos constitutivos (escritório, comissões etc.), meios de ação (milícias operárias, petições etc.), um grande número de criações que deram um estilo à revolução russa. Um novo direito nasceu, baseado na equidade, no respeito ao indivíduo e ao seu trabalho.[13]

A revolução de Fevereiro deu assim lugar a uma proliferação das formas de governo direto em todos os níveis, praticando um

---

9   L. Trotsky, *Histoire de la révolution russe*, t. 1, p. 240.
10 Apud P. Istrati, *Vers l'autre flamme...*, p. 502.
11 Cf. M. Ferro, op. cit., p. 84.
12 Ibidem, p. 251.
13 Ibidem, p. 255.

igualitarismo que subvertia todas as relações sociais[14]. Houve também aí passagens ao ato: ao *lock-out* dos patrões, os operários responderam pela ocupação e autogestão da fábrica, às moratórias do governo provisório, os camponeses opuseram-se à penhora e à partilha dos domínios. O mais espantoso foi a velocidade fulgurante com a qual se desmoronou um antigo sistema e nasceram as novas instituições. Desde o mês de março, os comitês de fábrica tomaram em mãos o controle da produção, o campesinato revolucionário apoderou-se de grandes domínios e os alógenos – georgianos, letões e ucranianos – formularam suas reivindicações de autonomia. A luta social era geral, ela desbordava completamente as forças políticas levadas ao poder, que tardaram, aliás, terrivelmente a satisfazer as reivindicações dos operários, camponeses e soldados.

Lênin, retomando nisso as ideias de Trótski sobre a revolução permanente, compreendeu que a emergência espontânea dos comitês de fábrica e dos sovietes operários, soldados e camponeses, mostrava que a fase dita "burguesa" da revolução havia sido ultrapassada, que era chegado o tempo de romper com o governo provisório e a maioria do soviete, tão surdos um como o outro às aspirações populares e querendo no fundo senão assegurar o poder da burguesia em troca de algumas reformas sociais limitadas para não assustar as classes dominantes. O "paradoxo da revolução de Fevereiro"[15], analisado por Trótski na sua *História da Revolução Russa*, residia no fato de que os socialistas que estavam à testa do soviete recusavam-se absolutamente a proclamar a soberania desse conselho e faziam tudo, ao contrário, para assegurar à Duma e ao governo sua inteira submissão. De seu lado, a burguesia procurava sufocar a dinâmica revolucionária ao continuar a guerra e ao transferir as reformas

---

14 Ibidem, p. 439.
15 Trótski resumiu assim: o poder está abertamente entregue aos socialistas pelas massas populares vitoriosas que colocam suas armas à disposição dos sovietes. Ora, "o único cuidado dos socialistas, que chegaram tão facilmente a colocar-se à testa dos sovietes, é o de saber se a burguesia, politicamente isolada, odiada pelas massas, inteiramente hostil à revolução, consentirá que se retire o poder de suas mãos. Seu assentimento deve ser adquirido a todo preço, mas, como a burguesia não pode, evidentemente, renunciar ao seu próprio programa, é a nós, 'socialistas', que convém desistir do nosso: nos calar sobre a monarquia, sobre a guerra, sobre a questão agrária, contanto somente que a burguesia aceite este presente, o poder". L. Trotsky, *Histoire de la révolution russe*, t. 1, p. 212.

de estrutura. Vítima de sua própria doutrina "etapista" e evolucionista, segundo a qual a revolução era por essência burguesa, uma doutrina que mostra o quanto eles haviam integrado a dominação dos poderosos detentores "naturais" da hegemonia política, os mencheviques muito influentes no Soviete de Petrogrado recusavam a assumir o fato de que este último havia se convertido no centro da revolução e que a alta burguesia, de seu lado, não pretendia de modo algum receber o poder das mãos dos operários e dos soldados...salvo para resistir ao ímpeto revolucionário[16]. Dito de outra forma, as forças democráticas socialistas carregadas por uma imensa vaga revolucionária se recusavam a assumir seu posto à frente da revolução. Mesmo os bolcheviques estavam hesitantes, cumpre dizê-lo. Entre os dirigentes, havia poucos que estivessem dispostos a empenhar-se numa luta aberta contra o governo e a direção socialista moderada do soviete. De retorno a Petrogrado no início de abril, Lênin foi obrigado a bater-se palmo a palmo contra seus camaradas para defender sua posição: o soviete devia exercer todo o poder de Estado e não mais ser um órgão de vigilância ou de controle do governo e, para isso, precisava dotar-se de uma polícia e de uma administração que lhe fossem próprias. Em suma, tratava-se de contestar ao Comitê Executivo Central Pan-Russo dos sovietes, eleito pelo primeiro Congresso dos Sovietes (29 de março-3 de abril) e encarregado de representá-los junto aos outros órgãos de poder, o papel de conciliação que este último tentava jogar de modo cada vez mais contrário ao movimento revolucionário.

Os acontecimentos de maio lhe deram razão, notadamente com a adesão dos socialistas e dos SR à política dita de "coalisão" que pretendia adiar as reformas de estrutura até as sessões da Assembleia Constituinte. Enquanto aguardavam, os moderados do governo provisório procuravam desmobilizar os operários, opor-lhes os soldados e continuar uma guerra que redundou em desastre, no mês de junho. Em face da contraofensiva alemã de julho, os soldados russos desertaram em centenas de milhares.

A política de conciliação revelou-se um fracasso, tão incapaz de satisfazer as frações mobilizadas da população quanto

16 Ibidem, p. 203s.

restaurar a autoridade de um poder central. Como escreve Marc Ferro, "a revolução era o governo direto"[17]. Mesmo o primeiro Congresso Pan-Russo dos Sovietes não conseguiu estrangular a abundância de autogoverno. A revolução continuava, a opinião dos grupos ativos era nitidamente mais radical do que a dos eleitos ao soviete e as teses bolcheviques encontravam um eco crescente em uma parte da classe operária.

A ATITUDE DOS BOLCHEVIQUES A RESPEITO DOS SOVIETES

Uma virada na revolução sobreveio no começo de julho de 1917. Ao desencadear a ofensiva de 18 de julho contra o exército alemão, o governo tentou retomar o controle do exército russo, e os soldados da retaguarda reagiram àquilo que viam como um ato contrarrevolucionário pelas manifestações das "jornadas de Julho". Eles se voltaram para a direção do Partido Bolchevique a fim de organizar a mobilização. Julgando esse movimento "prematuro", o Comitê Central se lhe opôs em um primeiro momento, antes de se solidarizar com os soldados e os operários que atuavam por sua própria iniciativa e com o apoio dos dirigentes da Organização Militar e do Comitê de Petersburgo do Partido. Nos dias 3 e 4 de julho, dezenas de milhares de manifestantes ameaçaram os líderes dos sovietes, censurando-os por não se assenhorearem do poder. Houve enfrentamentos entre os soldados amotinados, dentre os quais os marinheiros de Cronstadt, e as tropas fiéis ao soviete e ao governo, enfrentamentos que causaram numerosos mortos e feridos. A repressão se abateu sobre os bolcheviques acusados pelo governo de haver pretendido se apoderar do poder.

Nos dias 13 e 14 de julho, uma conferência estratégica secreta foi convocada em Petrogrado pelo Comitê Central do Partido Bolchevique. Segundo Lênin, então refugiado na Finlândia, a reação às manifestações de julho era uma prova flagrante do reforço da contrarrevolução e, em consequência, da impotência dos sovietes. Por isso, nas diretivas que transmitiu ao

---

17 M. Ferro, op. cit., p. 439.

Comitê Central, preconizava abandonar a linha anterior a julho, aquela que se resumia na palavra de ordem "Todo o poder aos sovietes!", para começar a preparar uma insurreição armada. Essas posições foram objeto de discussões encarniçadas. Volodarski, Noguin e Rikov, entre outros dirigentes do Partido, se opuseram frontalmente às teses de Lênin. "Assim que foram submetidas ao voto", escreve Rabinowitch, "elas foram categoricamente rejeitadas por dez dos quinze responsáveis do Partido presentes à conferência."[18] A resolução adotada ao fim da conferência não punha, portanto, em causa a validade da palavra de ordem inicial, contentando-se em especificar, à guisa de concessão, as teses de Lênin de que era preciso transferir o poder para as mãos dos "sovietes revolucionários proletários e camponeses"[19]. No espírito de seus autores, o trabalho no seio dos sovietes continuava sendo prioridade para o Partido. Lênin reagiu à rejeição de suas teses com um texto intitulado "A propósito das palavras de ordem": ele reafirmava aí que a palavra de ordem "Todo poder aos sovietes!", válida de 27 de fevereiro a 4 de julho, havia doravante perdido toda sua utilidade devido à falência manifesta dos sovietes atuais, que se haviam comprometido com a contrarrevolução. Nada estava realmente regulado. Assim, por ocasião da segunda conferência municipal de 16 de julho, Volodarski, importante orador bolchevique, membro do Soviete de Petrogrado, mantém seu ponto de vista: afirmar, como Lênin fizera, que a contrarrevolução era vitoriosa redundava em "julgar as massas pela vara de seus dirigentes"; a verdade era que se os dirigentes mencheviques e SR se inclinavam cada vez mais para a direita, as massas se inclinavam cada vez mais para a esquerda; nessas condições, afirmou ele, "é claro que a palavra de ordem 'Todo o poder aos sovietes' está longe de haver caducado"[20].

No dia 26 de julho, abriu-se o VI Congresso do Partido que reuniu cerca de 150 dirigentes bolcheviques vindos de toda a Rússia. Na ausência de Trótski, que acabava de ser preso, coube a Stálin fazer o discurso de abertura e apresentar um projeto de resolução estreitamente inspirado nas teses de Lênin. Dois

---

18 A. Rabinowitch, op. cit., p. 121.
19 Ibidem, p. 122.
20 Ibidem, p. 130.

campos se desenharam nitidamente no curso das deliberações. Volodarski se ergueu uma vez mais contra o abandono da palavra de ordem "Todo poder aos sovietes!" e pleiteou uma modificação de seu sentido: o *slogan* significava daqui em diante que o poder devia agora passar para as mãos do proletariado e dos camponeses pobres "no seio" dos sovietes, o que queria dizer que o Partido devia combater a capitulação do Comitê Executivo dos Sovietes ao defender os próprios sovietes enquanto instituições revolucionárias. Em oposição, Sokolnikov e Smilga figuram entre os mais resolutos no seu apoio à posição de Stálin, tendo o segundo se referido explicitamente ao texto "A propósito das palavras de ordem", de Lênin.

A resolução adotada ao fim do Congresso, em 3 de agosto, representava um compromisso entre as duas linhas. Oficialmente, a palavra de ordem "Todo o poder aos sovietes!" foi eliminada em favor da fórmula "Liquidação completa da ditadura da burguesia contrarrevolucionária"[21]. Entretanto, essas decisões tiveram pouco impacto na prática. As divergências que continuavam a dividir as duas tendências permaneceram na sombra. Além disso, como sublinha Rabinowitch, a despeito dessas decisões, "numerosas organizações de massa da capital continuavam a perceber na criação de um governo revolucionário dos sovietes a solução para seus problemas mais urgentes". É esse apego das massas à fórmula de um governo dos sovietes, apesar da reorientação do vi Congresso, que permitiu explicar a reviravolta do Partido, ao fim do mês de agosto, por ocasião da tentativa de *putsch* do general Kornilov: com efeito, em consequência desse assalto contrarrevolucionário, "a instauração de um regime exclusivamente socialista veio a tornar-se o objetivo quase universalmente compartilhado pelos operários e pelos soldados de Petrogrado, *constrangendo* os bolcheviques a restabelecer oficialmente seu antigo grito de guerra"[22].

A versão bolchevique de Outubro esforçou-se sempre por fazer passar esse "constrangimento" como uma obra-prima de tática. A crer nisso, é à inteligência de Lênin que se deve a reconversão do Partido Bolchevique à palavra de ordem inicial,

---

21 Ibidem, p. 156.
22 Ibidem, p. 157-158: "exclusivamente socialista" significa sem Cadetes (Partido Democrático-Constitucionalista russo) ou outro grupo burguês (grifo nosso).

no começo do mês de setembro. Mas desde o fim do mês de agosto, as organizações de massa e os operários, soldados e marinheiros, tendo participado do movimento anti-Kornilov, haviam expresso seu ponto de vista em relação ao futuro governo em uma "avalanche" de cartas, declarações e resoluções, e todos "esses documentos mostravam de fato que, no fundo, as reivindicações das massas em setembro quase não diferiam daquelas que prevaleciam nos dois meses anteriores"[23]. Tal foi, particularmente, o caso dos marinheiros de Cronstadt, cujo ideal era um "governo democrático de sovietes, no seio do qual todos os grupos socialistas poderiam trabalhar eficazmente em favor de um programa revolucionário"[24]. Aí está o essencial: do início de julho ao início de setembro, a aspiração das massas a um governo de sovietes, longe de se estender, *mantinha-se*, a despeito da coalizão do Comitê Executivo dos Sovietes com o governo provisório. Contrariamente a Lênin, as massas resguardavam-se realmente de jogar fora o bebê com a água do banho e de identificar os sovietes com seus dirigentes conciliadores: elas defendiam os sovietes como instituições *contra* sua direção. Invocar "a experiência subjetiva das massas" que teriam "compreendido a lição dada pelos acontecimentos e comentada por Lênin"[25] para justificar o abandono da reivindicação do poder aos sovietes é, portanto, uma argumentação desprovida de fundamento. O que estava mais profundamente em causa era a ideia que Lênin fazia da relação do Partido e dos sovietes. Em seu espírito, ele não alimentava nenhuma dúvida de que se novas possibilidades se abriam de imediato após o *putsch* de Kornilov, sua realização dependia de uma tomada do poder pelos bolcheviques. Desde 30 de agosto, quando a luta contra Kornilov estava em seu auge, Lênin havia escrito: "Só o desenvolvimento desta luta pode *nos* levar ao poder; ao fazer a agitação, não se deve de modo algum falar disso (embora sabendo firmemente que os eventos podem *nos* levar ao poder e que *nós não o largaremos quando o tivermos tomado*."[26]

---

23   Ibidem, p. 243.
24   Ibidem, p. 247.
25   É um dos argumentos de Trótski para justificar a posição de Lênin em julho de 1917 (cf. L. Trotsky, *Histoire de la révolution russe*, t. 2, p. 334).
26   M. Ferro, op. cit., p. 828 (grifos nossos).

A atitude dos outros dirigentes bolcheviques foi muito diferente. Quando se reuniram para examinar a questão do governo, por volta do fim da tarde de 31 de agosto, no curso de uma sessão que se prolongou até o alvorecer de 2 de setembro, os Comitês Executivos Pan-Russos dos sovietes sentiam a forte pressão das massas em favor de um governo dos sovietes. Kamenev propôs aos delegados a adoção de uma declaração política geral reclamando a formação de um governo revolucionário e a instauração de uma "república democrática". Mesmo se ela não colocava o acento nos sovietes, essa declaração foi universalmente interpretada como um apelo à transferência de todo poder político aos sovietes. No dia 1º de setembro, por volta das 5 horas da manhã, os deputados rejeitaram a resolução dos SR que pedia a formação de uma coalizão com os grupos burgueses, e adotaram a declaração de Kamenev como plataforma política. Esse sucesso dos bolcheviques não deve ser subestimado: era a primeira vez que "uma clara maioria dos deputados presentes votou ao lado dos bolcheviques sobre uma questão política"[27]. Durante o debate que se seguiu, Kamenev e Riazanov procuraram rebater os argumentos dos socialistas moderados que teimavam em preconizar uma coalizão com representantes burgueses. Riazanov se fez muito explícito: "Deixemos os sovietes escolherem um governo provisório responsável perante eles e que conduzirá o país pelo caminho da rápida convocação de uma assembleia constituinte."[28] Finalmente, em 2 de setembro pela manhã, uma maioria de deputados rejeitou a posição de Kamenev e optou pela resolução defendida pelos mencheviques e pelos SR que concitava o povo a sustentar o governo provisório de Kerenski. Como se vê muito bem, quando dessa reunião dos Comitês Executivos Pan-Russos dos sovietes, os principais líderes bolcheviques defenderam não a constituição de uma ditadura do proletariado e dos camponeses pobres, o que era a posição de Lênin desde meados de julho, mas de fato a formação de um governo saído dos sovietes e responsável perante eles, e isso antes que fosse conhecida a nova reviravolta de Lênin.

Em 1º de setembro, Lênin redigiu o artigo "A respeito do compromisso", que foi difundido em Petrogrado dois dias

27   A. Rabinowitch, op. cit., p. 253; M. Ferro, op. cit., p. 814.
28   A. Rabinowitch, op. cit., p. 254.

mais tarde. Ele propunha um compromisso com os socialistas majoritários:

> Para o momento, os bolcheviques abandonariam sua exigência em favor de uma transferência de poder para as mãos de um governo de representantes do proletariado e do campesinato pobre e voltariam oficialmente ao *slogan* de antes de julho "Todo poder aos sovietes!". De seu lado, os mencheviques e os SR tomariam o controle de um governo responsável perante o Soviete de Petrogrado. Fora do governo, os bolcheviques veriam garantida a plena liberdade de militar em prol de seu próprio programa.[29]

No espírito de Lênin, havia aí uma ocasião única de assegurar um desenvolvimento pacífico da revolução pela luta entre os partidos na arena dos sovietes. Dito de outra forma, o retorno à palavra de ordem de antes de julho não significava sempre o reconhecimento do valor dos sovietes como instituição de autogoverno, mas sua instrumentalização pelo Partido Bolchevique para fins de conquista da hegemonia política.

Durante esse tempo, os bolcheviques procuravam aumentar sua influência no seio do Soviete de Petrogrado, tendo em vista notadamente a Conferência Democrática de Estado, programada para meados de setembro, em que devia ser decidido o debate sobre a composição do governo. Os mencheviques e os SR do soviete, por sua vez, empenhavam-se em repudiar o voto de 31 de agosto em favor da proposta dos bolcheviques e em obter um voto de confiança em seu próprio favor, sem o que ameaçavam demitir-se. Os bolcheviques propuseram então reconstruir o *presidium* do soviete na base de uma representação proporcional. No início da sessão de 9 de setembro, a proposta bolchevique obteve uma curta maioria. Em seguida, Lênin criticou a atitude de seus camaradas no seio do soviete: a defesa da representação proporcional na eleição para o *presidium* lhe parecia uma concessão aos outros grupos socialistas "às custas dos objetivos próprios do Partido"[30]. No entanto, essa tática redundou finalmente em vantagem dos bolcheviques: ao anúncio dos resultados do escrutínio, os socialistas majoritários do *presidium* abandonaram a sala e, em 25 de setembro,

---

29 Ibidem, p. 263; M. Ferro, op. cit., p. 827.
30 A. Rabinowitch, op. cit., p. 271.

o novo *presidium* contou com quatro bolcheviques, dois SR e um menchevique[31].

Na noite de 14 de setembro, foram inaugurados os trabalhos da Conferência Democrática de Estado. Longe de contar apenas com os delegados dos sovietes, esta concedeu largo espaço às dumas, isto é, às câmaras municipais, bem como aos sindicatos e a outras instituições menos importantes. Entretanto, como mostram o discurso oficial de Kamenev na primeira sessão e as diretivas de Trótski transmitidas no dia seguinte aos delegados bolcheviques, os dirigentes do Partido alimentavam a esperança de ver se formar aí um novo governo. Certo, uma divergência veio então à luz entre os bolcheviques: enquanto Kamenev pleiteava um governo de coalizão democrática aberto a todos os grupos participantes da Conferência e não somente aos sovietes, Trótski mostrava-se partidário da transferência integral do poder aos sovietes e via o governo que poderia sair da Conferência como um passo adiante nessa direção. Para o momento, todavia, o importante era que os dois dirigentes, como a maior parte dos bolcheviques de Petrogrado, "vissem com bons olhos os trabalhos da Conferência Democrática de Estado e as perspectivas de uma evolução pacífica da revolução"[32].

A VIRADA DE MEADOS DE SETEMBRO E A PREPARAÇÃO DA INSURREIÇÃO

Foi nessas condições que as duas cartas de Lênin de 12 e 14 de setembro, já mencionadas, chegaram à direção do Partido. Abandonando a atitude de compromisso que era ainda a sua a menos de duas semanas, ele convocava seus camaradas para preparar uma insurreição armada no mais breve prazo. Como dirá mais tarde Bukharin: "Nós ficamos todos atordoados."[33] No curso da reunião do Comitê Central que ocorreu em 15 de setembro, a maioria dos presentes desejava que essas cartas fossem

---

31 Ibidem, p. 271. Em 29 de setembro, Lênin contará entre os "erros gritantes" dos bolcheviques "a atribuição de uma cadeira aos mencheviques no *presidium* do soviete" (M. Ferro, op. cit., p. 139).
32 Ibidem, p. 275.
33 Ibidem, p. 279.

discretamente destruídas, embora todos concordassem em considerar que sua divulgação poderia acarretar dissensões muito prejudiciais nas fileiras dos bolcheviques. Como nota Rabinowitch: "Para o momento, portanto, as convocações de Lênin a fim de que se procedesse a derrubada do governo provisório foram rejeitadas sem mais cerimônia."[34] Na noite de 18 de setembro, ao chamado dos bolcheviques, 150 delegados das fábricas e das unidades militares de Petrogrado fizeram uma manifestação diante da sede da Conferência para sustentar a formação de um governo exclusivamente socialista. "Assim, em vez de abandonar a conferência e juntar as massas convocando para a insurreição, como sugeria Lênin, o Partido mobilizava os operários e soldados a fim de fazer pressão sobre a Conferência Democrática de Estado e incitá-la a adotar uma linha mais radical."[35] Em 21 de setembro, no dia seguinte à adoção, pela Conferência, de uma resolução legitimando as discussões com Kerenski sobre a formação de um novo governo, os membros do Comitê Central bolchevique "não tiveram em nenhuma conta as recomendações de Lênin e de seu chamado à insurreição armada das massas urbanas"[36]. Essa atitude não era devida somente à influência dos bolcheviques de direita, tais como Kamenev, Rykov e Noguin. Ela era partilhada por membros da direção do Partido, como Trótski, Bubnov, Sokolnikov e Sverdlov, que percebiam com nitidez o apego das massas "aos soviets enquanto legítimos órgãos democráticos no seio dos quais os grupos autenticamente revolucionários trabalhariam de mãos dadas para realizar a revolução". Por isso, tais dirigentes começavam a "associar a conquista do poder e a criação de um novo governo com a convocação, em um futuro próximo, de um Congresso Nacional dos Soviets – isso a fim de tirar proveito da legitimidade desses últimos aos olhos das massas"[37]. De fato,

a questão central que dividia a direção do Partido em Petrogrado enquanto a Conferência Democrática de Estado chegava ao fim não era a da organização de um levante popular imediato, que todos os membros do círculo dirigente ao par das recentes recomendações de Lênin

34 Ibidem, p. 280.
35 Ibidem, p. 281.
36 Ibidem, p. 287.
37 Ibidem.

parecem haver rejeitado categoricamente, nem a da convocação imediata de um Congresso dos Sovietes, sobre a qual estavam de acordo[38].

Ela era antes a de saber se os bolcheviques deviam ou não abandonar a Conferência Democrática de Estado antes de sua conclusão. No dia 23 de setembro, o Comitê Central Executivo dos Sovietes tomou a decisão de convocar um Congresso Nacional dos Sovietes para 20 de outubro. Durante os últimos dias de setembro, a nova orientação do Partido Bolchevique consistiu em preparar ativamente esse congresso, apresentado na convocação publicada pelo principal jornal bolchevique, *Rabótchi Put*, como a mais segura garantia da realização de uma Assembleia Constituinte[39].

De volta de seu exílio finlandês, Lênin renovou seus apelos insistentes por uma derrubada imediata do governo. No dia 29 de setembro, escreveu nesse sentido um ensaio intitulado "A crise está madura". Na primeira parte, a única cuja publicação ele autorizava, o líder bolchevique afirmava:

E é fora de dúvida que os bolcheviques, se eles se deixassem prender na armadilha das ilusões constitucionais, da "fé" no Congresso dos Sovietes e na convocação da Assembleia Constituinte, na armadilha da "espera" do Congresso dos Sovietes etc. – não há dúvida que esses bolcheviques seriam traidores desprezíveis da causa do proletariado.[40]

Mas Lênin ia ainda mais longe na parte confidencial de seu ensaio:

É preciso [...] reconhecer a verdade, a saber, que existe entre nós, no Comitê Central e nos meios dirigentes do partido, uma corrente ou uma opinião a favor da espera do Congresso dos Sovietes e hostil à tomada *imediata* do poder, hostil à insurreição *imediata*. Cumpre vencer essa corrente ou essa opinião.[41]

Algumas linhas mais longe ele cravava o prego: "'Esperar' o Congresso dos Sovietes é uma idiotice completa, pois é deixar que se escoem semanas; mas, na hora atual, as semanas e

---

38 Ibidem, p. 288.
39 Ibidem, p. 291-292.
40 Ibidem, p. 136-137.
41 Ibidem, p. 138 (grifos nossos).

mesmo os dias decidem tudo". Em nota, Lênin não hesitava em se tornar mais preciso quanto às datas: "Convocar o Congresso dos Sovietes para 20 de outubro a fim de decidir sobre 'a tomada do poder' não é, em absoluto, como 'fixar' tolamente a data da insurreição? Pode-se tomar o poder hoje, mas *do dia 20 a 29 de outubro, [ninguém] vos deixará tomá-lo*."[42] Ele concluía com esta afirmação: "Minha convicção mais profunda é que, se nós 'esperarmos' o Congresso dos Sovietes e deixarmos logo em seguida escapar a ocasião, causaremos a perda da revolução."[43] É preciso compreender em toda a sua medida o que significa essa tomada de posição da parte de Lênin: sabendo-se que a convocação do Congresso dos Sovietes já fora fixada para *20 de outubro*, exigir a tomada "imediata" do poder a partir de *29 de setembro* era dissociar radicalmente a tomada efetiva do poder da legitimidade dos sovietes como instituições democráticas. Era, por isso mesmo, romper a solidariedade daquilo que a maioria dos dirigentes bolcheviques tendia, como vimos, a associar. A determinação do "momento oportuno" ou da "ocasião" é certamente uma tarefa difícil quando se trata de desencadear uma insurreição tendo em vista a tomada do poder, entretanto, é permitido interrogar-se acerca da insistência de Lênin sobre essa "ocasião" que é preciso aproveitar "imediatamente": o que pensar então em um momento oportuno que se apresente muitas vezes em um intervalo de tempo demasiado extenso? Sabemos que, para os gregos, o momento oportuno (ou *kairos*) não tinha senão um único fio de cabelo, o que o tornava difícil de agarrar. Sabemos igualmente que Maquiavel descreve a Ocasião sob os traços de uma jovem, que é impossível de reconhecer antes que ela se apresente (todos seus cabelos estão caídos sobre seu rosto) e impossível de lembrar depois (nenhum fio de cabelo flutua atrás de sua cabeça)[44]. É um pensamento da descontinuidade radical, da singularidade e da unicidade do momento oportuno em que a imprevisibilidade e a irreversibilidade constituem todo o valor a fim de desfechar a ação. Para Lênin, estrategista da insurreição, não é manifestamente a mesma coisa. Na sua *História da Revolução Russa*, Trótski se esforça em lhe dar a razão à custa de uma

---

42 Ibidem (grifos nossos).
43 Ibidem, p. 140.
44 Cf. Nicolau Machiavel, *Oeuvres complètes*, Paris: Gallimard, 1982, p. 81.

distinção tipicamente sofística: "A palavra 'momento' não deve ser entendida ao pé da letra, como sendo um dia e uma hora determinados [...]" Essa palavra deve ser aqui entendida no sentido de um "período relativamente curto", que "pode ser medido em semanas, às vezes em alguns meses", no interior do qual é preciso escolher "um momento determinado, no sentido preciso do dia e da hora"[45]. E se compreendermos bem, o momento oportuno no sentido estrito (o dia e a hora) situar-se-ia no interior de um período de várias semanas, e até de muitos meses, que podemos igualmente considerar como um "momento", embora em um sentido ampliado. Corresponde esse período às semanas que separam 29 de setembro do 20 de outubro, de modo que, por "imediato", seja preciso compreender nas três semanas vindouras e que precedem à realização do Congresso dos Sovietes? Mas, quando a data do dia 20 de outubro passou sem maiores novidades, apesar das repetidas exortações de Lênin, este continuou não menos a convocar para a insurreição "imediata", fazendo pouco caso do que ele havia, no entanto, claramente afirmado na sua carta de 29 de setembro, a saber, que do dia 20 ao dia 29 de outubro o partido *não* poderia *mais* tomar o poder. Não é isso a prova manifesta de que, para ele, a determinação do momento oportuno era, antes de tudo, função da data da reunião do Congresso dos Sovietes? Ora, no dia 18 de outubro a reunião foi adiada para 25 do mesmo mês[46]. A razão da pressão exercida por Lênin a favor do desencadeamento imediato da insurreição antes como após o 18 de outubro é muito simples: é que de fato cabia, segundo ele, unicamente ao *Partido*, e não ao Congresso dos Sovietes, tomar o poder. Daí por que era preciso a todo custo obter da direção bolchevique que a insurreição *precede* o Congresso, pouco importava que ele ocorresse em 20 ou 25 de outubro. O que tinha, em compensação, o máximo valor simbólico era a tomada do poder pelo Partido antes do Congresso dos Sovietes.

Por isso não é surpreendente que resistências a esse ponto de vista apareçam na direção bolchevique. Na sessão plenária, em 5 de outubro, o Comitê do Partido de Petrogrado debateu as cartas de Lênin. Volodarski e Laschevitch, que por ocasião do VI Congresso haviam defendido os sovietes como instituições

---

45 L. Trotsky, *Histoire de la révolution russe*, t. 2, p. 547.
46 Cf. A. Rabinowitch, op. cit., p. 350.

revolucionárias contra os leninistas, puseram-se em guarda contra toda precipitação.

À guisa de advertência premonitória, Voladarski declarou que conservar o poder era mais duro do que tomá-lo: "Nós devemos compreender que uma vez conquistado o poder, seremos obrigados a baixar os salários, a provocar o aumento do desemprego, a instaurar o terror. [...] Nós não temos o direito de rejeitar esses métodos, mas é inútil nos precipitarmos na sua adoção."[47] Laschevitch, por sua vez, censurou Lênin por não explicar de modo suficientemente claro "por que é necessário nos assenhorar do poder agora, antes do Congresso dos Sovietes"[48]. Mas o ponto decisivo do confronto direto entre Lênin e a direção bolchevique foi a reunião do Comitê Central, de 10 de outubro, que terminou pela adoção de uma resolução votada por doze sufrágios contra dois, os de Zinoviev e Kamenev, colocando a tomada do poder na ordem do dia sem, todavia, lhe consignar um calendário preciso. Sobretudo, ela "não resolvia as divergências profundas em matéria de tática revolucionária que persistiam entre Lênin e outros dirigentes do Partido, somadas ao fato da situação política em Petrogrado"[49]. Pois, no fundo, o que numerosos bolcheviques não chegavam a compreender era por que Lênin julgava a tomada do poder indissociável de uma insurreição armada[50]. Eles tinham uma concepção essencialmente *defensiva* da insurreição em virtude da qual era preciso se manter pronto para defender o Congresso dos Sovietes contra toda ameaça militar. O Congresso devia tomar o poder e depor o governo, impondo-se à insurreição somente no caso de nova *kornilovtchtchina*. Eis como os membros do Comitê Central votaram em favor da insurreição armada sem, no entanto, partilhar da mesma concepção que Lênin[51].

---

47 Ibidem, p. 302. Notaremos nessa passagem a consciência partilhada da inevitabilidade do recurso a esses "métodos" logo após a tomada do poder, inclusive entre um dirigente como Volodarski em desacordo com Lênin sobre o lugar dos sovietes.
48 Ibidem, p. 304.
49 Ibidem, p. 314.
50 Cf. M. Ferro, op. cit., p. 833. Cf. também A. Rabinowitch, op. cit., p. 313: fora do caso de Zinoviev e de Kamenev, o que provocava o debate "era unicamente o método e o calendário, bem como a questão de saber se a insurreição devia acompanhar o Congresso dos Sovietes".
51 Cf. M. Ferro, op. cit., p. 833-834.

As dificuldades de engajar o Partido em uma preparação prática da insurreição armada apareceram desde a realização, em Petrogrado, do Congresso dos Sovietes da Região do Norte, de 11 a 13 de outubro. Embora Lênin houvesse instado o Partido a aproveitar esse Congresso para desencadear uma ação visando derrubar o governo, os dirigentes bolcheviques presentes se abstiveram de pedir abertamente a deposição de Kerenski. A resolução final adotada na noite de 13 de outubro, elaborada conjuntamente pelos bolcheviques e os SR de esquerda, confiava ao Congresso Pan-Russo dos Sovietes o cuidado de criar um governo dos sovietes. Duas razões maiores incitavam a retardar o levante contra o governo provisório: em primeiro lugar, as dúvidas dos dirigentes da Organização Militar Bolchevique, encarregados desde abril de organizar a insurreição, quanto ao grau de preparo técnico de Partido em vista desse objetivo; em segundo lugar, as dúvidas expressas pelos dirigentes locais do Partido relativamente à possibilidade de obter o apoio de um número suficiente de soldados e de trabalhadores em favor de uma insurreição antes do Congresso dos Sovietes[52]. Certo, os delegados do Congresso da Região do Norte criaram um comitê executivo permanente, mas seu alvo oficial era o "de organizar e de preparar as forças militares destinadas a proteger e a apoiar o futuro Congresso Pan-Russo"[53] e, de modo algum, o de servir de órgão de uma insurreição iminente. Os SR de esquerda aceitaram participar do comitê, muito embora estivessem em desacordo total com o objetivo da tomada do poder antes da reunião do Congresso Pan-Russo dos Sovietes, precisamente porque este não podia significar senão "a tomada do poder, não pelos sovietes, mas por um único partido"[54]. De outra parte, os bolcheviques estavam eles próprios muito divididos. Quando da reunião de crise do Comitê de Petrogrado do Partido Bolchevique, em 15 de outubro, somente 8 dos 19 representantes de distrito julgavam que as massas estavam prontas a se levantar. Enfim, durante a noite de 16 de outubro, no ensejo de uma conferência do Comitê Cetral, no curso da qual Lênin voltou à carga sobre o dever imperioso de conquistar o poder

---

52 Cf. A. Rabinowitch, op. cit., p. 320-321.
53 Ibidem, p. 324.
54 Ibidem, p. 323.

*incontinenti*⁵⁵, 9 dos 25 dirigentes, ou seja, mais de um terço dos votantes, alimentavam "suficientemente reservas quanto à preparação de uma insurreição imediata para desejar uma consulta prévia ou abster-se de tomar patido"⁵⁶.

A INSURREIÇÃO DE OUTUBRO E O GOLPE DE ESTADO DE LÊNIN

Durante a segunda semana de outubro, o governo provisório anunciou subitamente sua vontade de reposicionar a guarnição de Petrogrado no *front* tomando como pretexto as operações militares alemãs no Báltico. Esse anúncio suscitou reações muito hostis das unidades da guarnição que votaram resoluções nas quais expressavam sua recusa de deixar Petrogrado e diziam que só obedeceriam às ordens dos deputados dos Sovietes dos Operários e dos Soldados. Desde 9 de outubro, o Comitê Executivo do Soviete de Petrogrado havia adotado, por iniciativa dos bolcheviques, uma resolução criando um "comitê de defesa revolucionária" cuja tarefa era a de tomar todas as medidas para armar os operários a fim de assegurar a defesa de Petrogrado e a proteção da população contra todo ataque dos "kornilovianos". Rebatizada como "Comitê Militar Revolucionário", essa instituição com vocação inicialmente defensiva foi o instrumento do qual se serviram os bolcheviques alguns dias mais tarde para derrubar o governo provisório⁵⁷.

Todavia, não foi senão após o Congresso dos Sovietes da Região Norte, por ocasião dos debates estratégicos no seio do Partido, nos dias 15 e 16 de outubro, que os dirigentes bolcheviques começaram a encarar o papel que o Comitê Militar Revolucionário do Soviete de Petrogrado poderia desempenhar na organização e no desencadeamento da insurreição. Longe de ser um simples

---

55 Significativamente, o líder bolchevique se esforçou em minimizar a desmoralização das massas à qual os militantes locais haviam feito referência na assembleia de 15 de outubro: "Nós não podemos nos orientar em função do humor das massas visto que este flutua e que é difícil de avaliá-lo" (Ibidem, p. 332).
56 Ibidem, p. 333.
57 O Comitê Militar Revolucionário foi criado na véspera da decisão do Comitê Central Bolchevique para preparar uma sublevação armada e não pode ser tido, pois, como um efeito dessa decisão (cf. A. Rabinowitch, op. cit., p. 348).

apêndice do Comitê Central Bolchevique ou da Organização Militar, a nova instância, que se reuniu pela primeira vez em 20 de outubro, era presidida pelo SR de esquerda Lazimir, também presidente do Bureau do Comitê, e contava até com anarquistas entre seus membros. Entretanto, os bolcheviques rapidamente impuseram sua hegemonia no seio desse organismo. Uma noite, entre 20 e 23 de outubro, ocorreu uma reunião noturna entre os chefes da Organização Militar e Lênin. Este último insistiu sobre a necessidade de a Organização Militar reconhecer a autoridade do Comitê Militar Revolucionário do Soviete de Petrogrado e de não procurar lhe ditar sua política. Contra a opinião dos chefes da Organização Militar que preconizavam um adiamento de dez ou quinze dias para o desencadeamento da insurreição, ele repetiu a absoluta necessidade de derrubar o governo provisório antes do Congresso dos Sovietes a fim de que este último, "*qualquer que seja sua composição*, seja confrontado com a realidade da tomada do poder pelos operários"[58].

Nos dias 21 e 22 de outubro produziu-se um acontecimento decisivo. Reunida em assembleia em 21 de outubro, a guarnição revolucionária de Petrogrado reconheceu o Comitê Militar Revolucionário do Soviete de Petrogrado como "seu órgão dirigente", o que significava que toda diretiva que lhe fosse endereçada sem o aval desse Comitê Militar seria doravante considerada "nula e não recebida". Na ordem dos fatos, os soldados anunciavam sua recusa em obedecer às autoridades do distrito militar de Petrogrado. Se o dia 24 de outubro é muitas vezes considerado a data do início da sublevação, as medidas tomadas pelo Comitê Militar a partir dos dias 21 e 22 de outubro para "assumir toda autoridade sobre a guarnição" marcaram o verdadeiro início da insurreição[59]. No dia 23 de outubro, o Comitê Militar substituiu os comissários nomeados pelo governo em todas as unidades militares por novos comissários cuja maioria era constituída de membros da Organização Militar bolchevique. No próprio dia, o Comitê apoderou-se da Fortaleza Pedro e Paulo e do arsenal Kronwerk contíguo. Apesar dessas vitórias fáceis, os SR de esquerda continuavam a opor-se a uma derrubada do governo *antes* do Congresso dos

---

58 Apud A. Rabinowitch, op. cit., p. 352 (grifos nossos).
59 Ibidem, p. 359.

Sovietes. A atitude das tropas desdobradas no *front* era incerta em caso de ação militar direta contra o governo.

Em compensação, havia aí todas as razões de crer que se o Partido esperava que o próprio governo passasse ao ataque quer isso acontecesse antes da abertura do Congresso dos Sovietes ou após a proclamação por este último de um governo dos sovietes, ele poderia contar com o apoio dos SR de esquerda, dos soldados do *front* e da retaguarda, com o dos seus próprios militantes unânimes e com uma frente de organizações de massa em que se incluíam desde o Soviete de Petrogrado até os comitês de oficinas.[60]

Entretanto, uma tal evolução tinha todas as chances de conduzir à formação de um governo de coalizão socialista, compreendendo os moderados, o que Lênin queria evitar a todo custo. Por ora, o Comitê Militar se contentou em tomar medidas defensivas abstendo-se de tudo aquilo que podia ser interpretado "como uma usurpação das prerrogativas do Congresso dos Sovietes"[61].

Foi na noite de 23 para 24 de outubro que Kerenski passou à ofensiva contra os bolcheviques mandando fechar dois de seus jornais, entre os quais o *Rabótchi Put*. Os dirigentes do Comitê Militar Revolucionário reagiram enviando a todas as unidades da guarnição de Petrogrado a famosa "Diretiva número um", que conclamava todos os regimentos a se prepararem para a batalha. Todavia, não era ainda questão de organizar uma sublevação imediata visando a derrubada do governo provisório. Na tarde do dia 24, quando de uma reunião da fração bolchevique do Congresso, Trótski se empenhou em apresentar a política do Partido como uma "política de defesa" e as ações do Comitê Revolucionário como ações defensivas[62]. De maneira geral, nesse 24 de outubro, os bolcheviques "trabalhavam para reforçar a adesão à ordem do dia do Congresso dos Sovietes e se preparavam para a formação de um governo revolucionário por este último"[63].

60 Ibidem, p. 365.
61 Ibidem.
62 Ibidem, p. 375.
63 Ibidem, p. 376.

Nesse mesmo dia 24 de outubro, Lênin endereçou vários pedidos ao Comitê Central a fim de obter a autorização de ir para o Smolny onde o Comitê Militar Revolucionário estava sediado. Todas as suas petições foram rejeitadas. Por volta das 18 horas, ele redigiu um apelo dirigido a órgãos subalternos do Partido, como o Comitê de Petersburgo e os comitês de distrito, de modo a contornar o Comitê Central, cuja temporização lhe parecia suicida: "É claro como o dia que agora retardar a insurreição é a morte."[64] A questão não era saber *quem* devia tomar o poder, mas tratava-se de tomá-lo e deter o governo "essa tarde, essa noite", qualquer que fosse a instância que operasse essa tomada do poder, o Comitê Militar Revolucionário ou qualquer outro organismo. Não era a um Congresso, ainda que fosse de fato o dos sovietes, que cabia resolver essa questão, mas ao "povo" ou à "luta das massas em armas". Depois ele concluía em termos que não poderiam ser mais explícitos: "Isso seria nossa perda, seria mero formalismo aguardar o voto dos indecisos de 25 de outubro."[65] Mas o que entendia ele exatamente por "luta das massas em armas"? Um pouco mais cedo, à tarde, cansado da linha do "esperar para ver" da direção bolchevique, ele dissera ao seu mensageiro: "Pergunte-lhes se podem contar com a lealdade de *uma centena* de soldados ou de guardas vermelhos armados de fuzis. É *tudo* de que eu tenho necessidade."[66] É difícil dizer mais claramente que a seus olhos a insurreição devia ser obra de uma ínfima minoria, resolvida a derrubar o governo pela força *antes* da abertura do Congresso dos Sovietes previsto para o dia seguinte, e não uma ação de defesa do dito Congresso. Como explica Rabinowitch, uma convicção de longa data animava Lênin: "a conquista do poder pela força reforçaria as chances de se assistir à criação de um governo de maioria bolchevique", ao passo que "esperar a decisão do Congresso dos Sovietes" era "assumir um risco inútil de ver instalar-se, no melhor dos casos, um governo de coalizão socialista morno

---

64 Ibidem.
65 Ibidem, p. 389-390. A expressão "o voto indeciso do dia 25 de outubro" remete significativamente ao voto do Congresso dos Sovietes.
66 Ibidem, p. 389 (grifos nossos). Em fim de setembro, Lênin contava com um número bem superior: "Nós temos *milhares* de soldados armados que podem tomar o Palácio de Inverno de um golpe e também o G.K.G., a central telefônica [...]." (Apud M. Ferro, op. cit., p. 831).

e indeciso"⁶⁷. Tudo está aí: o recurso à força armada permitia impor a formação de um governo bolchevique independentemente das incertas deliberações do Congresso dos Sovietes. Como diz com muita justiça Marc Ferro, "era claro que se a iniciativa da sublevação coubesse aos bolcheviques, eles tomariam mais facilmente o poder do que se a vitória fosse conquistada sob a égide dos sovietes, *mesmo bolchevizados*"⁶⁸. A atitude de Lênin a esse respeito teve ao menos o mérito da constância: a tomada do poder não deve ser realizada sob a autoridade direta dos sovietes, fossem eles em sua maioria bolcheviques, na medida em que *nada garantia que uma maioria bolchevique se pronunciaria em favor de um governo puramente bolchevique*.

Esse temor, embora inteiramente fundado, explica a pressão exercida por Lênin sobre o Comitê Central. Com uma peruca na cabeça e o rosto coberto de ataduras, este último foi ao Smolny por sua própria iniciativa na noite de 24 para 25 de outubro. É sem nenhuma dúvida por sua influência que se deve a "mudança tática fundamental" operada em 25 de outubro, por volta das duas horas da madrugada, pelo Comitê Militar Revolucionário: no meio da noite, de maneira quase simultânea, a gare Nicolau, a central elétrica de Petrogrado e o Correio foram tomados de assalto por soldados insurgentes. Por volta das 6 horas, um destacamento de marinheiros ocupou o Banco do Estado e, perto das 7 horas, um outro destacamento se apoderou da principal central telefônica de Petrogrado. Enfim, às 8 horas da manhã, os três principais terminais ferroviários de Petrogrado estavam ocupados por insurgentes. As operações militares dessa fase ofensiva haviam sido minuciosamente coordenadas.

Foi nessas condições que sobreveio aquilo que Marc Ferro, a justo título, denomina "golpe de Estado de Lênin"⁶⁹. No dia 25 de outubro, cerca das 10 horas da manhã, oito horas e meia antes que um ultimato fosse enviado ao governo provisório, uma proclamação "Aos cidadãos da Rússia" anunciava: "O governo provisório foi destituído. O poder do Estado passou às mãos do órgão do Soviete de Deputados, de Operários e Soldados de Petrogrado, que se encontra à testa do proletariado e da

---

67 A. Rabinowitch, op. cit., p. 388.
68 M. Ferro, op. cit., p. 836 (grifos nossos).
69 Ibidem, p. 852.

guarnição de Petrogrado."⁷⁰ Essa proclamação era assinada pelo "Comitê Militar Revolucionário junto ao Soviete dos Deputados, dos Operários e Soldados de Petrogrado". Em si mesma, uma tal proclamação já era um golpe de Estado: em vez do Congresso dos Sovietes, que não fora ainda aberto, o Comitê Militar Revolucionário, que não tinha na origem outra função senão defensiva, se constituiu, *de facto*, em um novo poder político soberano⁷¹. O autor dessa proclamação, que não era outro senão o próprio Lênin, havia escrito, numa primeira versão: "O P.V.R.K. [sigla do Comitê Militar Revolucionário de Petrogrado] convoca nesse dia, para as 12 horas, o Soviete de Petrogrado. Medidas imediatas são tomadas para a constituição de um poder soviético." Mas Lênin, em seguida, riscou a frase, e esse "ato falho", como diz Marc Ferro, é altamente significativo. Ele testemunha uma profunda desconfiança de Lênin em relação ao "legalismo revolucionário" do Soviete de Petrogrado e de seu presidente, Trótski, e no tocante "ao espírito conciliador" de seus amigos bolcheviques do Comitê Central: segundo Lênin, eles corriam o risco de negociar a organização do poder com "outros partidos socialistas" e "outras instituições sociais", em vez de tomar o poder e exercê-lo diretamente na qualidade de bolcheviques". A fim de prevenir esse perigo e dar um caráter irreversível à ruptura com o passado,

> Lênin dispensa a intercessão do Soviete de Petrogrado. *Ele risca sua frase e a substitui pela fórmula que atribui o poder ao P.V.R.K.* O novo poder emana assim de uma instância criada no curso do processo insurrecional. Ela mesma se declarou como o novo poder, ela se impôs como tal sem depender de nenhuma instituição, ainda que fosse o Congresso dos Sovietes.⁷²

Eis por que Lênin pôs tudo em ação para que o Comitê Militar se apoderasse do Palácio de Inverno onde o governo provisório estava sediado. Cumpria-lhe obter a prisão de todos

---

70 A. Rabinowitch, op. cit., p. 401.
71 M. Ferro, op. cit., p. 853.
72 Ibidem, p. 854. A nota 73 da mesma página adiciona: "Para outro pequeno golpe de Estado em miniatura, Lênin assinou uma ordem de execução do P.V.R.K. como presidente e como único signatário, enquanto as outras ordens do P.V.R.K. são sempre subscritas por duas pessoas. Além disso, não há traço de que Lênin tenha sido jamais eleito ou nomeado presidente do P.V.R.K."

os membros desse governo antes da abertura do Congresso dos Sovietes[73]. Desse ponto de vista, a proclamação do dia 25 de outubro, às 10 horas da manhã, antecipava um ato que só interviria no dia 26 de outubro por volta das 2 horas da manhã!

Em 25 de outubro, às 22h40, abre-se, enfim, o Congresso Pan-Russo dos Sovietes. Os bolcheviques eram aí o partido melhor representado, com 300 delegados em um total de 670. Resta o fato de que não podiam constituir uma maioria absoluta sem a ajuda dos SR de esquerda[74]. Segundo os questionários preenchidos pelos delegados presentes, 505 dentre eles vieram a Petrogrado para defender a transferência de todo poder aos sovietes, "ou seja, a formação de um governo de sovietes que, presumiam eles, refletiria a composição política do Congresso"[75]. Cerca de uma hora após a abertura do Congresso, o estrondo dos tiros de canhão disparados pelo cruzador *Aurora* se fez ouvir. O ataque ao Palácio de Inverno havia começado. O menchevique internacionalista Martov fez então uma declaração de urgência. Ele afirmou que a única maneira de assegurar uma saída pacífica para a crise em curso "era em primeiro lugar fazer cessar os combates, depois encetar as negociações tendo em vista a formação de um governo unificado democrático suscetível de ser aceito pelo conjunto das forças democráticas"[76]. Essa proposição foi bem acolhida por numerosos delegados bolcheviques e foi adotada por unanimidade.

Isso era não contar com a hostilidade de boa parte dos mencheviques e dos SR. Muitos dentre eles pediram a palavra para condenar uma tentativa de usurpação do poder de parte dos bolcheviques. Eles acabaram por abandonar o Congresso, mas, fazendo isso, "sabotavam todos os esforços de compromisso desenvolvidos pelos mencheviques internacionalistas, os SR de esquerda e os bolcheviques moderados": "Assim, faziam diretamente o jogo de Lênin e abriam inopinadamente a via para a instauração de um tipo de governo jamais debatido até então:

---

73 Segundo uma testemunha, Lênin "andava de um lado para o outro, em uma saleta do Smolny, feito um leão enjaulado. Faltava-lhe o Palácio de Inverno, não importa a que preço. V.I. nos xingava [...], ele berrava [...], ele estava pronto a mandar nos fuzilar" (Apud A. Rabinowitch, op. cit., p. 419).
74 Ibidem, p. 420.
75 Ibidem.
76 Ibidem, p. 421.

um regime exclusivamente bolchevique."[77] Martov retomou a palavra pouco tempo após a saída desse bloco de mencheviques e de SR para apresentar uma resolução em nome dos 14 mencheviques internacionalistas do Congresso. Essa resolução condenava os bolcheviques por terem desencadeado um golpe de Estado antes da abertura do Congresso dos Sovietes e apelava para "a formação de um governo pan-democrático", em vez do governo provisório[78].

Trótski respondeu a essa proposta de resolução amalgamando sumariamente, numa célebre fórmula, aqueles que haviam abandonado o Congresso e aqueles que, como Martov, pediam negociações com vistas à formação de um governo composto de todas as forças democráticas: "Àqueles que abandonaram o congresso e àqueles que nos exortaram ao compromisso devemos dizer: 'Vós falhastes lamentavelmente, vosso papel está encerrado. Ide ao que estais destinados: às lixeiras da História!'"[79] Ele fez com que se adotasse de pronto uma resolução que avalizava a insurreição, dizendo que as tarefas do segundo Congresso Pan-Russo "foram *predeterminadas* pela vontade do povo trabalhador e por sua insurreição dos dias 24 e 25 de outubro"[80]. Sucedendo a Trótski, Kamkov, um SR de esquerda, pôs em guarda os bolcheviques, dando peso ao fato de que eles não contavam com o apoio do campesinato e que, em consequência disso, cumpria buscar um acordo com os "elementos socialistas moderados". Às 2h40 da madrugada a sessão foi suspensa por meia hora. Quando os debates foram retomados, coube a Kamenev anunciar a tomada do Palácio de Inverno e a prisão dos membros do governo que aí estavam entrincheirados. Um pouco mais tarde, Lunatchárski apresentou um manifesto redigido por Lênin e pediu ao Congresso que o adotasse sem demora. Um porta-voz da fração menchevique internacionalista solicitou que ao texto do manifesto fosse acrescentado uma emenda de maneira a incluir "a formação imediata de um governo representando um leque tão amplo quanto possível da população". Como sua proposição

---

77 Ibidem, p. 423.
78 Ibidem, p. 425.
79 Ibidem, p. 426 (grifo nosso).
80 Ibidem, p. 427 (nós vimos mais acima o que recobria essa designação de "povo trabalhador").

foi ignorada, anunciou que ele e seus camaradas se absteriam. O Congresso chegou ao fim com a adoção do manifesto: "Finalmente, no dia 26 de outubro, às 5 horas da manhã, o manifesto que legitimava a instauração de um governo revolucionário foi submetido ao voto dos delegados e adotado por uma maioria esmagadora, com apenas dois votos contra e doze abstenções."[81] Os bolcheviques haviam tomado o poder em Petrogrado.

Se lançarmos agora um olhar retrospectivo sobre as sucessivas reviravoltas de Lênin no curso dos meses de julho a outubro, perceberemos que elas obedeciam cada vez a um cálculo político ditado por uma visão demasiado estreita dos interesses de seu partido, mais do que por uma avaliação da situação objetiva ou do estado de espírito das massas. Por volta do dia 13 de julho, Lênin preconizava o abandono da palavra de ordem "Todo o poder aos sovietes!", sob a alegação de que os sovietes estavam se tornando simples "folhas de videira da contrarrevolução". Ele exigia então do Partido que preparasse ativamente uma insurreição armada contra o governo controlado pela contrarrevolução. Mas o abandono oficial dessa palavra de ordem não mudou grande coisa ao nível local, e numerosos dirigentes bolcheviques, em contato estreito com os operários e soldados, "recusavam-se a renunciar definitivamente ao apoio dos mencheviques e dos SR, como aliados potenciais, e ainda menos o dos sovietes *na qualidade de instituições revolucionárias*"[82]. No início do mês de setembro, no texto "A respeito do compromisso", Lênin operava uma segunda virada de monta, fazendo-se advogado do retorno ao *slogan* de antes de julho. Mas, desde os dias 12 e 14 de setembro, ou seja, menos de duas semanas mais tarde, ele instava a direção do Partido a dar as costas a essa orientação e a preparar uma insurreição no mais breve prazo antes do Congresso dos Sovietes, previsto para 20 de outubro. Ele reiterou seu apelo no dia 29 de setembro em seu ensaio "A crise está madura". Na data de 10 de outubro, obtém finalmente do Comitê Central o voto de uma resolução, pondo na ordem do dia a tomada do poder. Em nenhum desses momentos, Lênin levou em conta o valor intrínseco dos sovietes como instituições revolucionárias, ele não as valorizava

---

81 Ibidem, p. 437-438.
82 Ibidem, p. 448 (grifos nossos).

senão à luz das possibilidades que ofereciam ao Partido. Uma passagem da carta intitulada "Conselho de um ausente", escrita em 8 de outubro, justo antes dos Congresso dos Sovietes da Região Norte, revela cruamente essa inteira subordinação da tática aos interesses do Partido Bolchevique. Lênin escreve aí:

> É claro que todo poder deve passar aos sovietes. Deve ser igualmente indiscutível para todo bolchevique que o poder revolucionário proletário (*ou bolchevique, o que hoje vem a dar no mesmo*) é assegurado pela máxima simpatia e pelo apoio sem reserva dos trabalhadores e dos explorados do mundo inteiro.[83]

O parêntesis diz à sua maneira o essencial da visão leninista: o "poder revolucionário proletário" não tem o menor grau de autonomia em relação ao "poder bolchevique", não se identifica mesmo no poder dos sovietes à maioria bolchevique, não é nada mais senão o próprio poder bolchevique compreendido no sentido do poder exercido pelo Partido Bolchevique na condição de partido. De fato, 24 e 25 de outubro são os dias em que o poder bolchevique, assim entendido, triunfou, mas em nenhum caso os sovietes. É essencial compreender que essa fixação de Lênin na programação da insurreição não procedia de uma obsessão conjuntural estritamente ligada à emergência dos sovietes como instituições autônomas. Estava enraizada nele desde há muito tempo, a ponto de constituir uma espécie de *éthos* político e intelectual. Julgue-se por uma referência como esta: em 16 de agosto de 1905, em um artigo intitulado "O boicote da Duma de Buliguin e a insurreição", Lênin sustentava o boicote ativo à Duma. Ele se prendia a um artigo da *Iskra*, jornal de orientação menchevique desde a cisão de 1903, que preconizava "a organização imediata da autoadministração revolucionária" como "prólogo possível da insurreição" e considerava como meio de realizá-la a formação de "comitês operários de ação" destinados a "organizar a eleição de deputados revolucionários pelo povo". Era uma maneira de se aproximar das posições mencheviques que pregavam a "autoadministração revolucionária". A réplica de Lênin foi instrutiva ao mais alto ponto:

---

83   M. Ferro, op. cit., p. 140 (grifos nossos).

A organização de uma autoadmnistração revolucionária, a eleição pelo povo de seus representantes, não é o *prólogo*, mas o *epílogo* da insurreição [...] É preciso, em primeiro lugar, fazer triunfar a insurreição (ainda que seja nos limites de uma cidade) e instituir o governo revolucionário provisório, para que esse último possa abordar, na qualidade de órgão da insurreição e de chefe reconhecido do movimento revolucionário, a organização da autoadministração revolucionária. Mascarar ou relegar ao segundo plano a palavra de ordem da insurreição em proveito da organização da autoadministração revolucionária é quase a mesma coisa do que recomendar que a gente pegue uma mosca para depois polvilhá-la de inseticida.[84]

Alguns meses apenas depois da revolução de 1905 e da irrupção dos sovietes, Lênin não podia afirmar de modo mais claro a prioridade absoluta da insurreição e do "governo provisório" que ela estabelecia em lugar das exigências da auto-organização das massas[85].

Seja qual for o sentido desse *éthos* leninista, Trótski, do qual sabemos que, em 1905, foi um dos raros revolucionários a ver no soviete a forma elementar do poder socialista, diz o mesmo que Lênin a propósito da estratégia bolchevique em 1917. A seus olhos, o apego de numerosos bolcheviques à forma soviética não era senão um "fetichismo da forma de organização", quando era preciso ter uma concepção estritamente *instrumental* dos "órgãos da insurreição":

A questão de saber qual organização de massa deveria servir ao Partido para a direção da insurreição não admitia solução *a priori*, e muito menos solução categórica. Os órgãos que deviam servir para a insurreição podiam ser os comitês de fábrica e os sindicatos que já se encontravam sob a direção dos bolcheviques, do mesmo modo que os sovietes, em certos casos, na medida em que escapavam do jugo dos conciliadores.[86]

---

84 Lénine, *Oeuvres*, t. 9, Paris/Moscou: Éditions Sociales/Éditions du Progrès, 1966, p. 187. Lênin remete significativamente à sua brochura "Duas táticas da social-democracia na revolução democrática", que se pronunciava contra o apelo à criação de "comunas revolucionárias" em nome do fato de que competirá ao futuro governo provisório se desincumbir de "*todas* as tarefas do Estado". Voltaremos mais adiante (cf. capítulo 3) a falar sobre a referência crítica à Comuna de Paris contida nesse artigo. Com respeito a essa referência crítica, podemos nos reportar igualmente ao texto de 17 de julho de 1905, intitulado "Conclusão do artigo 'A Comuna de Paris e as tarefas da revolução democrática'", em Lénine, op. cit., p. 140.

85 Sobre a atitude dos bolcheviques acerca dos sovietes, remetemos à obra fundamental de Oskar Anweiler, *Les Soviets en Russie, 1905-1921*, Paris: Gallimard, 1972.

86 L. Trotsky, *Histoire de la révolution russe*, t. 2, p. 333-334.

Trótski não defendia apenas uma concepção instrumental, mas uma interpretação mecânica das relações entre Partido e sovietes. O Partido não conseguia em parte alguma, constatava ele, conduzir diretamente a insurreição. Não queriam as massas obedecer senão às ordens do Congresso dos Sovietes, considerado como seu órgão? Era necessário, portanto, utilizar um mecanismo de treinamento e de transmissão:

> O Partido punha em movimento o soviete. O soviete punha em movimento os operários; os soldados, parcialmente, os camponeses. O que se ganhava em relação à massa, perdia-se em relação à velocidade. Se representássemos esse aparelho de transmissão como um sistema de rodas dentadas – comparação à qual, em outra ocasião e em outro período, Lênin havia recorrido –, poderíamos dizer que uma tentativa impaciente de ajustar a roda do Partido diretamente à roda gigante das massas, comportava o perigo de quebrar os dentes da roda do Partido e, no entanto, de não pôr em movimento massas suficientes.[87]

Não se pode ser mais claro.

Definitivamente, se houve de fato uma revolução de Fevereiro, *não houve revolução de Outubro*[88]. No lugar de uma verdadeira revolução houve aí, por certo, não um simples golpe de Estado, mas uma coordenação entre um *golpe de Estado*, organizado em nome do soviete pelo Comitê Militar Revolucionário de Petrogrado, e uma *insurreição* animada pela Organização Militar Bolchevique e pelo Comitê dos Cinco, constituído pelo Partido Bolchevique[89]. Se essa coordenação entre golpe de Estado e insurreição acabou na derrubada do governo provisório, foi, com certeza, porque essa derrubada beneficiou-se do apoio das massas de Petrogrado. Mas esse apoio não significava uma adesão à "perspectiva de uma nova

---

87 Ibidem, p. 661.
88 Foi o que muito bem viu em 1989 Cornelius Castoriadis em *Le Monde morcelée*, t. 3, *Les Carrefours du labyrinthe*, p. 200-201: "Há uma revolução de fevereiro de 1917, e não há 'revolução de Outubro': em outubro de 1917, há um *putsch*, um golpe de Estado militar". De fato, para ser mais exato, houve ao mesmo tempo um golpe de Estado e uma insurreição militar.
89 Cf. M. Ferro, op. cit., p. 98. Os bolcheviques haviam constituído, no início de outubro, um centro militar composto de cinco membros que dependiam diretamente do Partido e eram independentes do Comitê Militar Revolucionário do Soviete de Petrogrado (Ibidem, p. 96).

ordem dominada exclusivamente pelos bolcheviques". Na realidade, as massas apoiaram a insurreição contra o governo porque pensavam que a revolução e o Congresso dos Sovietes estavam ameaçados pela contrarrevolução. Pensavam também que os bolcheviques, como estes haviam muitas vezes repetido, queriam um governo que emanasse dos sovietes e fosse representativo de todos os partidos socialistas. De seu ponto de vista,

só a formação de um governo exclusivamente socialista e largamente representativo, oriundo do Congresso dos Sovietes – *e residia aí o objetivo que as massas atribuíam aos bolcheviques* – parecia oferecer a esperança de que não haveria retorno às práticas infames do antigo regime, que não se teria mais de desafiar a morte no *front*, que uma vida melhor seria possível e que logo seria posto um ponto final no engajamento da Rússia na guerra[90].

Sabemos o que adveio dessa esperança.

As consequências dessa tomada do poder em relação ao papel e o lugar dos sovietes na nova Rússia iriam ser consideráveis. Oskar Anweiler as resumiu perfeitamente:

Ao usurpar assim o poder na véspera do dia em que se reunia a mais alta instância dos conselhos, os bolcheviques romperam com o mesmo golpe o princípio democrático do soviete. E o amálgama do novo poder soviético e da insurreição bolchevique se revelou funesta aos próprios sovietes: a partir desse momento, com efeito, serviram de cobertura à ditadura bolchevique e, em uma medida crescente, de massa de manobra ao Partido, papel contrário à sua natureza e que estava bem longe de ser o seu na origem. Toda formal, a vitória dos conselhos não significava na realidade nenhuma outra coisa senão a sua sujeição a uma ditadura de partido; no dia de seu triunfo supremo, eles viram começar o seu desmantelamento e a palavra de ordem, "Todo poder aos conselhos!", inscrita na bandeira do Outubro Vermelho não tardou em se revelar sinistramente ilusória.[91]

---

90 A. Rabinowitch, op. cit., p. 450.
91 O. Anweiler, op. cit., p. 243.

2. O Partido Soberano

Trótski relata em sua autobiografia uma cena particularmente interessante que se desenrola no momento da tomada do poder, quando os dirigentes do Partido improvisam a forma do governo. Essa passagem de *Minha Vida* é especialmente reveladora da relação que esses mesmos dirigentes mantêm com os procedimentos democráticos, e isso até na sua própria organização:

É preciso formar o governo. Nós somos aqui alguns membros do Comitê Central. Curta deliberação em um canto do aposento. – Como denominá-lo?, Lênin pensa alto. Sobretudo, nada de ministros! O título é abjeto, ele foi repisado em toda parte. – Poder-se-ia dizer "comissário", propunha eu; mas há comissários demais atualmente... Talvez "altos-comissários"... Não, "alto-comissário" soa mal... E se a gente pusesse: "comissário do povo"?... – "Comissário do povo?" Por minha fé, parece-me que isso poderia servir... – retoma Lênin. – E o governo em seu conjunto? – Um soviete, evidentemente, um soviete... O Soviete dos Comissários do Povo?... – exclama Lênin. – É perfeito. Isso cheira terrivelmente a revolução!...[1]

1   L. Trotsky, *Ma vie*, p. 392.

UMA DECISÃO UNILATERAL DO COMITÊ CENTRAL

Assim, pois, um punhado de homens decidem, não sem um certo cinismo, o nome a dar ao governo do Estado e a lista de seus membros muitas horas antes do Congresso dos Sovietes. Nomear sozinhos o órgão do novo poder, de um modo que "cheira a revolução", era, obviamente, gozar por eles de um poder simbólico absoluto e de um poder político sem limites. Essa anedota tem longo alcance no tocante à *relação de dominação* que os dirigentes do Partido instauraram imediatamente com os delegados do Congresso dos Sovietes. Com efeito, não era, de modo algum, questão de lhes perguntar a sua opinião, de entabular a menor discussão coletiva sobre essa criação institucional de primordial importância. Apenas alguns membros do Comitê Central tiveram o direito de decidir a esse respeito num canto de mesa[2]. "Todo poder ao Partido!", tal foi, de fato, desde o primeiro dia, a máxima dos bolcheviques[3].

A questão do partido, a do partido da insurreição armada como a do partido da conquista progressiva do poder é evidentemente decisiva na história do comunismo dito "soviético". Ela desempenhou um papel crucial na difusão mundial do esquema leninista de tomada e de exercício do poder de Estado. Pode-se mesmo dizer que o mito de Outubro se prende, quanto ao essencial, a essa figura do Partido Bolchevique que, graças ao seu genial criador, teria conseguido pela primeira vez conquistar a vitória sobre as forças do capital e construir o socialismo. A fascinação ulterior por essa forma política decorre principalmente da vontade e da resolução dos dirigentes do Partido de tomar o poder e de tudo fazer para conservá-lo. À luz do século XX,

---

2   Cf. A. Rabinowitch, op. cit., p. 396-397. Trótski, na sua *Histoire de la révolution russe*, afirma falaciosamente que o gabinete ministerial foi criado pela assembleia de 26 de outubro, em sua sessão noturna. Ele explica um pouco à frente que todos os "candidatos" haviam sido designados pelo Comitê Central do Partido, deixando, todavia, de assinalar que eles foram designados mais de vinte e quatro horas antes. Pois, a crer em Rabinowitch, tudo parece indicar que a formação do Soviete dos Comissários do Povo data da manhã do dia 25, na verdade mais cedo, da noite de 24 para 25 (cf. L. Trotsky, *Histoire de la révolution russe*, t. 1, *La Révolution de février*, p. 702 e 715).

3   Só foi a partir de 26 de novembro de 1917 que se estabeleceu uma coalizão provisória com os socialistas-revolucionários (SR) de esquerda, que durou três meses.

vê-se melhor o que durante muito tempo foi negligenciado e que hoje não pode mais ser: é o que poderíamos chamar de o *risco* do partido ou, melhor ainda, o *perigo* do partido para o próprio comunismo. Por aí é preciso entender a possibilidade sempre ameaçadora que a organização, tida como o instrumento da tomada do poder, se volte contra o projeto do autogoverno da sociedade e dê nascimento a um aparelho monstruoso que controla politicamente a sociedade e assegura sua saturação estatal. Mesmo Lênin, a um só tempo lúcido e inconsequente, acabou por deplorar isso, sem, no entanto, efetuar a ligação com suas próprias teorias e práticas do poder. Assim, em abril de 1920, ele escrevia: "Em nossa república não há uma questão importante, política ou de organização, que seja decidida por uma instituição de Estado sem que o Comitê Central do Partido tenha dado suas diretivas [...] Resulta daí, portanto, a mais autêntica 'oligarquia'."[4] É o mínimo que se poderia dizer disso. Mas não é precisamente bem isso o que ele tinha em mente desde 1902 e que não pôde realizar efetivamente senão no curso do x Congresso do Partido Bolchevique em 1921 quando, por sua instigação e para enfrentar a crise interna, foram as tendências opositoras interditadas no seio do Partido?

Os trotskistas quiseram ver na tomada do poder por Stálin uma reviravolta contrarrevolucionária que eles chamaram, por analogia com a Revolução Francesa, de o "Termidor Soviético". O triunfo do grupo estalinista seria devido a uma progressiva burocratização do Partido e do Estado, sob o efeito de um recuo mundial da Revolução, cujas consequências se somam "ao estado atrasado e à incultura de uma sociedade de mujiques submetida a uma servidão secular"[5]. Foi assim, aliás, que Lênin analisou ele próprio, em seu "testamento", a degenerescência do poder diante da qual, doente, permaneceu desamparado e impotente[6]. Esse

---

4   Lénine, *Le Gauchisme, maladie infantile du communisme*, Oeuvres, t. 31, Paris/Moscou: Éditions Sociales/Éditions en Langues Étrangères, 1961, p. 42.
5   Pierre Broué, *Le Parti bolchevique. Histoire du P.C. de l'URSS*, Paris: Minuit, 1972, p. 532.
6   Cf. Jean-Jacques Marie, *Lénine. La Révolution permanente*, Paris: Payot, 2011. Dá-se o nome de "testamento" de Lênin às notas escritas no fim de 1922 e começo de 1923, sobre "a ordenação da direção do partido", dixit Trotsky em Le Super-Borgia du Kremlin, Oeuvres, t. 22, Paris: Publications de l'Institut Léon Trotsky, 1986, p. 71. Cf. também M. Lewin, *Le Dernier combat de Lénine*, Paris: Minuit, 1978.

"último combate de Lênin" é tão trágico quanto lastimável. Todas as contradições do bolchevismo estão colocadas diante de seu criador: o Partido da vanguarda proletária, entre cujas mãos ele mesmo entregou o destino da revolução, encontra-se em vias de apodrecer no burocratismo generalizado e se vê ameaçado pelo despotismo de seu secretário-geral, Stálin. Lênin não pôde fazer nada mais senão recomendar a seus camaradas remanejar o poder central, afastar um de seus membros e promover um outro à direção, ele que sabe muito bem, por tê-lo assim querido, que em face do "monolitismo" do Partido não há mais nenhum contrapoder nem no exterior nem no interior. Em suma, Lênin pôde então compreender até que ponto havia desarmado a revolução e desarmado a si próprio, ele que se fizera seu único guardião. Agora está à mercê de Stálin, reduzido a conduzir desesperadamente uma "conspiração" (o termo é dele) contra esse ser grosseiro e brutal convertido em seu carcereiro. No seu prefácio à edição francesa do livro de Moshe Lewin, *Le Dernier combat de Lénine*, Daniel Bensaid constata toda a amplitude do desastre: "A tradição do bolchevismo reflui, pois, para os cimos do Partido. O enfrentamento entre os homens que o encarnam reveste-se de um alcance histórico."[7] Infelizmente ele não tira daí a necessária conclusão acerca da responsabilidade do bolchevismo. Assim, a propósito do x Congresso, ele fala com justeza de "confusões pesadas e consequências ulteriores"[8].

UMA FALSA DUALIDADE DO PODER ENTRE PARTIDO E SOVIETES

O famoso "Termidor" estalianiano começou bem antes da tomada do poder por Stálin, com a fetichização do partido de vanguarda, herança da social-democracia teorizada por Kautsky. Todas as medidas que conduziram à monopolização do poder pelo Partido, e sobretudo por sua direção e seu aparelho, tanto na Rússia como na Internacional Comunista após

---

7   D. Bensaid, Préface, *Le Dernier combat de Lénine*, p. iii.
8   Ibidem, p. iv.

1919, foram igualmente fatores de degenerescência. O que, aliás, certos revolucionários russos perceberam, entre os quais em primeiro lugar Rosa Luxemburgo que, contrariamente a Lênin, soube identificar no kautskismo as formas já avançadas da patologia organizacional. O Partido não só se burocratizou a partir de seu interior, como bem depressa ele mesmo se substituiu às formas soviéticas, e mais largamente a todas as diversas formas de autogoverno da sociedade, esvaziando-as de toda efetividade, colonizando-as e burocratizando-as, a tal ponto, aliás, que a palavra "soviete" perdeu completamente seu sentido original de "conselho", isto é, de instituição de um poder popular[9]. Os sovietes de base foram logo burocratizados e administrados pelos novos funcionários (*apparatchiki*). As instituições populares autônomas (comitês de fábrica ou de bairros), colonizadas por sua vez pelo Partido Bolchevique, perderam sua autonomia em alguns meses. Essa burocratização do Partido e dos sovietes foi acompanhada de um surto da gigantesca máquina administrativa de Estado, da qual o Partido era ao mesmo tempo o centro e o duplo. E foi esse mesmo aparelho de Estado que, em seguida, constituiu o pedestal organizacional e humano do estalinismo.

Partido e soviete? Quem vai comandar? Formalmente, o poder pertence ao soviete. É a razão pela qual a Assembleia Constituinte é dissolvida em janeiro de 1918. Não há nenhuma necessidade de uma assembleia eleita pelo sufrágio universal porque os sovietes são o suposto órgão da democracia real[10]. A Constituição de janeiro de 1918 o afirmará com força: "A Rússia é proclamada República dos Sovietes de deputados operários, soldados e camponeses. Todo o poder, central e local, pertence a esses sovietes". O Congresso Pan-Russo dos Sovietes se reúne teoricamente duas vezes ao ano. Ele é composto pelos representantes dos sovietes locais, com uma ponderação muito favorável às cidades e ao proletariado. Ele elege um comitê executivo, o qual forma o Conselho dos Comissários do Povo

---

9   Como mostra Marc Ferro, existiam múltiplas instituições do poder popular, nascidas muitas vezes espontaneamente nas fábricas ou nos bairros. Cf. M. Ferro, *Des Soviets au communisme bureaucratique*, Paris: Gallimard, 1980.
10 Os sovietes foram desde muito cedo colonizados pelos partidos, e isso *antes* de Outubro, e os responsáveis pelos sovietes dos deputados operários não são operários, mas pequenos-burgueses ou burgueses membros de partidos socialistas, como sublinha Ferro em *Des Soviets au communisme bureaucratique*.

que está, teoricamente, sob o controle do Comitê Executivo. No papel, a estrutura do poder é uma espécie de democracia representativa de base proletária e, em menor medida, camponesa. Em virtude da concentração dos poderes no governo, essa estrutura pode supostamente exercer um poder coercitivo sobre os inimigos do regime, sem limites de direito. No âmbito dos fatos, isso vai se dar de outro modo. A realidade do poder central é assegurada pelo Partido ou, mais exatamente, pelo duo formado pelo Partido e pelos Conselhos dos Comissários do Povo, dois poderes extremamente centralizados e até muito personalizados. Lênin preside o Conselho dos Comissários do Povo; Sverdlov, o Partido até 1919[11]. É o Bureau Político restrito, constituído nessa data, e o Comitê Central, quando é consultado, que dirigem efetivamente o Estado. Pouco a pouco, é o Partido, por meio de suas células inteiramente subordinadas ao Comitê Central, que nomeará os responsáveis e controlará todos os órgãos dirigentes das estruturas soviéticas, sindicais e associativas, da base ao cume. Mui rapidamente, como observa o simpatizante da revolução que é Victor Serge, o que se tem é uma ditadura do Partido que reivindica em alto e bom som o monopólio do poder. Desde "o ano 1 da Revolução", "a democracia soviética dava lugar, em virtude de inevitáveis necessidades históricas, a uma ditadura do Partido Bolchevique". Ele acrescenta a seguir: "Notemos que até esse momento ninguém formulou a teoria que assumirá força de lei na sequência, segundo a qual a ditadura do proletariado é naturalmente exercida pelo Partido Comunista. Essa teoria, a vida a imporá."[12] Por aquilo que é da "vida", isto é, das circunstâncias, pode-se, de fato, lhe dar razão: a vida, ou seja, o caos, a fome e a contrarrevolução desempenharam com certeza um papel. Mas esse fato tem sua importância, a "vida" é também a centralização burocrática inscrita no processo político desde a tomada do poder pelos bolcheviques, e considerado por Serge como uma espécie de encadeamento fatal contra o qual não há nada a fazer. Em todo caso, o fato torna-se logo teoria do partido soberano. Assim, sob a pena de Zinoviev:

11 Cf. J. Marie, op. cit., p. 289.
12 V. Serge, *L'An 1 de la révolution russe*, Paris: La Découverte, 1997, p. 329.

O poder soviético não teria durado três anos nem mesmo três semanas sem a ditadura de ferro do Partido Comunista. O controle do Partido sobre os órgãos soviéticos e sobre os sindicatos é a única garantia sólida de que nenhum grupelho, nenhum grupo de interesses do proletariado poderá se impor, mas apenas os interesses do proletariado inteiro.[13]

E Trótski vai ainda mais longe na sua segurança dogmática:

Acusaram-nos mais de uma vez de haver substituído a ditadura dos sovietes pela do Partido. E, no entanto, podemos afirmar, sem risco de se enganar, que a ditadura dos sovietes não era possível senão graças à ditadura do Partido: graças à clareza de sua visão teórica, graças à sua forte organização revolucionária, o Partido assegurou aos sovietes a possibilidade de se transformar, de informes parlamentos operários que eram, em um aparelho de dominação do trabalho. Nessa "substituição" do poder da classe operária pelo poder do Partido, não há nada de fortuito e mesmo, no fundo, não há aí nenhuma substituição. Os comunistas exprimem os interesses fundamentais da classe operária. É completamente natural que, na época em que a história põe na ordem do dia esses interesses em toda a sua extensão, os comunistas tornem-se os representantes reconhecidos da classe operária na sua totalidade.[14]

Assim, na primavera de 1920, é fácil para um visitante, desde que seja um pouco curioso, como era Bertrand Russel, dar-se conta de que "quando um comunista russo fala de ditadura, ele toma esse termo em seu sentido literal, mas quando fala do 'proletariado', ele emprega essa palavra com certas reservas. O que ele tem em vista é a parte 'consciente' do proletariado, isto é, o partido comunista"[15]. E não se pode dizer que os bolcheviques tenham escondido o que virá a ser um ponto fundamental da doutrina do Komintern. Podemos lê-lo, por exemplo, nas Teses do II Congresso da Internacional Comunista: "Vanguarda

---

13 Apud P. Broué, op. cit., p. 128.
14 L. Trotsky, *Terrorisme et communisme*, Paris: Union Générale d'Éditions, 1963, p. 170-171. Essas justificativas de Zinoviev e de Trótski são citadas por Broué, op. cit., p. 128. A proposta de Trótski é, à sua maneira, uma obra-prima de sofística: ela empresta formalmente as formulações do *Manifesto* de 1848 ("exprimem os interesses fundamentais da classe operária") para melhor defender o monopólio da representação de classe pelo Partido ("os representantes confessos da classe operária na sua totalidade"). Veremos mais adiante, neste mesmo capítulo, que as formulações de Marx não autorizam, de modo algum, semelhante deslize da "expressão" para a "representação".
15 B. Russel, *La Pratique et la théorie*, Paris: La Sirène, 1921, p. 37.

organizada da classe operária, o Partido Comunista responde igualmente às necessidades econômicas, políticas e espirituais da classe operária inteira. Ele deve ser a alma do sindicato e dos sovietes, bem como de todas as outras formas de organização proletária."[16] Se um partido por si só não pode tudo, mesmo o pior, ele pode contribuir quando se dá ao direito e ao dever de se impor unilateralmente e cada vez mais exclusivamente em todos os órgãos da vida pública. E foi bem isso o que se passou. Voltemos, pois, ao desenrolar dessa "vida" que levou a essa apropriação feita pelo Partido soberano.

RUMO AO MONOPÓLIO DO PARTIDO

A partir de julho de 1918, o Partido Bolchevique torna-se *de facto* o partido único. Como escreveu Serge,

> é um grande passo de fato rumo ao monopólio da vida política no seio da ditadura do proletariado. Até agora essa ditadura não se mostrava incompatível com a existência legal de partidos, de agrupamentos, de jornais inimigos, hostis, neutros, duvidosos, amigos (amigos condicionais...)[17].

Desde o verão de 1918, todavia, não restavam mais quase jornais de oposição. Foram toleradas unicamente as publicações de pequenos grupos políticos próximos do novo poder. Um decreto do Conselho dos Comissários do Povo, datando de janeiro de 1918, instituía em todo o país tribunais especiais compostos de comunistas chamados para julgar "crimes cometidos contra o povo por meio da imprensa", uma definição muito ampla que permitia suprimir todo jornal que ousasse publicar críticas julgadas "contrarrevolucionárias"[18].

---

16 Cf. Résolution sur le rôle du Parti communiste dans la Révolution prolétarienne, Petrogrado-Moscou, 18 de julho de 1920, em *Manifestes, thèses et résolutions des quatre premiers congrès de l'Internationale communiste 1919-1923*, textos completos, Paris: La Librairie du Travail, 1934; reimpressão em fac-símile, Paris: Maspero, 1971, disponível em: <www.marxists.org/>.
17 V. Serge, *L'An 1 de la révolution russe*, p. 296.
18 Cf. Leonard Schapiro, *Les Bolcheviques et l'opposition. Du musellement des partis à l'interdiction des fractions dans le Parti*, Paris: Les Nuits Rouges, 2007, p. 214-215.

Os agrupamentos políticos não eram melhor tratados. Em abril de 1918, os anarquistas sofreram um primeiro ataque da Vetchéka ou mais simplesmente Tchéka (Comissão Extraordinária Pan-Russa do Conselho dos Comissários contra a contrarrevolução, a sabotagem e a especulação), que prendeu 600 de seus membros e matou 40. Em junho de 1918, os mencheviques e os SR foram expulsos do Comitê Executivo dos Sovietes. Após a repressão de sua tentativa insurrecional de julho de 1918, os SR de esquerda, conquanto tolerados até 1921, foram afastados de todos os postos de responsabilidade e não desempenharam mais nenhum papel na cena política. A partir de julho de 1918, o que restava do multipartidarismo no seio dos sovietes foi eliminado.

Os mencheviques não mantiveram menos, por tanto tempo quanto puderam, sua luta contra a pena de morte, pela supressão da Tchéka e pela liberdade sindical. Mas foi em 1921, quando a guerra civil estava terminada, que a repressão se abateu como nunca sobre todos os agrupamentos de oponentes anarquistas, mencheviques e responsáveis pelos sindicatos nos quais eram majoritários, e todos considerados doravante "contrarrevolucionários". A repressão antimenchevique tomou um rumo radical no momento em que Lênin foi obrigado a adotar a Nova Política Econômica (NEP), uma política muito próxima daquela preconizada por esses mesmos mencheviques há três anos. Em alguns meses, houve mais de 2 mil detenções de mencheviques, entre os quais todos os membros do Comitê Central. Em 1922, eles foram ou exilados, ou deportados para as regiões afastadas do país.

Os sovietes foram bem depressa submetidos à dominação do Partido Comunista. Os bolcheviques se asseguraram um quase monopólio da representação nos sovietes locais e no Congresso Pan-Russo[19]. Nenhuma regra de equidade nas eleições podia ser respeitada quando os comissários encarregados das votações tinham o poder de excluir as pessoas "conhecidas por terem feito agitação malévola contra o poder soviético", pessoas que podiam mesmo ser detidas e denunciadas perante os tribunais[20]. O Partido possuía, aliás, todos os meios à sua disposição para contar com o apoio de uma maioria automática que, de toda maneira,

---

19 Cf. P. Broué, op. cit., p. 126-127.
20 Cf. L. Schapiro, *Les Bolcheviques et l'opposition...*, p. 219.

pouco importava, pois a realidade do poder era assumida pelos *presidium* de cada soviete controlado por funcionários, muitas vezes antigos operários, que dependiam da hierarquia do Partido. Ocorria o mesmo com o Congresso Pan-Russo dos Sovietes, onde os decretos foram votados por unanimidade a partir de 1918 e onde os representantes dos últimos partidos tolerados só possuíam vozes consultativas[21]. Victor Serge, a esse respeito, fez a amarga constatação: "Os sovietes [...] tão vivos em 1918 não eram mais do que aparelhos secundários do partido, desprovidos de iniciativa, não exercendo nenhum controle, representando de fato apenas o comitê local do partido."[22]

Foi assim que os bolcheviques impediram que a contestação de seu regime, em particular no meio operário e nos sindicatos, não desse proveito aos outros partidos socialistas, em especial aos mencheviques. Estes últimos sofreram, desde as eleições para os sovietes na primavera de 1918, toda sorte de intimidações e perseguições, apesar de seu respeito ao quadro constitucional que lhes havia sido imposto. Cumpre dizer que suas reivindicações em matéria de direito político, de liberdade de expressão e de independência sindical eram largamente partilhadas pela opinião pública, a ponto de ameaçar a hegemonia política que os bolcheviques mantinham pela coerção. Foi nesse contexto que os bolcheviques foram levados a fechar pela força os congressos sindicais de maioria menchevique, a dissolver os sindicatos que lhes eram desfavoráveis e a multiplicar as prisões de operários supostamente hostis ao regime.

Os dirigentes bolcheviques estavam perfeitamente conscientes da situação. Kamenev, no VII Congresso Pan-Russo dos Sovietes, em 1919, constata o fato de um modo realista: "Nós administramos a Rússia e é somente por intermédio dos comunistas que podemos administrá-la."[23] Deplorando o "baixo nível cultural do proletariado", Lênin explica que "os sovietes que, conforme seu programa, são órgãos do governo formados *pelos trabalhadores*, constituem, na realidade, órgãos do governo *para os trabalhadores*, exercido pela camada avançada

---

21 Ibidem, p. 221.
22 V. Serge, *Mémoires d'un révolutionnaire et autres écrits politiques. 1908-1947*, Paris: Robert Laffont, 2001, p. 599.
23 P. Broué, op. cit., p. 127.

do proletariado e não pelas massas laboriosas"[24]. Mas isso não era no caso a simples constatação de uma fatalidade imposta pela situação, era de fato uma política assumida. Os sindicatos não eram melhor tratados. À Oposição Operária, uma tendência próxima dos meios sindicais que recusava a "militarização do trabalho", cara a Trótski, e que reivindicava a democracia na fábrica, Lênin respondeu que enveredar por esse caminho era lançar o Partido por cima da amurada: "Se os sindicatos, isto é, para os nove décimos, os operários sem partido designam a direção da indústria, para que serve o Partido?"[25]

Após a tomada do poder, o Partido tornou-se rapidamente o único *lugar* onde o debate político ainda era possível. E, de fato, "a unidade do Partido", que Lênin instituíra como um princípio desde há muito, permaneceu uma ficção até 1921, data que marcou uma notável intensificação da repressão política fora do Partido e do controle exercido pelo aparelho central comunista sobre seus membros[26]. Vimos o quanto essa unidade era uma ficção antes de Outubro, e vemos isso ainda, durante todo o período do "comunismo de guerra". Poderosas tendências oposicionistas, entre as quais a Oposição Operária e as dos "Centralistas Democráticos", que lutavam pela liberdade de expressão, tinham certa audiência nos meios intelectuais. Essas tendências, conscientes da atrofia da via social e política engendrada pela prática leninista, opunham-se à dominação do aparelho central sobre as organizações operárias e sobre o próprio Partido. A própria existência dessas oposições provava que Lênin não conseguira impor o domínio absoluto da direção sobre os membros do Partido, a despeito do fato de que a partir de 1919 o poder havia nitidamente se deslocado para o Bureau Político (Politburo) e para o Bureau da Organização (Orgburo). Não foi mais esse o caso em 1921, quando o x Congresso decretou a interdição das tendências. A Oposição Operária, que defendia um mínimo de princípios democráticos no interior do Partido e dos sindicatos, foi liquidada por duas

---

24 Lénine, Rapport sur le programme du parti, *Oeuvres*, t. 29, Paris/Moscou: Éditions Sociales/Éditions en Langues Étrangères, 1962, p. 182.

25 Lénine, *Oeuvres*, t. 32, Paris/Moscou: Éditions Sociales/Éditions en Langues Étrangères, 1962, p. 44.

26 Cf. o testemunho de Ante Ciliga, *Dix ans au pays du mensonge déconcertant*, Paris: Champ Libre, 1977, p. 239s.

resoluções propostas bem no fim do congresso. Foi nessa data que a disciplinarização do Partido se exacerbou, enquanto a direção de seu aparelho se outorgava todos os meios para intimidar e mesmo para excluir os eventuais oponentes, a começar pelos membros da Oposição Operária. E foi precisamente a partir desse X Congresso que as instâncias administrativas, como o Secretariado e a Comissão de Controle, passaram ao âmbito da influência de Stálin e de seus próximos, os quais se colocaram como garantes da "autoridade e da unidade do Partido". Isso deu a Stálin e à "corrente administrativa e disciplinar"[27] que ele representava todos os meios de manipular o dogma da unidade e de manobrar o aparelho central em benefício exclusivo de seu grupo, eliminando uma a uma todas as demais tendências como sendo outras tantas "corjas" contrárias à "legalidade socialista", de "bandos contrarrevolucionários", de "frações pequeno-burguesas". Esse endurecimento e esse aferrolhamento interno teve lugar em um Partido que já havia mudado muito desde 1917 com o recrutamento de centenas de milhares de membros com pouca formação, que dependiam, para sua nomeação e seu avanço no novo aparelho de Estado, de sua fidelidade à hierarquia do Partido[28].

É de fato porque a máquina do Partido soberano, tal como bem depressa se engrenou desde o primeiro ano da revolução, era de uma potência inusitada que nada podia travar em seguida. É de todo surpreendente que a NEP não tenha aberto um período de distensão da ditadura política do partido único e monolítico. O veneno da onipotência havia se difundido por todo o aparelho. O Partido encontrou na "kulakização" do campesinato e no

---

27 M. Lewin, *La Formation du système sovietique. Essais sur l'histoire sociale de la Russie dans l'entre-deux-guerres*, Paris: Gallimard, 1977, p. 290.
28 Stálin estabeleceu seu poder administrativo graças a um órgão do Secretariado encarregado das nomeações para os postos a preencher no seio do Partido. Essa seção do Comitê Central tinha todos os quadros do Partido sob seu controle e podia deslocá-los em função de critérios como a obediência e conformismo. Foi por esse meio que Stálin, auxiliado por seus acólitos, pôde compor à sua vontade os comitês locais e regionais do Partido e assegurar o controle dos seus congressos e conferências. Sobre esse ponto, ver Boris Souvarine, *Staline. Porquoi et comment*, Paris: Spartacus, 1978, p. 51s. Ver também Merle Fainsod, *Comment l'URSS est gouverné*, Paris: Éditions de Paris, 1957; e L. Schapiro, *De Lénine à Staline. Histoire du Parti communiste de l'Union Soviétique*, Paris: Gallimard, 1967.

lugar crescente que assumiu a alta burocracia dos "especialistas" outros tantos pretextos para o reforço do monopólio do poder e da arbitrariedade policial. Os comentadores favoráveis a Lênin explicam que este último, em um momento em que ele impunha a virada brutal da NEP, temia que a oposição interna pusesse em perigo o seu poder no Partido enquanto forças sociais e econômicas ligadas ao capitalismo privado ofereciam o risco de se reconstituir. Segundo eles, a repressão interna era um efeito da ameaça exterior que pesava sobre o poder dos bolcheviques, ameaça que de fato se concretizou por insurreições camponesas, greves e, sobretudo, pela revolta dos marinheiros de Cronstadt, esmagada durante o X Congresso. Assim, a crer em Pierre Broué, seria o medo dessa ameaça que explicaria a tentação da ditadura interna do Politburo e que justificaria a supressão do pouco de liberdade política que restava:

> Como poderiam os bolcheviques aceitar a livre confrontação de ideias e a livre competição nas eleições para o soviete quando sabem que os nove décimos da população lhes são hostis, quando pensam que sua deposição levaria, em um caos sangrento, a uma queda mais profunda ainda na barbárie e no retorno ao reino reacionário dos pogromistas?[29]

De fato, eles tinham sobretudo medo, como Broué relata, de que as outras forças socialistas ganhassem as eleições para o soviete, apesar das manobras dos bolcheviques e das intimidações. Era, em suma, considerar que a liberdade política na sociedade assim como no Partido fosse uma alavanca da "contrarrevolução". Seja como for, suprimir toda possibilidade de discussão aberta e livre dentro do Partido, após haver eliminado todas as condições de um pluralismo político à medida da sociedade e toda possibilidade de atividade autônoma dos soviets e dos sindicatos, só levava a acentuar, num momento em que a guerra civil chegava ao fim, a inclinação ditatorial e policial do regime.

Rosa Luxemburgo logo percebeu o perigo mortal que essa supressão das liberdades políticas fazia correr à Revolução Russa. Desde março de 1918, critica a política dos bolcheviques. Para ela, eles "obstruem a fonte viva de onde poderiam jorrar os corretivos às imperfeições congeniais das instituições sociais. A vida

---

[29] P. Broué, op. cit., p. 156.

política ativa, enérgica, sem entraves da grande maioria das massas populares"[30]. Secando a vida política pela abolição da liberdade de imprensa e de associação, e pela prática do terror, o governo detém a progressão da revolução que requer a experiência política direta das massas[31]. É pela liberdade política – "a liberdade é sempre ao menos a liberdade daquele que pensa de outro modo", especifica Rosa Luxemburgo – que o socialismo pode avançar[32]. Ao contrário, a teoria da ditadura, segundo Lênin e Trótski, supõe que o Partido sabe tudo de antemão e pode tudo impor. Ora, não há socialismo sem inventividade democrática. Rosa Luxemburgo conclui daí que a participação ativa das massas populares é uma condição *sine qua non* para que a revolução se desenvolva: "a única via que leva a uma renascença é a própria escola da vida pública, uma democracia muito ampla, sem a menor limitação à opinião pública"[33]. Sem essas liberdades, o "poder dos sovietes" é uma concha vazia e até um engodo. Em uma palavra, a revolução só será salva pela mais ampla liberdade política, quer dizer, pela democracia mais radical, a mais completa: "A tarefa histórica do proletariado quando toma o poder é o de substituir a democracia burguesa pela democracia socialista, e não suprimir toda democracia."[34] A democracia socialista não é uma terra prometida à qual se acede ao cabo de séculos de sacrifício. Ela começa logo em seguida, desde os primeiros momentos da revolução. A crítica luxemburguiana tem o grande mérito de estabelecer relações entre as formas institucionais, a atividade política real, e a marcha da revolução concebida como experiência coletiva e como processo de autoeducação das massas. Ela possui também o mérito de dizer que a revolução comunista não é uma anulação pura e simples das formas da democracia burguesa, porém que consiste em desenvolver a vida política no exterior, mas também no *interior* dessas formas. A democracia socialista acrescenta, ela não subtrai nada. O socialismo é a política exercida por todos, e se há "ditadura", isso se deve ao fato de que a democracia socialista

---

30 R. Luxenburg, La Révolution russe, *Oeuvres*, t. 2, Paris: Maspero, 1969, p. 79.
31 Ibidem, p. 82.
32 Ibidem, p. 83.
33 Ibidem, p. 84.
34 Ibidem, p. 88.

viola necessariamente o antigo direito de propriedade e deve quebrar o quadro institucional da dominação burguesa.

Em resumo, bem antes do triunfo do estalinismo, o Partido se priva da atividade política das massas, dos movimentos de opinião, dos debates da sociedade, ao mesmo tempo que se constitui uma camada de permanentes de origem popular, mas separados de suas classes de origem. Ele vê seu destino ligado ao desenvolvimento de uma burocracia numerosa sob a dependência de um pequeno núcleo de oligarcas que controlam o aparelho e que, graças a procedimentos administrativos como o fichamento de todos os responsáveis do Partido e o poder de nomeação, se assegura de sua docilidade[35]. A "corte de ferro", *dixit* Bukharin, torna-se uma maquinaria nas mãos de funcionários do aparelho esvaziada de toda vida política real e que aterroriza todo elemento desviante, aquele que os oponentes internos não deixaram de denunciar desde o início do regime[36]. Como mostrarão Marc Ferro e, antes dele, Ante Ciliga, essa ditadura oferece aos jovens provenientes das classes populares a possibilidade de tomar lugar no aparelho do Estado e no Partido. Essa promoção plebeia se faz à custa de uma submissão a instruções estritas que se acomoda a um arrivismo cínico e a uma fruição de privilégios, pequenos ou grandes, da burocracia e da *intelligentsia*[37]. O grande êxito do novo regime burocrático consiste em transformar jovens oriundos das classes operárias e camponesas em subfuncionários fiéis à hierarquia do Partido. A dominação burocrática tornou-se possível não somente pela atomização de uma sociedade governada pelo medo, mas também pela divisão que essa dominação instaura no próprio seio das classes populares entre aqueles que são chamados para funções de enquadramento e aqueles que permanecem na condição de executantes, doravante privados de todo meio de ação autônoma.

---

35 Os dirigentes bolcheviques, a começar por Lênin, quando tomaram consciência das "deformações burocráticas" no Partido, mais do que enveredar pelo caminho da livre discussão e da livre organização das tendências, fiaram-se em soluções organizacionais e administrativas. Administração da organização tinha a vantagem de não colocar em questão os fetiches da "unidade do Partido" e da "autoridade da direção".

36 Cf., em particular, as teses do "Grupo Operário" de Masnikov sobre a democracia operária e a recusa da ditadura leninista no Partido. Cf. A. Ciliga, op. cit., p. 263.

37 Ibidem, p. 87.

O FETICHISMO DO PARTIDO

Já em 1904, em *Nossas Tarefas Políticas*, Trótski critica as teses de Lênin sobre a organização do Partido. Ele então emprega a surpreendente expressão "fetichismo do Partido". Essa expressão, na realidade, não deveria designar somente a teoria leninista; ela se aplica perfeitamente à prática efetiva dos bolcheviques, como testemunha em primeira mão Victor Serge. Com efeito, em *O Ano 1 da Revolução Russa*, emprega, para falar do Partido, fórmulas que são notáveis e refletem todo um estado de espírito. Elas são tanto mais interessantes quanto provêm da pena de alguém que fez suas primeiras experiências políticas no movimento libertário e que provou sua independência de espírito. A propósito da "ditadura do partido", ele escreve:

O Partido preenche nesse momento na classe operária as funções do cérebro e do sistema nervoso; ele vê, ele sente, ele sabe, ele pensa, ele quer para e pelas massas; sua consciência e sua organização suprem a fraqueza dos indivíduos na massa. Sem ele, esta não seria senão uma poeira de homens com aspirações confusas atravessadas por clarões de inteligência – que se perderiam na falta de um aparelho condutor para chegar, numa vasta escala, à ação –, porém com sofrimentos imperiosos [...] Por sua agitação e sua propaganda incessantes, dizendo sempre a verdade sem disfarce, o Partido eleva os trabalhadores acima de seu estreito horizonte individual e lhes revela as vastas perspectivas da história. Todas as cargas se concentram sobre ele e todas as forças se concentram nele. A partir do inverno de 1918-1919, a revolução se torna obra do Partido Comunista.[38]

Esse último produziu militantes totalmente obedientes à causa, prontos a tudo por ele: "O Partido faz tudo. Não se discute suas ordens."[39]

Mais tarde, Otto Rühle estabelecerá até que ponto a metáfora do cérebro traduz a própria divisão da ordem social existente:

Segundo o método revolucionário de Lênin, os chefes são o cérebro das massas. Possuindo a educação revolucionária apropriada, estão em condição de apreciar as situações e comandar as forças combatentes. Eles são revolucionários profissionais, os generais do grande exército

---

38 V. Serge, *L'An 1 de la révolution russe*, p. 442-443.
39 Ibidem, p. 444.

civil. Essa discussão entre o cérebro e o corpo, entre os intelectuais e as massas, os oficiais e os simples soldados, corresponde à dualidade da sociedade de classe, à ordem social burguesa.[40]

Essa concepção do poder, que se desenvolveu plenamente na guerra civil e no comunismo de guerra, está inscrita nas finalidades e no próprio funcionamento do Partido. O Partido é feito para tomar o poder e conservá-lo. Que seria um partido se ele não visasse a conquista e a conservação do poder? Para que serviria? Em uma réplica famosa, por ocasião do 1 Congresso Pan-Russo dos Sovietes em junho de 1917, Lênin explica que "nenhum partido tem o direito de recusar o poder e o nosso partido não o recusa. Ele está pronto a todo momento a tomar todo poder entre suas mãos"[41]. E esse poder do Partido é equivalente ao poder proletário na medida mesmo em que os bolcheviques postulam que não pode haver senão um só partido da classe operária, porque a classe operária, que deve se tornar um todo homogêneo, não pode fazê-lo, senão pela graça do partido único. Aliás, é porque havia muitos partidos que a Comuna se dividiu e finalmente sucumbiu. Que um partido único tome "todo o poder", é bem essa a lição que Marx entendeu que devia tirar da Comuna? Sim, respondem os bolcheviques de todas as tendências misturadas[42].

O que é preciso reter da Comuna, com exatidão? Sua criatividade ou seu malogro? Em *A Guerra Civil na França*[43], Marx louva a forma democrática da Comuna, mas critica a falta de decisão, isto é, a ausência de um centro político e militar necessário na guerra civil. Ele deplora que os *communards* não tenham compreendido que deviam exercer uma ditadura imediata mais do que perder tempo em desenvolver formas democráticas. Em uma carta a Kugelmann datada de 12 de abril, ele lastima, por exemplo, que "o Comitê Central (da Guarda Nacional) haja abandonado

---

40 O. Rühle, La Lutte contre le fascisme commence par la lutte contre le bolchevisme, em Karl Korsch et al., *La Contre-révolution bureaucratique*, Paris: 10/18, 1973, p. 267.
41 Apud M. Ferro, *La Révolution de 1917*, p. 454.
42 Ante Ciliga fica surpreso com essa crença coletiva partilhada inclusive pelos comunistas aprisionados nos anos de 1930. Cf. A. Ciliga, op. cit., p. 265.
43 *La Guerre civile en France* é um texto redigido por Marx, mas é estatutariamente uma "mensagem do conselho geral da Associação Internacional do Trabalho" que apareceu em maio de 1871.

muito cedo o poder, cedendo lugar à Comuna"[44]. Essa é a principal censura que ele fará à Comuna: a de não ter sabido aplicar a coerção e a repressão de um modo mais decidido. E ele não está inteiramente errado, a bem dizer. A irresolução, as vãs discussões, a confrontação dos egos, tudo isso, bem descrito pelo clássico relato da insurreição *communarde* de Lissagaray, marcou os espíritos das gerações subsequentes. A crítica de Marx, que versa apenas sobre um dos aspectos das lições a extrair da insurreição parisiense, irá assim fundar uma interpretação maciçamente *deficitária* da Comuna de 1871. A doutrina ulterior fixará como um dogma esse único aspecto do comentário marxiano: o que faltou à Comuna é um partido capaz de agarrar o momento oportuno, tomar as decisões econômicas urgentes, centralizar e coordenar as ações militares na guerra civil, adotar as medidas repressivas que se impunham para acelerar e salvar a revolução. Por extensão, deduzir-se-á daí que na luta revolucionária, mesmo fora dos períodos de insurreição e de guerra civil, as massas têm sempre necessidade de ser enquadradas, dirigidas, educadas por um partido. Kautsky e depois Lênin, cada um à sua maneira, tirarão daí uma teoria do *partido dirigente* que transmite de fora à classe operária a consciência de sua missão, o saber político que lhe faz falta e a direção que canaliza as energias em uma vontade única. Kautsky e Lênin se inscrevem nisso seguindo os passos de Engels que, no seu famoso prefácio à reedição de 1895 das *Lutas de Classe na França*, tirou uma conclusão estratégica particular que voltava as costas à forma insurrecionalista da revolução. Ele insistia aí na necessidade para o Partido de dominar o processo político. Se a insurreição armada não estava mais na ordem do dia, a constituição de um exército disciplinado aí estava mais do que nunca. Para ele, o futuro está confiado "ao único grande exército internacional dos socialistas, progredindo sem cessar, crescendo a cada dia em número, em organização, em disciplina, em clarividência e em certeza de vitória". Em uma palavra, numa guerra é necessário um exército, e para todo exército é necessário um estado-maior. Esse modelo da guerra, tão caro a Engels, se impôs à social-democracia para se prolongar, com certeza de modo específico,

---

[44] Ibidem, p. 254.

no bolchevismo. Lênin entendeu bem a lição, para melhor aplicá-la à luta em um país dirigido pelo poder mais despótico da Europa. Quem diz guerra, diz disciplina, "unidade de ferro", obediência das massas ao Partido e dos membros do Partido ao Comitê Central. Em outubro de 1917, como vimos no primeiro capítulo, Lênin e Trótski, contra Kamenev e Zinoviev, tiraram, à sua maneira, as conclusões da teoria *deficitária* da Comuna de Paris. É preciso um centro de decisão para desencadear a insurreição, fato que autoriza a eximir-se de todo legalismo que permitiria à contrarrevolução se desenvolver. Esse centro é o Partido, ou melhor, o órgão dirigente do Partido, o Comitê Central. Todos aqueles que contestam o papel dirigente do Partido são no fundo nada mais do que pequeno-burgueses objetivamente contrarrevolucionários. Assim, em "O esquerdismo, doença infantil do comunismo", Lênin afirma contra os "esquerdistas" alemães e neerlandeses, partidários dos "conselhos operários":

> Negar a necessidade do partido e da disciplina do partido, eis onde chegou a oposição. Ora, isso equivale a desarmar inteiramente o proletariado em proveito da burguesia. Isso equivale, precisamente, a tornar seus esses defeitos da pequena-burguesia que são a dispersão, a instabilidade, a inaptidão para a firmeza, a união, a ação conjugada, defeitos que causarão inevitavelmente a perda de todo movimento revolucionário do proletariado, por pouco que se os encoraje.[45]

A insurreição de Outubro parece confirmar a justeza da visão de Lênin sobre a necessidade de um partido de profissionais. Como escreve Souvarine: "O Partido Bolchevista teve, sobre todos os outros, essa vantagem de visar resolutamente o poder e de pôr tudo em ação para chegar a isso."[46] Resta a questão-chave, para além do momento da insurreição: como a ditadura do proletariado, sobretudo no período de guerra civil aberta, pode se conciliar com as formas democráticas do autogoverno que o proletariado dá a si próprio? Após Marx, a literatura marxista, exceto a da extrema esquerda partidária dos conselhos, não se proporá quase a questão decisiva da articulação entre o órgão centralizado da decisão política e militar e as formas descentralizadas da emancipação operária. Pode-se

---

45 Lénine, Le Gauchisme, maladie infantile du communisme, op. cit., p. 38.
46 B. Souvarine, *Staline. Porquoi et comment*, p. 170.

mesmo dizer que, contrariamente a Marx, a principal lição política que essa literatura reterá da Comuna não é mais aquela da forma original do poder operário, mas a da *falta* do órgão da tomada do poder e da ditadura. Assim, não é preciso dizer que esse fracasso da Comuna será um dos grandes argumentos que justificarão a ditadura do Partido na Rússia revolucionária[47].

A SOBERANIA DO PARTIDO COMO ESSÊNCIA DO BOLCHEVISMO

Uma interpretação corrente – tanto a de Lênin no seu "testamento" quanto a de Trótski em seus escritos do exílio – pretende que a deformação burocrática do regime se explique por "circunstâncias históricas concretas". Trótski insiste no fato de que a centralização e a monopolização do Partido não foram em si próprias o fator essencial que deu lugar ao estalinismo. Mas esse argumento faz abstração da realidade histórica. A teoria do Partido soberano conferiu ao "fator subjetivo" uma importância de tal modo desmesurada que é difícil sustentar que a concepção e as práticas do Partido não houvessem desempenhado nenhum papel no sinistro destino da "revolução" de Outubro.

Lênin é o criador do Partido e é também o teórico. Seu texto mais influente é seguramente o famoso *O Que Fazer?*, publicado em Stuttgart em 1902 e escrito tendo em vista o II Congresso do Partido Social-Democrata Russo. A seus olhos, explica ele aí, o problema organizacional tem ao mesmo tempo o caráter "artesanal" do trabalho dos comitês sociais-democratas, julgados muito independentes e dispersos, e a heterogeneidade da consciência de classe dos trabalhadores. Tais fraquezas não podem ser superadas senão por uma centralização do Partido Social-Democrata. Trata-se, pois, de pôr em pé uma organização capaz de unificar por meio de um jornal (o *Iskra*) a opinião dos membros

---

47 Encontramos até em Victor Serge esse gênero de reflexão a propósito de Lênin em 1917: "Daí vem que Lênin especifica agora seu pensamento e o acentua no sentido de uma ditadura rigorosa, estrita, forçosamente concentrada, tal como não se encontra mesmo em germe na Comuna de Paris (infelizmente!). Pois, se ela tivesse tido um partido ditatorial, a Comuna ter-se-ia certamente melhor defendido?" (V. Serge, *Lénine 1917, Mémoires d'un révolutionnaire et autres écrits politiques. 1908-1947*, p. 188).

do Partido, que são eles próprios encarregados de educar politicamente a classe operária. Se, como precisa Pierre Broué, esse texto está ligado a circunstâncias da luta[48] e, em particular, ao contexto de repressão que proíbe as práticas típicas das organizações de massa, em vigor nas democracias burguesas como a Alemanha ou a França, não podemos nos impedir de ver aí, muito além do contexto autocrático, um ponto nodal da teoria e da prática bolcheviques baseadas na necessidade universal de um partido *dirigente*. Dirigir é ao mesmo tempo comandar, instruir e dar uma direção. A direção a seguir é a da tomada do poder político, dito de outro modo, a conquista do Estado. Se a revolução é política nesse sentido, ela precisa ter uma direção política. O Partido é o único em condições de ditar a direção da ação por seu conhecimento científico da totalidade. Ele tem por função unificar a classe insuflando-lhe uma consciência dela própria que ela seria incapaz de adquirir por si mesma, porque espontaneamente a classe operária é dominada pela ideologia burguesa, fato que a conduz a posições "trade-unionistas". Ora, a classe não pode passar do terreno imediatamente econômico ao terreno político, pois isso implica uma experiência e uma visão de todas as relações de poder entre as classes. A ideologia socialista que visa à conquista do poder só lhe pode vir do Partido:

> A consciência política de classe só pode chegar ao operário *do exterior*, isto é, do exterior da luta econômica, do exterior da esfera das relações entre operários e patrões. O único domínio de onde se poderia sorver esse conhecimento é o das relações de *todas* as classes e camadas da população como o Estado e o governo, do domínio das relações de *todas* as classes entre si.[49]

O Partido deve, portanto, arrancar a classe de suas exclusivas preocupações "econômicas" pela crítica política de todas as formas de opressão. Pois o que importa no conhecimento de si próprio é o conhecimento de todas as relações existentes entre as classes. Esse conhecimento da totalidade deve ser transvasado a partir dos que sabem para aqueles que não sabem, e isso sem se importar com as experiências de luta e das práticas autoeducadoras da classe operária.

48 Cf. P. Broué, op. cit., p. 44-45.
49 Lénine, *Que faire?*, Paris: Seuil, 1966, p. 135.

A revolução tem necessidade de uma organização de revolucionários profissionais cuja única atividade seja a política revolucionária impulsionada por um partido talhado para a tomada do poder. Não se trata de desenvolver organizações operárias, sindicatos, associações de ajuda mútua ou caixas de ajuda para grandes efetivos, mas de se preparar para a tomada do poder por uma organização de vanguarda que saiba se distinguir da massa por uma seleção e uma educação rigorosas de seus membros, todos eles confiantes uns nos outros, do próprio fato da cooptação e da disciplina severa às quais estão todos submetidos. Essa vanguarda de profissionais é, ela mesma, dirigida por uma diminuta oligarquia de uma dezena de chefes, com base no modelo invejado do Partido Social-Democrata alemão (SPD):

> Sem uma "dezena" de chefes de talento (os talentos não surgem às centenas) comprovados, profissionalmente preparados e instruídos por uma longa prática, perfeitamente de acordo entre si, nenhuma classe da sociedade moderna pode conduzir resolutamente a luta.[50]

Lênin não cederá jamais: o modelo a seguir é o do SPD com sua hierarquia, sua elite oligárquica, seu poder centralizado. Esse tipo de partido é o objetivo a ser atingido, mas ele não pode ser construído tal qual sob o regime autocrático russo. É a revolução que permitirá edificá-lo. Enquanto se espera, cumpre construir seu núcleo na clandestinidade. É nesse espírito que Lênin chega a uma relativização da democracia no Partido, considerada um meio e não um fim.

E é nesse mesmo espírito que ele devota quase toda sua vida militante à construção de uma vanguarda de profissionais dirigida por uma pequena elite de revolucionários cujo objetivo é a tomada do poder. Lênin não se esconde quando define em *O Que Fazer?* o ideal do social-democrata como um "jacobino ligado à organização do proletariado que tomou consciência de seus interesses de classe"[51]. Ele não procura evitar o isolamento e a cisão. É, aliás, um desacordo em torno do Artigo 1º do estatuto do Partido Social-Democrata que provoca a cisão

---

50 Ibidem, p. 178.
51 Lénine, *Un Pas en avant, deux pas en arrière*, Paris/Moscou: Éditions Sociales/Éditions du Progrès, 1973, p. 284.

entre bolcheviques e mencheviques, por ocasião do congresso de Bruxelas e de Londres em 1903. O debate versa mais precisamente sobre a questão de saber se a qualidade de membro deve ser reservada àqueles "que participam pessoalmente de uma das organizações do Partido", em outros termos, àqueles que se distinguem da classe por essa pertença e que ficam sujeitos à disciplina centralizada do Partido ou, então, se a qualidade de membro, como defende Martov, deve estender-se a todos os que "colaboram com o Partido sob a direção de uma de suas organizações". Por trás dessa oposição está em jogo evidentemente o grau de disciplina ao qual é preciso submeter os membros do Partido em suas opiniões e sua ação ou, de outro lado, a margem de iniciativa que lhes será deixada.

Evoca-se muitas vezes o caráter militar da organização do Partido. Uma de suas funções é, com efeito, a de disciplinar a vanguarda do proletariado no seio de um "exército regular"[52]. Na sua crítica de 1904, lembrada precedentemente, Trótski identifica muito cedo a dimensão de disciplina industrial que subentende a doutrina leninista. Aquilo que a fábrica faz, o Partido deve realizar, de seu lado e à sua maneira. E o jovem Trótski não se priva de recordar que Marx havia mostrado muito bem que essa disciplina própria à grande indústria capitalista deve ao modelo militar (Marx falava de "disciplina de caserna")[53]. O que ele critica nas teses de Lênin é precisamente uma operação de disciplinarização dos membros do Partido pelo estabelecimento de um dispositivo industrial de divisão do trabalho. Como Trótski lembra, Lênin sustenta que "um bom aparelho clandestino exige uma boa preparação profissional dos revolucionários e uma divisão rigorosamente lógica do trabalho"[54]. Um partido político supõe especialistas, parlamentares, jornalistas, economistas, juristas, tipógrafos e, sobretudo, uma divisão entre aqueles que tomam a palavra, manejam a caneta e os que executam. Lênin não se priva de denunciar o "democratismo", isto é, o controle exercido pela base sobre os dirigentes do Partido, incompatível com

---

52 Em um artigo que apareceu no *Iskra* em 1901, intitulado "Por onde começar?", Lênin escreve: "é preciso a atividade permanente de um exército regular" no seio do qual se possa "realizar uma divisão de trabalho estrita e detalhada", disponível em: <www.marxists.org/>.
53 Cf. L. Trotsky, *Nos tâches politiques*, Paris: Denoël/Gonthier, 1970, p. 159.
54 Lénine, *Que faire?*, op. cit., p. 205.

uma organização de revolucionários profissionais obrigados à clandestinidade. Em outros termos, o Partido realiza e termina aquilo que o capital começou: a uniformização das condições de trabalho e de vida, base da unidade ideológica da classe operária. O Partido contribui para a formação da classe revolucionária pela intermediação de sua vanguarda que, ao mesmo tempo, reproduz a classe, inscrevendo-se em uma organização racional do trabalho revolucionário, centralizada e hierarquizada, e separando-se dela para dirigi-la. O Partido obedece de fato a um modelo disciplinar calcado nos do exército e da grande indústria: ele é dirigido por um estado-maior de onde emanam todas as diretivas e as iniciativas, está submetido à autoridade absoluta do chefe, e é regido pelo poder incondicional da organização sobre a vida dos militantes que não têm nenhuma iniciativa própria e devem fazer prova de conformismo, aceitar o sacrifício de sua personalidade e se devotar ao partido sacralizado. Em uma palavra, o esquema do Partido é o da *soberania*. As metáforas utilizadas por Victor Serge não enganam mais. O Partido é efetivamente o cérebro das massas e, no seu interior, a oligarquia dirigente, na verdade o chefe, é o cérebro do Partido. Trata-se, como lastima Trótski de modo premonitório, não de agir à testa do proletariado, mas, em seu lugar, não somente *de estar à sua testa*, porém *de ser sua testa pensante*[55]. Os métodos pregados por Lênin, qualificados por Trótski como "substitucionismo", "conduzem [...] a organização do Partido a substituir-se ao Partido, o Comitê Central à organização do Partido e, finalmente, o ditador substituir-se ao Comitê Central", explica Trótski em uma outra frase de espantosa clarividência. A crítica de Rosa Luxemburgo em relação ao "ultracentralismo" de Lênin dando "poderes absolutos ao Comitê Central" vai exatamente no mesmo sentido. Ela discerne nessa doutrina um decalque da centralização do Estado e da grande empresa:

A disciplina que Lênin tem em vista é inculcada no proletariado não apenas pela fábrica, mas ainda pela caserna e pelo burocratismo atual, em suma por todo o mecanismo do Estado burguês centralizado. [...]

---

55 Cf. L. Trotsky, *Nos tâches politiques*, op. cit., p. 71. Trótski se mantém, nesse texto polêmico dirigido contra Lênin, na linha de Marx. Ele resume sua posição pelo duplo *slogan*: "Viva a autoatividade do proletariado! Abaixo o substitucionismo político!", p. 113.

Não é partindo da disciplina imposta pelo Estado capitalista ao proletariado (após ter simplesmente substituído a autoridade da burguesia pela de um comitê central socialista), não é senão extirpando até a última raiz esses hábitos de obediência e de servilismo que a classe operária poderá adquirir o senso de uma nova disciplina, da autodisciplina livremente consentida da social-democracia.[56]

De fato, Lênin inventa a teoria do partido-alavanca: uma pequena minoria bem organizada e obediente, única capaz de vencer uma outra minoria no poder concentrado, a da autocracia. A concentração de forças nas mãos de uma estreita oligarquia é capaz de derrubar os regimes mais poderosos, e a ausência de espontaneidade das massas, que pode ser uma debilidade, é transformada em força revolucionária graças ao instrumento da tomada do poder. Compreende-se então que Lênin haja atribuído tanta importância ao problema da construção de uma organização inteiramente subordinada às diretivas de seu chefe: é o coração de um esquema de pensamento que consiste em calcar a construção do Partido sobre o processo de centralização política de forças que presidiu a construção do Estado como instrumento racional da ação e do império das classes possuidoras. Combater o Estado supõe erigir sobre o mesmo modelo e segundo procedimentos semelhantes uma organização política que, para vencê-lo, é levada a duplicá-lo. Anton Pannekaoek resumiu bem os princípios que regem essa organização: "O Partido deve aceder à ditadura, conquistar o poder, fazer a revolução e, fazendo-a, libertar os trabalhadores; quanto aos operários, sua tarefa é seguir e sustentar o Partido a fim de conduzi-lo à vitória."[57]

Essa teoria do partido apoia-se em uma "sociologia política" sumária que gostaria que cada classe social fosse representada por um só partido. Em 1919, no seu ABC do Comunismo, Bukharin fornece a versão mais dogmática dessa teoria: "Para compreender a natureza dos partidos políticos, cumpre examinar a situação das diferentes classes da sociedade capitalista.

---

[56] Rosa Luxemburg, "Questões de Organização da Social-Democracia Russa", Iskra, n. 69, 1904, e Die Neue Zeit, v. 22, n. 2, 1904, disponível em: <www.marxists.org/>.

[57] Anton Pannekaoek, Au Sujet du parti communiste, em K. Korsch et al., op. cit., p. 176.

Tal situação determina interesses de classe, cuja defesa constitui precisamente a tarefa essencial dos partidos políticos."[58] O Partido Comunista seria, pois, o único partido proletário na medida mesma em que é aquele que "compreende a verdadeira situação política e os verdadeiros interesses da classe operária". Em nome dessa *verdadeira* representação e dessa *verdadeira* encarnação dos interesses do proletariado, o Partido exerce seu magistério político para a "salvação da Revolução" erigido em "lei suprema", retomando as palavras de Plekhánov no Congresso Social-Democrata Russo de 1903[59].

Mas esse Partido só pode cumprir sua função se lutar passo a passo contra todas as influências perniciosas das outras classes e contra a influência daquilo que, na própria classe operária, tende à conciliação com a burguesia. É, portanto, em nome do verdadeiro proletariado revolucionário e contra sua fração "aristocrática" que o Partido terá assegurado sua soberania. "A atualidade da revolução", segundo a fórmula de Lukács[60], não pode ser pensada fora de uma realidade que contém um obstáculo de corte: a diferenciação interna da classe operária, devida ao aparecimento de uma aristocracia operária pronta a pactuar com a burguesia na época do imperialismo. O Partido, como "encarnação visível da consciência de classe do proletariado", é indispensável para lutar contra a influência potencial de uma fração interna à classe. É para se imunizar contra as influências nefastas desses elementos aburguesados que é necessário construir uma "organização autônoma de elementos totalmente conscientes da classe"[61]. Tanto mais quanto as alianças são indispensáveis, tanto mais a pureza da consciência de classe concentrada em um partido cujos membros são escolhidos a dedo são absolutamente necessárias. Nada de contaminação pequeno-burguesa. É sem dúvida por isso que Lênin havia posto em exergo no seu livro *O Que Fazer?* a frase de Lassale extraída de uma carta a Marx: "O partido se reforça depurando-se [...]"

---

58 Nicolaï Boukharine, *ABC du communisme*, disponível em: <www.marxists.org/>.
59 Cf. B. Souvarine, *Staline. Aperçu historique du bolchevisme*, Paris: Ivrea, 1992, p. 79.
60 Georges Lukacs, *La Pensée de Lénine. L'actualité de la révolution*, Paris: Denoël/Gonthier, 1972.
61 Ibidem, p. 38.

MARX E LÊNIN

A tradição comunista do século XX quis fazer de Lênin o sucessor legítimo de Marx. Segundo Lukács, a grande ideia leninista, escorada teoricamente e posta em ação praticamente, se resume na expressão a "atualidade da revolução". O capitalismo entrou na sua derradeira fase e chegou o momento do enfrentamento decisivo entre a burguesia e o proletariado. A evolução do capitalismo o levou ao "seu estádio supremo" e não há outra saída na conjuntura senão a revolução proletária em escala mundial, eis o que faria de Lênin um digno sucessor de Marx[62]. Esse fundamento "objetivo" da atualidade da revolução tem duas consequências, conforme Lukács: a primeira é o papel de dirigente do processo revolucionário que cabe à classe operária, a segunda é a necessidade de um partido para dirigir a classe operária. Uma e outra pressupõem que a classe operária é incapaz de se constituir ela própria como classe revolucionária, contrariamente ao que afirmam Rosa Luxemburgo e... Marx.

Nada é mais eloquente a esse respeito do que o julgamento pronunciado por Marx sobre a Liga dos Comunistas após sua dissolução. Em uma carta de fevereiro de 1860 ao poeta Freiligrath, ex-membro da Liga, Marx escrevia o seguinte:

> Eu constato em primeiro lugar que depois que a "Liga" foi dissolvida *por minha proposta* em novembro de 1852, eu *jamais* pertenci nem pertenço a nenhuma sociedade *secreta* ou *pública*; por conseguinte, o *partido* compreendido no sentido puramente efêmero deixou de existir para mim há oito anos.[63]

Evocando na sequência dessa mesma carta suas experiências de 1849 a 1852, especifica: "A 'Liga', como toda 'Sociedade das Estações' em Paris, do mesmo modo que centenas de outras sociedades, não foi senão um episódio na história do partido, o qual nasceu por toda parte de maneira espontânea do solo da

---

62 Trata-se, em todo caso, de uma atitude muito pouco marxista, a que consiste em aumentar retrospectivamente os erros de Marx e Engels "nos seus prognósticos sobre a proximidade da revolução" como "erros de gigantes do pensamento revolucionário" (cf. Lénine, *Karl Marx et sa doctrine*, Paris/Moscou: Éditions Sociales/Éditions du Progrès, 1971, p. 116-117).
63 Karl Marx, *Oeuvres*, t. 4, *Politique I*, Paris: Gallimard, 1994, p. 1416.

sociedade moderna."⁶⁴ A comparação entre a Liga e a Sociedade das Estações é muito significativa: esta última era uma sociedade secreta criada em 1837 por Barbès e Blanqui e sua organização era estritamente hierarquizada⁶⁵. Como a Sociedade das Estações, a Liga dos Comunistas era uma "sociedade fechada". Mas o que se deve compreender por esse "partido" em cuja história todas as "sociedades fechadas" não foram senão episódios sucessivos? Em conclusão de sua carta, Marx afirma ter "procurado dissipar o mal-entendido a propósito do 'partido', como se por esses termos eu entendesse uma liga desaparecida há oito anos ou uma redação de jornal dissolvida há doze anos. Por partido, eu entendia *o partido no seu sentido histórico amplo*"⁶⁶.

O termo "partido" admite, pois, dois sentidos distintos em Marx: um sentido "efêmero" e um sentido "histórico amplo". O que se deve entender por partido no "sentido histórico amplo"? O partido no seu sentido histórico amplo é precisamente aquele que "nasce por toda parte de maneira espontânea do solo da sociedade moderna". O solo da sociedade moderna é o solo da sociedade industrial capitalista. Como "o" partido, e não mais tal ou qual sociedade fechada, poderia ele nascer espontaneamente de um tal solo? É preciso se reportar ao texto do *Manifesto* para compreender esse nascimento espontâneo. Falando da expansão crescente da união dos operários favorecida pelas estradas de ferro, a primeira parte do *Manifesto* afirma que "essa organização dos proletários em classe, e com isso (*damit*) em partido político", destruída a cada instante pela concorrência, "não cessa de renascer, mais forte, mais sólida, mais poderosa"⁶⁷. Esse "com isso" indica que a constituição dos proletários em partido procede do movimento de sua constituição em classe. Assim, segundo Marx em 1860, o partido no sentido histórico amplo não se identifica com um "partido comunista". Os comunistas não são um "partido particular", eles

---

64 Ibidem, p. 1417.
65 A Sociedade era subdividida em "semanas", cada uma das quais agrupava seis homens e um chefe, depois em "meses", em que cada um dos meses agrupava 28 homens e um chefe, depois em "estações", em que cada uma agrupava três meses, até o ano que agrupava quatro estações.
66 Ibidem, p. 1418 (tradução modificada).
67 K. Marx et F. Engels, *Manifeste du parti communiste*, Paris: GF Flammarion, 1998, p. 85.

fazem prevalecer os interesses comuns ao conjunto do proletariado, o que é muito diferente.

Por isso, os comunistas não podem contornar a questão do poder nem alimentar a ilusão de uma revolução capaz de fazer a economia de um enfrentamento com o poder de Estado. Esse é o sentido inteiro da noção de "estratégia" que está em jogo. Sabemos que, no seu sentido etimológico, ela remete à "condução de um exército", tal como a concebe Clausewitz; ela pressupõe uma luta entre dois estados-maiores à testa de dois exércitos já previamente constituídos para a luta. Lênin, em sua concepção do Partido e da revolução, é em larga medida devedor a Clausewitz. O fetichismo do "partido-estrategista", que é também um "partido-educador" pelo fato de que ele leva aos operários os conhecimentos de que carecem, torce as famosas formulações da segunda seção do *Manifesto*, segundo as quais os comunistas nada mais fazem senão dar uma expressão universal às relações efetivas de uma luta de classes que existe[68], o que é bem diferente do que proporcionar aos operários um conhecimento detido pela direção do "exército dos revolucionários". Pois, pode-se encontrar em Marx uma concepção inteiramente diversa da estratégia em comparação com a de Clausewitz. Conforme essa concepção, é na luta, e não anteriormente a ela, que não cessam de se transformar os objetivos perseguidos pelos combatentes, pelas condições do combate, mas também pelos próprios combatentes. Os comunistas devem definitivamente renunciar a se julgar e a agir como uma "vanguarda": eles não têm de marchar à frente da tropa para lhe ordenar este ou aquele movimento que seria pretensamente comandado por um conhecimento superior do terreno e dos objetivos do inimigo, eles têm apenas que ajudar os proletários a esclarecerem por si mesmos o sentido de suas próprias experiências. A lição não tem apelação: constituir-se em vanguarda é constituir-se em partido particular "em face" do proletariado em nome de um pretenso conhecimento do movimento histórico.

É preciso, pois, levar muito a sério a formulação que abre os estatutos da Associação Internacional dos Trabalhadores (AIT): "A emancipação da classe operária deve ser obra dos

---

68 Ibidem, p. 92.

próprios trabalhadores."[69] Em geral, reduzem-na à sua versão negativa: a emancipação não pode ser uma dádiva do exterior, ela é necessariamente autoemancipação. Porém, significa muito mais para Marx: a emancipação não é somente o "grande objetivo", é também o que advém no próprio curso da luta pela emancipação. Dito de outro modo, a luta pela emancipação é já, à sua maneira, uma emancipação no sentido em que realiza uma autotransformação das pessoas envolvidas na luta, autotransformação que transforma, pois, também as condições dessa luta.

É assim que Marx concebia a revolução. Mas é também a maneira como Trótski, em 1904 e 1905, ou ainda Rosa Luxemburgo a concebiam. Um e outra, à diferença de Lênin, souberam pôr o acento na criatividade política do proletariado. Trótski, que participou diretamente e na qualidade de presidente do Soviete de Petrogrado, compreendeu perfeitamente que a luta econômica das greves do começo daquele ano era um acontecimento revolucionário que não estava programado e nem mesmo conduzido por um partido[70]. Considerando-se que essa "greve política geral" dotou-se, além disso, de organizações originais da qual a mais importante foi o soviete, "emanação da classe dos proletários", "organização-tipo da revolução"[71], verifica-se que Trótski soube mostrar o quanto esse órgão revolucionário dos proletários em greve podia coordenar as lutas, superar as divisões entre revolucionários e, ao dar-lhes uma função essencial que nenhum partido podia preencher, "unificar em torno dele a revolução". Ele, que não havia esquecido sua controvérsia com Lênin, não se constrangeu em mostrar o papel da direção de um órgão que a classe operária dera a si mesma: "O soviete organizava as massas operárias, dirigia as greves e as manifestações, armava os operários, protegia a população contra os *pogroms*." E ele acrescentou: "Se os proletários, de um lado, e a imprensa reacionária, do outro, concederam ao soviete o título de 'governo proletário', é que, de fato, essa organização não era outra senão o embrião de um governo revolucionário."[72]

69 K. Marx, Oeuvres, t. 1, *Économie I*, Paris: Gallimard, 1963, p. 469.
70 Cf. L. Trotsky, *1905*, Paris: Minuit, 1969.
71 Para a história do surgimento do soviete de 1905, ver Volin, *La Révolution inconnue. Russie 1917-1921*, Paris: Belfont, 1986, p. 77s.
72 L. Trotsky, *1905*, p. 222.

Trótski não contestava a influência da social-democracia, mas especificava que isso havia sido possível porque o soviete já era "o guia da ação espontânea da classe operária". Essas lições de 1905 baseavam-se com certeza na ideia, muito fiel à experiência da Comuna, de que a classe operária é capaz de se dotar de órgãos que exercem *de facto* "funções governamentais" que transcendem as lutas de facção e atraem as simpatias de amplos setores da população[73]. Essa interpretação acaba com a desconfiança inicial de Lênin e dos bolcheviques em relação ao Soviete de Petrogrado em 1905, nos quais eles viram de início, como observa Broué, "uma tentativa de erigir um organismo informe e irresponsável como rival da autoridade do Partido"[74]. Não é senão em seguida que Lênin aderiu à ideia de que o soviete era de fato o embrião do governo revolucionário[75]. Ele não concluiu daí, no entanto, que se podia confiar em uma criatividade institucional que vira despontar comitês de fábrica e sovietes, convencido de que era preciso preparar a insurreição militar, a única capaz de assegurar a conquista do poder.

A tragédia do comunismo histórico do século XX deve-se, em grande parte, ao fato de que o instrumento da tomada do poder, o Partido, se instalou duradouramente como centro político da sociedade, como foco da ortodoxia, como um bloco idealmente monolítico, como exército disciplinado por sua submissão ao Comitê Central, que era de algum modo o

---

73 Compararemos com a minimização do papel dos sovietes pelo mesmo Trótski na sua *Histoire de la révolution russe*, t. 1, op. cit., p. 290 (grifo nosso): "A forma soviética não contém em si nenhuma força mística. Ela não é, de modo algum, isenta de vícios inerentes a toda forma de representação inevitável, enquanto esta última é indispensável. Mas a força do sovietismo reside naquilo que, igualmente, reduz esses vícios ao mínimo. Podemos dizer com segurança, e a experiência o confirmará bem cedo, que qualquer outra representação que atomize a massa teria expresso, na revolução, a real vontade desta última de uma forma incomparavelmente pior e com muito mais atraso. De todas as formas de representação revolucionária, o soviete é a mais flexível, a mais direta e a mais transparente. *Mas essa não é, todavia, senão uma forma*. Ela não pode dar mais do que aquilo que as massas são capazes de colocar aí a todo momento determinado. Em compensação, pode facilitar às massas a compreensão dos erros cometidos e sua reparação. Nisso mesmo residia um dos mais importantes penhores do desenvolvimento da revolução."
74 P. Broué, op. cit., p. 73.
75 Cf. Lénine, Nos tâches et les soviets des députés ouvrières, *Oeuvres*, t. 10, Paris/Moscou: Éditions Sociales/Éditions du Progrès (Moscou), 1977 [1905], p. 9s.

"centro do centro". Monolitismo que se traduziu notadamente pela eliminação nos expurgos de Stálin de quase toda a geração dos velhos bolcheviques que deviam tudo ao Partido. Essa concepção do Partido se revelou mortal para o socialismo. Ela bem depressa desapossou a grande massa da população de toda capacidade política real, em proveito de uma elite autoproclamada composta de funcionários e de burocratas. O poder do Partido repousava sobre uma suposta delegação que lhe fora confiada pelo proletariado com o objetivo de libertar as massas e que era pretensamente justificado pelo saber que ele detinha sobre a história e a sociedade. Na prática, residia na posse monopolizada de todos os meios de dominação "em nome das massas". Em outros termos, a concepção do Partido soberano estabeleceu um poder absoluto que findou por ter suas próprias molas, começando pelo imperativo de seu reforço. Quanto à sua ideologia, essa não era senão uma sinistra caricatura do pensamento de Marx, que impôs a submissão à autoridade de textos sagrados e transformou todo discurso político em escolástica feita de repetições obsessivas, de fórmulas rituais e de citações místicas. É assim que ela impeliu a sujeição de seus membros a um ponto extremo, até obter dos oponentes a renúncia "voluntária" a suas críticas. Dessa alienação política, Trótski apresentou uma exposição notável em 1924 diante do XIII Congresso do Partido Comunista já em mãos dos estalinistas:

Ninguém dentre nós nem quer nem pode ter razão contra seu partido. Em definitivo, o partido tem sempre razão... Não se pode ter razão que não seja com e pelo partido, pois a história não possui outras vias para realizar sua razão. Os ingleses têm um dito histórico: *Right or wrong, my country*, que ele esteja certo ou errado, é o meu país. Nós estamos muito bem fundamentados historicamente para dizer: esteja ele certo ou errado em algumas questões parciais concretas, sobre alguns pontos, é o meu partido [...] E se o partido toma uma decisão que este ou aquele dentre nós julga injusta, este último dirá: justa ou injusta, é o meu partido e eu suportarei as consequências de sua decisão até o fim.[76]

Por essa mecânica de sujeição ao princípio de todos os fanatismos e de todas as capitulações, o Partido tornou-se um grande

---

76 Apud Claude Lefort, *Élements d'une critique de la bureaucratie*, Paris: Gallimard, 1979, p. 44-45.

corpo-fetiche do qual todas as pessoas que a ele se haviam sujeitado não podiam mais se desprender.

No fundo, a política bolchevique era comandada por um silogismo: visto que apenas o Partido Bolchevique é proletário, o proletariado está no poder quando o Partido governa. Lewin encontrou a formulação justa: "uma ditadura no vazio". E seu diagnóstico é claro: "A ditadura do proletariado, que por pressão das circunstâncias havia se transformado em ditadura de uma minoria socialmente diversa, torna-se logo uma ditadura do Partido único."[77]

Quando Trótski, em 1923, pede que o Partido tome um "novo curso", já é muito tarde. O Estado e o aparelho do Partido, manobrados pelo grupo de Stálin, põem-se depressa em movimento para desacreditar a oposição e liquidá-la rapidamente. O "trotsquismo" torna-se um crime de Estado e o "leninismo" é erigido em nova doutrina sagrada. Como um partido de funcionários que detém o monopólio absoluto da atividade política poderia, aliás, combater sozinho a burocracia? O Partido soberano, arma suprema da "revolução permanente", converteu-se, como por um mau ardil da história, no pior instrumento da contrarrevolução. Ele continuaria a ser assim até o fim do século.

---

77 M. Lewin, *Le Dernier combat de Lénine*, p. 27.

3. O Estado Contra os Sovietes

Após outubro de 1917, numerosos são aqueles que chegaram à mesma conclusão que Moshe Lewin: "A máquina política que Lênin e Trótski contribuíram para construir se voltará contra cada um deles."[1] Antes dele, Victor Serge já havia salientado essa trágica inversão:

Revolucionários, querendo criar uma nova sociedade, "a maior democracia dos trabalhadores", nós tínhamos com nossas mãos, sem nos dar conta, construído a mais terrificante máquina estatal que se possa conceber, e quando nos apercebemos com revolta, essa máquina, dirigida por nossos irmãos e nossos camaradas, voltou-se contra nós e nos esmagou.[2]

Terrível constatação: "O Estado dos trabalhadores" tornou-se o inimigo dos trabalhadores. Lênin repetia diante do Partido: "Este Estado somos nós, é o proletariado, é a vanguarda da classe operária."[3] Pela força, esse Estado dominava a sociedade, fazendo crer na identidade total entre o Partido,

---

1 Ibidem, p. 30.
2 V. Serge, *Mémoires d'un révolutionnaire et autres écrits politiques. 1908-1947*, p. 821.
3 Lénine, Rapport politique devant le xie Congrès, Oeuvres, t. 33, Paris/Moscou: Éditions Sociales/Éditions en Langues Étrangères, 1963, p. 283.

a classe operária e os órgãos autônomos que essa classe dera a si mesma. O resumo desse empreendimento de legitimação foi fornecido pelo próprio Lênin, quando em 1920 ele colocou a igualdade "classe proletária = partido comunista russo = poder soviético"[4]. No fundo, o único critério válido para ele era o da classe no poder. Se era a classe operária, e os bolcheviques estavam convencidos de que eles os encarnavam, então tudo isso que o Estado fazia – os métodos que utilizava, a repressão que exercia, as restrições que impunha, inclusive aos operários – estava *a priori* absolutamente justificado.

Esse dogma fundante do Estado dito "soviético" estava bem no espírito da insurreição de Outubro. O Partido, único representante autêntico dos interesses do proletariado, arrogara-se o direito de empalmar o poder em nome destes últimos. Esse mesmo Partido, após a tomada do poder, dominava o Estado e fazia dele o instrumento pelo qual continuava a dirigir os proletários contra os seus inimigos do exterior e do interior. Lênin era, sem dúvida, sincero quando formulou a identificação dogmática acima citada, mas estava ele completamente enganado, ele que havia contado tanto com a revolução mundial para evitar o isolamento ao qual a Rússia iria ser condenada? Um certo número de propostas tardias leva a pensar que ele chegara a entrever a lógica infernal em que a Rússia revolucionária se engajara quando verificou que a classe operária fora debilitada, dispersada, açambarcada pelo serviço do Estado e do exército. Como escreve Eric Hobsbawn, "quando a nova República Soviética emergiu de suas provações, foi para se aperceber que estava engajada em uma direção muito afastada daquela na qual pensava Lênin na gare da Finlândia"[5]. Frase que deixa supor que Lênin, em abril de 1917, tinha uma concepção inteiramente diferente daquilo que deveria ser o Estado após a revolução. Com efeito, é um relato que pretende que Lênin tinha uma concepção quase libertária de um Estado inteira e diretamente governado pelo proletariado[6]. É o que se quer muitas vezes

---

4   Lénine, *Oeuvres*, t. 44, Paris/Moscou: Éditions Sociales/Éditions en Langues Étrangères, 1976, p. 456.
5   Cf. E. Hobsbawn, *L'Âge des extrêmes. Histoire du court xxe siècle*, Bruxelas/Paris: André Versaille/Le Monde diplomatique, 2008, p. 97.
6   Não é desinteressante realçar que os anarcossindicalistas da Confédération nationale du travail (CNT) saberão servir-se dessa leitura contra a orientação ▶

depreender quando se lê sua brochura *O Estado e a Revolução*, redigida durante o verão de 1917 e que dá sequência às *Teses de Abril*, nas quais se encontra esta surpreendente formulação: "o Estado-Comuna". Porém, se é verdade que Lênin quis efetuar, à sua maneira, a síntese da "doutrina marxista do Estado", ele tinha também, *por outra via*, a convicção de que a insurreição não havia transformado de um golpe as "massas", tornando-as capazes de dirigir por si próprias os órgãos do poder.

Para julgar isso, é preciso voltar não às palavras, porém às práticas reais do poder. Essas últimas não testemunham de modo algum uma entrega do poder às "massas" nos órgãos político livres e autônomos. Elas indicam um método totalmente diverso de poder fundado sobretudo em uma *desconfiança radical* quanto às capacidades das "massas" de se autogovernar. A convicção de Lênin parece ter sido que, assim como não foram capazes de levar até o fim a revolução sem o Partido, elas não podem construir o socialismo sem ser firmemente dirigidas pelo mesmo Partido. No fundo, ele jamais deixou de pensar que elas permaneciam espontaneamente sob o domínio da ideologia burguesa, fundamentalmente animadas por aspirações pequeno-burguesas, sempre dispostas à conciliação e às "ilusões parlamentaristas". O partido da vanguarda é o único em condição de proteger o proletariado contra todos os desvios e todas as más influências, inclusive as do interior do Partido, e isso a fim de tornar a classe conforme à sua missão histórica. Percebe-se imediatamente a contradição diante da qual Lênin se encontrou: como o proletariado, julgado inapto para conduzir suas próprias demandas, poderia mudar um dia se o Partido e os órgãos que ele controlava monopolizavam o poder efetivo do Estado em nome dos verdadeiros interesses proletários?[7] Como, nessas condições e segundo essa doutrina, os sovietes podiam ser ao mesmo tempo as instituições-chave

▷ dos estalinistas espanhóis em favor de uma "república democrática e parlamentar". Em fevereiro de 1937, o jornal CNT fustigará o pseudomarxismo do Partido Comunista da Espanha (PCE) invocando "as teorias revolucionárias de Lênin em *L'État et la révolution*" (em B. Bolloten, *La Guerre d'Espagne. Révolution et contre-révolution*, Marseille: Agone, 2014, p. 335). Sobre a Revolução Espanhola, cf. capítulo 4, mais adiante.

7 Contra o argumento da imaturidade que visa adiar a emancipação, Kant já fazia valer que não se pode amadurecer para a liberdade senão *na* liberdade.

de um Estado destinado a desaparecer e os órgãos da "ditadura do proletariado"? Na realidade, essa aparente contradição era resolvida por um puro ato de fé em uma "dialética" histórica que pode ser assim resumida: é preciso haver mais Estado hoje para que não haja nenhum amanhã.

A "DITADURA DO PROLETARIADO"

Perguntou-se muitas vezes como o marxismo pudera servir de justificação ao desenvolvimento de um Estado hipercentralizado, burocrático e terrorista, e fornecer certos elementos do discurso teórico que acompanhou a construção de um Estado totalitário. Se é um contrassenso, é de fato aquele que desejaria encontrar as justificações do Estado total em um pensamento tanto antiestatista quanto o de Marx. Um certo uso de conceitos e formulações deste último conseguiu, no entanto, fazer pensar que as coisas iam assim. É notadamente o caso do conceito de "ditadura do proletariado"; eis por que é preciso voltar a isso[8].

Esse conceito é inseparável de uma interpretação da história como luta de classes e de uma concepção da política como "continuação da guerra por outros meios"[9]. Existe em Marx dois modelos históricos que ele nunca deixou de querer conciliar: o modelo da lenta gestação da sociedade superior e o modelo da guerra social. Essa tensão atravessou toda a social-democracia e, em particular, a social-democracia russa dividida entre bolcheviques e mencheviques. A violência, segundo a tese de Marx e de Engels, é "a grande parteira da história", é ela que faz sair do ventre da velha sociedade a nova forma que se preparava em seus flancos. Um certo vitalismo, que dá toda a sua força a essa metáfora da gestação e do parto, subentende essas análises. A ideia é prolongada e radicalizada por Lênin, para quem "as grandes questões da vida dos povos se resolvem unicamente

---

8   Ver, acerca desse ponto, a carta de Marx ao seu amigo Joseph Weydemeyer, de 4 de março de 1852, e a "Crítique du Programme de Gotha", em *Oeuvres*, t. 1, *Économie I*, p. 1429.
9   Louis Althusser, invertendo a famosa definição de Clausewitz, afirma que tal é de fato a concepção marxista. Cf. L. Althusser, "Conférence sur la dictature du prolétariat à Barcelone", *Période*, disponível em: <www.revueperiode.net/>.

pela força"[10]. Nada de revolução sem uma política de coerção exercida contra as antigas classes dominantes. Os proletários no poder terão que tomar medidas não somente defensivas, mas ofensivas contra as classes dominantes de antes da revolução. Terão, mais precisamente, de quebrar uma ordem legal fundada na propriedade privada e na exploração, o que não se pode fazer sem enfrentamentos entre interesses de classe, porquanto se trata "de expropriar os expropriadores". Da mesma maneira que as classes possuidoras utilizaram a violência econômica e extraeconômica para estabelecer as relações sociais capitalistas, será necessário que as classes dominadas façam o mesmo para se reapropriar daquilo que lhes pertence.

Lênin parece estar perfeitamente de acordo com Marx nesse ponto, mas sua interpretação da "ditadura do proletariado" não é provavelmente tão fiel a Marx quanto ele pretende de fato dizer. Seu modo de aplicar o modelo da guerra é marcado por um sistematismo e um absolutismo estranhos a Marx. Em seu panfleto dirigido contra a extrema esquerda alemã e neerlandesa, "o esquerdismo, doença infantil do comunismo" (1920), ele explica:

é impossível vencer a burguesia sem uma guerra prolongada, obstinada, encarniçada, sem uma guerra de morte que exige o domínio de si, a disciplina, a firmeza, uma vontade una e inflexível. Eu repito, a experiência da ditadura proletária vitoriosa na Rússia mostrou claramente àqueles que não sabem refletir ou que não tiveram ocasião de meditar acerca desse problema que uma centralização absoluta e a mais rigorosa disciplina do proletariado são uma das condições essenciais para vencer a burguesia.

Se compreendemos bem o que escreve Lênin, a "ditadura do proletariado" deve ser entendida como uma luta prolongada conduzida por um Partido de ferro não apenas, nem mesmo sobretudo, contra as classes dominantes muito minoritárias – o que era a tese de Marx –, mas contra aquilo que ele chama de "força do hábito", isto é, os usos e os costumes da velha sociedade, e contra todos os elementos não proletários, em particular o pequeno campesinato independente que são seus portadores. Era distorcer consideravelmente o conceito tal

10 Lénine, "Contribution à l'histoire de la question de la dictature", *Oeuvres*, t. 31, Paris/Moscou: Éditions Sociales/Éditions en Langues Étrangères, 1961, p. 358.

como o compreendia Marx, era fazer do Estado ditatorial não somente o escudo da revolução contra os antigos proprietários da economia, mas o grande parteiro da sociedade comunista em todos os seus aspectos.

Em um texto da mesma época intitulado "Contribuição à História da Questão da Ditadura", Lênin pretende apoiar-se na posição de Marx de 1848. Na *Nova Gazeta Renana*, Marx justificava a necessária transgressão política da ordem constitucional e legal da burguesia no período revolucionário, e isso tanto mais quanto essa ordem repousava sobre a "força das baionetas". A fim de passar a uma nova forma de poder, um governo revolucionário deve necessariamente se libertar das leis e da constituição da ordem antiga e deve quebrar um quadro legal ao mesmo tempo que deve construir um outro. Isso era sublinhar que a revolução não constitui apenas uma mudança de governo no quadro antigo, porém a passagem a uma nova ordem social deve acarretar enfrentamentos com os defensores do antigo sistema. Da mesma maneira que a burguesia exerce uma ditadura fundamental, aquém das formas políticas mais ou menos liberais, pela dominação econômica e social que exerce sobre os não possuidores por intermédio da propriedade do capital ("escravagismo salarial"), para instaurar duravelmente novas relações sociais de produção baseadas na propriedade coletiva dos meios de produção, o proletariado deverá romper com a ordem da propriedade privada por meio de medidas autoritárias e coercitivas dirigidas contra a classe capitalista, e isso até a abolição de todas as classes. Mas isso não significa em nada um atentado aos direitos fundamentais da pessoa, não implica de modo algum uma suspensão geral das liberdades públicas e, ainda menos, uma interdição da livre determinação pelas massas de suas escolhas políticas coletivas. Sobre esse ponto, Kautsky, na sua polêmica contra Lênin, tinha razão de lembrar que Marx não identificava em parte nenhuma a "ditadura do proletariado" e a suspensão das liberdades.

É verdade que Marx, antes de seu elogio à Comuna de Paris em 1871, insistia na necessidade da maior centralização política, meio revolucionário que opunha às visões descentralizadoras ou federativas dos democratas ou dos anarquistas, inspirando-se na Convenção Nacional que se tornou em 1793 "o centro único de impulsão do governo". É preciso realmente admitir que a expressão marxista de "ditadura do proletariado" parecia fazer de fato do exercício excepcional e momentâneo da violência pelos jacobinos durante a Revolução Francesa uma espécie de modelo universal de todas as revoluções. E a analogia marxista continha, é certo, um outro perigo: a ditadura jacobina não fora requerida senão para estabelecer e defender *instituições políticas republicanas*, enquanto a ditadura do proletariado tinha como horizonte a transição para um outro modo de produção e uma outra sociedade, o que estendia o seu caráter de exceção até a realização completa do socialismo, isto é, até uma data indeterminada.

Lênin engolfa-se em todas as derivas que a carta dos escritos de Marx dos anos de 1850 parece lhe autorizar. Ele utiliza mesmo as passagens mais centralizadoras e as mais autoritárias para dissimular ou enfraquecer o elogio da constituição comunalista que se encontra em *A Guerra Civil na França*[11]. Mas, quaisquer que sejam os perigos da fórmula marxista, Lênin comete um abuso de interpretação quando faz da ditadura do proletariado a dominação absoluta e arbitrária do Estado dito "proletário" e do Partido Comunista, na verdade de "certas pessoas individuais"[12]. Com efeito, Lênin entende por ditadura revolucionária do proletariado "um poder conquistado e mantido pela violência, que o proletariado exerce sobre a burguesia, poder que não está ligado *por nenhuma lei*"[13]. Na sua "Contribuição à história da questão da ditadura", Lênin, de modo muito sintomático, considera a formação dos soviets de 1905 mais sobre o ângulo da violência ditatorial em lugar de vê-los como a nova forma democrática de poder que eles representavam, ou mais exatamente ele quer descobrir, segundo seus próprios termos, "na significação dos soviets a questão da ditadura". Ele explica assim que "os organismos do poder descritos acima eram, em germe, *ditatoriais*, pois esse poder não reconhecia *nenhum* outro poder, *nenhuma* lei, *nenhuma* norma, *de onde viessem*. O poder

---

11 Assim, quando afirma peremptoriamente em *L'État et la révolution* (cf. Lénine, op. cit., p. 69): "Marx é centralista".
12 Cf., sobre esses pontos, L. Schapiro, *De Lénine à Staline. Histoire du Parti communiste de l'Union soviètique*, p. 241.
13 Lénine, La Révolution proléterienne et le renégat Kautsky, disponível em: <www.marxists.org/>.

ilimitado, extralegal, apoiando-se sobre a força, no sentido mais estrito do termo, é isso a ditadura"[14]. Quando Lênin emprega o termo "ditadura", refere-se evidentemente ao duplo contexto da história romana e francesa no qual este último designa um poder momentâneo e excepcional que se liberta das leis para estar em condições de melhor defender as instituições republicanas em uma situação crítica[15]. Mas a significação que Lênin atribui à ditadura como "poder que não está ligado a nenhuma lei" indica assaz claramente que, no seu espírito, essa ditadura não pode ser limitada por uma regra superior que especificaria sua duração e sua finalidade. Para dizê-lo de outro modo, o uso do termo implica legitimar *a priori* a supressão de todo limite ao arbítrio do poder. Sobre esse ponto, Castoriadis tem razão em lembrar que a ditadura no sentido empregado por Lênin "significa que o poder pode hoje fuzilar pessoas porque elas se conformaram às leis que ele mesmo editou ontem"[16]. E, no caso de Lênin, isso não passa de palavras. Sabe-se que ele encorajou, em nome da necessidade dessa ditadura do proletariado, as mais violentas medidas tomadas fora de toda codificação legal, de toda instituição judiciária, de todo procedimento equânime[17].

A doutrina leninista da ditadura conduz a um dos problemas fundamentais que, na sua relação com o marxismo, a prática bolchevique coloca. Quando se examina os argumentos de teóricos como Lênin, Trótski ou Radek, dirigidos contra o "renegado Kautsky", que ousou pôr em questão os métodos terroristas dos bolcheviques, constata-se que eles se baseiam numa ideia instrumental e mecânica do direito e do Estado, encarados exclusivamente como instrumentos da dominação de classe. O direito não é aí senão a inscrição em vestes jurídicas dos

---

14 Lénine, *Contribution à l'histoire de la question de la dictature*, p. 363.
15 Cf. C. Castoriadis, *Le Contenu du socialisme*, Paris: 10/18, 1979, p. 39.
16 Ibidem, p. 39.
17 Em um texto de 1917, "Comment organiser l'émulation?", Lênin dá exemplo das múltiplas maneiras de "*desembaraçar* a terra russa de todos os insetos nocivos, das pulgas (os trapaceiros), dos percevejos (os ricos) e assim por diante" (cf. Lénine, *Oeuvres*, t. 26, Paris/Moscou: Éditions Sociales/Éditions du Progrès, 1977, p. 433-434, disponível em: <www.marxists.org/>. Em junho de 1918, ele protesta junto a Zinoviev quando fica sabendo que "a Tcheka de Petrogrado retém os operários" que querem responder com um terror de massa ao assassinato de Volodarski: "é preciso encorajar a energia e natureza de massa do terror" (apud M. Ferro, *La Révolution de 1917*, p. 865-866).

interesses de classe. O mesmo acontece com a moral e, *a fortiori*, com as formas democráticas parlamentares. Cada limite jurídico, objeção moral ou princípio de organização política oposta ao exercício da violência "proletária" só pode ser a expressão de interesses de classe contrários aos do proletariado. Eis por que, segundo a expressão de Lênin, *nenhuma norma* pode limitar uma violência proletária que não obedeça por definição senão ao interesse histórico dessa classe. Mas essa ausência de norma e de limite entende-se do ponto de vista jurídico, moral, institucional. Na realidade, a violência do Estado proletário é justificada por uma *norma histórica*, como muito bem viu Carl Schmitt, mas que não se apresenta justamente como uma norma, porquanto se considera que ela depende tão somente da ciência da história. Esse Estado ditatorial é necessário, bem como os meios que utiliza, porque ele atua *no sentido da evolução histórica*. As resistências das classes dominantes contrariam essa evolução orgânica imanente e devem ser suprimidas por uma intervenção coercitiva transitória. Schmitt resume assim esse ponto de vista bolchevique: "Aquele que se encontra do lado das coisas vindouras têm igualmente o direito de acelerar a queda daquilo que já está em vias de se desmoronar."[18]

Não há dúvida, portanto, de que não se trate aí de um efeito quer do evolucionismo, quer do economismo do marxismo, o qual tende a não ver o direito e, de maneira geral, as instituições como simples "superestruturas" correspondentes a fases do desenvolvimento histórico das sociedades. Não obstante, convém notar que em parte alguma Marx justificou a violência ilimitada da classe proletária cuja vocação, segundo ele, não era a "limpeza" da velha sociedade, mas a emancipação universal pelo aprofundamento das práticas democráticas. E se ele pôde justificar o fuzilamento dos reféns da Comuna como medida desesperada de represália, Marx o fez em termos tais que isso não podia ser interpretado como um recurso de guerra legítimo em todas as circunstâncias[19]. Na realidade, o bolchevismo, que pretende ser um materialismo prático e consequente, tem uma concepção extremamente rústica do utilitarismo jurídico e moral. Valores,

---

18 Carl Schmitt, *La Dictature*, Paris: Seuil, 2015, p. 61.
19 Marx qualifica essa prática retomada pelos governos burgueses e os prussianos de "ferocidade sem escrúpulo".

princípios e normas são inteiramente dependentes de situações concretas e de relações de força na guerra que o Estado proletário move contra a multidão de forças hostis. Importa somente a finalidade histórica das medidas tomadas pelo governo. As palavras que Lênin expressa, em conversação com o anarquista Alexander Berkman, são à sua maneira eloquentes:

> A liberdade, diz ele, é um luxo ao qual não podemos nos permitir no estado atual do desenvolvimento. Quando a Revolução estiver fora de perigo, tanto no exterior quanto no interior, então será dado livre curso à liberdade de expressão. A concepção corrente da liberdade é um preconceito burguês, é o mínimo que se possa dizer. A ideologia mesquinha da classe média confunde revolução e liberdade; na realidade, a Revolução é a ocasião de garantir a supremacia do proletariado. Seus inimigos devem ser esmagados e todo o poder deve estar centralizado no Estado comunista. Em um tal processo, o Estado é muitas vezes levado a recorrer a meios desagradáveis; mas é isso que a situação impõe, e a gente não pode se furtar a ela. Com o tempo, esses métodos serão abolidos, quando se tornarem inúteis.[20]

Sabemos hoje o que adveio dessa dialética histórica que queria ver na dominação absoluta e sem limites do Partido e do Estado um meio de suprimir para sempre toda dominação de classe e todo Estado. A falência completa dessa ilusão dialética se deve evidentemente ao fato de que o meio utilizado, considerado estritamente técnico, hipotecou pesadamente a finalidade desejada.

O MAIS DEMOCRÁTICO DOS ESTADOS?

A revolução segundo Marx é, desde 1843, "a democracia contra o Estado", como lembrará Miguel Abensour[21]. Por sua vez, Lênin mantém verbalmente o ideal: "A democracia proletária é um milhão de vezes mais democrática do que não importa qual democracia burguesa; o poder dos sovietes é um milhão de vezes mais democrático do que a mais democrática das

---

20 A. Berkman, *Le Mythe bolchevique...*, p. 97.
21 M. Abensour, La Démocratie contre l'État, *Marx et le moment machiavélien*, Paris: Félin, 2012.

repúblicas burguesas", escreve ele no seu panfleto contra Kautsky[22]. Em *A Guerra Civil na França*, Marx sublinha a forma original do novo poder comunal que torna possível a realização de uma democracia estendida ao domínio econômico. A "ditadura do proletariado" no sentido que ele lhe atribui só pode ser exercida no *encontro* do Estado burocrático, militar e policial. Em suma, a ditadura do proletariado não pode ser para Marx senão democrática, no sentido em que ela se exerce através das instituições de autogoverno que têm o poder de impor novas regras e novas leis contra os antigos proprietários dos meios de produção e contra os antigos administradores do Estado. Essa ditadura, no seu espírito, não pode ser, portanto, senão anticapitalista e antiburocrática. No que se mede o alcance histórico da Comuna? Na sua criatividade histórica, responde Marx e, mais precisamente, na invenção de uma forma de poder operário que permite a emancipação do proletariado. É a primeira revolução, a seus olhos, que pretendia não "tomar a máquina estatal", mas quebrá-la. *Os communards* inventaram um poder que inscreve a dissolução do Estado no seu princípio de funcionamento com instrumento opressivo e repressivo separado da sociedade. Essa revolução proletária demonstra que a "classe operária não pode pura e simplesmente tomar posse da máquina do Estado [existente] toda pronta e fazê-la funcionar por sua própria conta"[23]. Nesse sentido, a Comuna havia rompido com a história das revoluções, que nada tinham feito até aí senão reforçado o Estado central. É preciso dizer de fato que certas formulações desse elogio à Comuna contrastavam com as declarações centralistas, na verdade estatistas, de Marx após a revolução abortada de 1848 na Alemanha, nas quais ele vilipendia as pretensões descentralizadoras dos "democratas" alemães e as reivindicações de uma "constituição comunal dita livre [sic]", e afirma que "os trabalhadores devem não só combater pela "República Alemã una e indivisível, mas também, em seu seio, pela centralização mais rigorosa do poder nas mãos

---

22 Lénine, *La Révolution prolétarienne et le renégat Kautsky*, (1918), chap. 2, disponível em: <https://www.marxists.org/>.
23 Karl Marx, La Guerre civile en France, em Daniel Bensaïd (éd.), *Inventer l'inconnu. Texte et correspondance autor de la Commune*, Paris: La Fabrique, 2008, p. 151.

da autoridade pública. [...] Como na França em 1793, a realização da centralização mais rigorosa é atualmente, na Alemanha, a tarefa do partido realmente revolucionário"²⁴.

Em compensação, em 1871 é por certo a constituição comunal, muito inspirada pela doutrina de Proudhon, que tem a preferência de Marx. E não é mais "a centralização mais absoluta do poder nas mãos do Estado" que deve ser impulsionada, mas o desmantelamento do poder do Estado central, na medida em que é um poder separado da sociedade. Mais exatamente, Marx toma o exemplo da Comuna para mostrar que o poder revolucionário deve ao mesmo tempo se constituir em um centro de decisão eficaz e se instituir imediatamente em novas bases que permitam a participação de maneira durável da população na atividade política coletiva. Ao mesmo tempo é preciso quebrar a máquina estatal e fazer do novo Estado um instrumento da coerção contra a classe exploradora. Por consequência, além de sua função coercitiva, as novas instituições devem, em seu princípio mesmo, permitir a atividade política das massas e levar assim ao perecimento do Estado enquanto corpo separado da sociedade. A instituição do autogoverno do povo representa, pois, para Marx, esse duplo aspecto: ela exerce um poder coercitivo, porém não está mais separada da população. É o povo armado que exerce esse poder, em vez do exército e da polícia. A classe operária assegura a sua dominação política pelo controle dos funcionários eleitos e revogáveis. E, sobretudo, a Comuna liga sempre estreitamente a atividade democrática do povo e a emancipação econômica do proletariado. "Sem isso, escreve Marx, a constituição comunal teria sido uma impossibilidade e um engodo. A dominação política do produtor não pode coexistir com a perenização de sua escravidão social."²⁵ O conteúdo da ação da Comuna é, portanto, para Marx, a *autoemancipação do proletariado*: este último se liberta de seus grilhões pelas medidas que ele próprio toma. Essa emancipação econômica não é tão somente o objetivo da política proletária, ela é a própria condição para alcançá--lo. Assim, a política operária cria as condições mesmas do

---

24 K. Marx, Adresse du Comité Central de la Ligue des Communistes, março de 1850, em *Oeuvres*, t. 4, *Politique I*, p. 557.
25 Ibidem, p. 160.

autogoverno e o comunismo é a "entrada em ação" do "governo do povo para o povo". Ele é, pois, por definição, a supressão de toda separação entre o poder e a sociedade[26].

Lênin, entre abril e agosto de 1917, redige *O Estado e a Revolução*, que pretende ser uma síntese da doutrina marxista sobre o Estado. Esse texto, que só aparecerá após a tomada do poder, está envolto em uma legenda segundo a qual a "capa dura azul" que o continha encerraria também o "testamento secreto" de seu autor[27]. O que quer que tenha sido, Trótski tem certamente razão de lembrar que Lênin procurava aí restabelecer a verdadeira doutrina de Marx sobre o Estado como instrumento de dominação e de exploração da burguesia. Tratava-se, como para os outros escritos ulteriores dirigidos contra Kautsky, de reivindicar a legitimidade plenamente marxista da insurreição na Rússia. Ele escreveu isso em um momento em que combatia os "conciliadores pequeno-burgueses", os mencheviques e os socialistas-revolucionários (SR) que viam na forma parlamentar do Estado um meio de reconciliar as classes sociais. Se a obra apresenta incontestavelmente um alcance conjuntural tático, em um momento em que no seu próprio partido as tendências "atentistas", isto é, para uma política de conciliação, eram poderosas[28], há também um outro alcance que nos interessa particularmente aqui. Ele nos informa sobre a ideia que Lênin fazia do novo Estado a construir. Tinha ele, como foi reiterado muitas vezes, a mesma concepção de Marx?

Nesse texto, Lênin parece romper com a denúncia do "democratismo" que teria levado a Comuna ao malogro. Com efeito, ele chegou a escrever, quando exigia maior centralização no Partido, que a Comuna fora "um governo *como não deve ser o nosso*"[29]. Compreende-se que a virada que ele promoveu desde o seu regresso à Rússia em abril de 1917 sobre a questão do Estado pôde espantar e mesmo desconcertar seus camaradas bolcheviques. Nas *Teses de Abril* e sobretudo em *O Estado e a*

---

26 Ibidem, p. 166.
27 Cf. L. Trotsky, *Histoire de la révolution russe*, t. 2, *La révolution d'Octobre*, Paris: Seuil, 2017, p. 499.
28 Cf. O. Anweiler, *Les Soviets en Russie, 1905-1921*.
29 Cf. Lénine, Deux Tactiques de la social-démocratie dans la révolution démocratique, *Oeuvres*, t. 9, Paris/Moscou: Éditions Sociales/Éditions du Progrès, 1966, p. 77 (grifos de Lênin).

*Revolução*³⁰, o julgamento sobre a Comuna parece, com efeito, ter-se invertido. Por exemplo, o parágrafo 9 das *Teses de Abril* preconiza a realização de um "Estado-Comuna" definido como um "Estado do qual a Comuna de Paris foi a prefiguração". E é, aliás, nessa ocasião que Lênin propõe mudar o nome do Partido, que de social-democrata deva vir a ser Partido *comunista*³¹. Partido *comunista* quer então dizer, sob sua pena nesse momento, "partido que quer a criação do Estado-Comuna", ou seja, como ele especificará no capítulo 3 de *O Estado e a Revolução*, partido da "demolição da máquina do Estado" e da criação de novas instituições estatais.

Mas o que significa exatamente essa palavra composta, "Estado-Comuna"? O programa das *Teses de Abril* parece assimilar a forma soviética da Revolução Russa à forma de Estado inventada pelos *communards* de 1871. Ele parece renunciar à ideia de um governo revolucionário composto por membros do Partido. O poder dos sovietes, especifica ele, implica, como a Comuna, a supressão da polícia, do exército e do conjunto da burocracia do Estado³². E em *O Estado e a Revolução*, Lênin multiplica as referências ao comentário marxiano da Comuna³³. Com a revolução, trata-se de fato de operar a "substituição de instituições por outras, essencialmente diferentes³⁴. Lênin insiste de modo particular em dois aspectos complementares do novo Estado revolucionário: "O Estado deste período deve, pois, necessariamente ser democrático de uma nova maneira (para os proletários e os não possuidores em geral) e ditatorial

---

30 O subtítulo da brochura de Lênin é: La Doctrine du marxisme sur l'État et les tâches du prolétariat dans la révolution.
31 O Partido Social-Democrata Russo (Bolchevique) tornar-se-á efetivamente Partido Comunista em março de 1918.
32 Essa assimilação não é o efeito de um momento. Em julho de 1918, o projeto de constituição da República Federativa dos Sovietes da Rússia será definido como "uma livre associação de trabalhadores" com o fim "de instituir o socialismo que não conhecerá nem classes nem Estado", na melhor veia marxiana.
33 Sem querer tirar daí muitas consequências, convém observar que o título da brochura de Lênin parece emprestado do título do *communard* Arthur Arnould, que, em um trabalho escrito em 1887 e também intitulado *L'État et la révolution*, pretendia demonstrar a incompatibilidade e a contradição entre os dois termos do título. Cf. Arthur Arnould, *L'État et la révolution*, Paris: Res publica, 2009 [1877].
34 Cf. Lénine, *L'État et la révolution*, Paris/Moscou: Éditions Sociales/Éditions du Progrès, 1969, p. 54.

de uma nova maneira (contra a burguesia)."[35] Depois ele acrescenta: "Democracia para a imensa maioria do povo e repressão pela força, isto é, exclusão da democracia para os exploradores, os opressores do povo; tal é a modificação que sofre a democracia na transição do capitalismo ao comunismo."[36]

No entanto, contrariamente à leitura difundida que vê aí uma concepção quase libertária da revolução, inspirada em sua leitura de Pannekoek, o teórico dos conselhos operários, a interpretação de Lênin não valoriza tanto quanto ele crê, de um modo geral, o autogoverno do proletariado, nem sequer a atividade das massas. Nos seus enfrentamentos com Kautsky, que havia oposto a Comuna às práticas leninistas, Lênin e Trótski insistem, um e outro, contrariamente a Marx, sobre o polo blanquista da Comuna em detrimento de seu polo proudhoniano. Para eles, a ditadura do Comitê Central da Guarda Nacional deveria ter-se imposto, porque a Comuna, enquanto instância eleita, não dispunha dos meios de conduzir a guerra contra Versalhes. Isso equivale dizer que eles aplicavam o modelo da insurreição de Outubro à situação parisiense de 1871. Mas há um outro elemento que contradiz a refutação mais ou menos libertária de *O Estado e a Revolução*. Sob a pena de Lênin, os sovietes, que teriam se tornado supostamente os únicos órgãos soberanos, são, na realidade, confinados a funções econômicas e administrativas. Aí está todo o equívoco da referência de Lênin à Comuna. Se, para Marx, esta última era de fato uma nova forma política, Lênin lhe dá uma interpretação que se pode qualificar de saint-simoniana na medida em que ela tende a dissolver a política nas funções econômicas[37]. Lênin, sem dúvida, não é um herdeiro *direto* do saint-simonismo, pois o marxismo codificado da II Internacional já estava profundamente marcado por ele. Em todo caso, na falta de melhor solução, Lênin aceita a experiência política da Comuna, tal como Marx a analisou, com base na doutrina de Engels desenvolvida no *Anti-Dühring* e que identifica a extinção do Estado à famosa substituição do "governo dos homens pela administração das coisas", segundo a

---

35   Ibidem, p. 45.
36   Ibidem, p. 116.
37   Cf., para maior desenvolvimento, Pierre Dardot e Christian Laval, *Marx, prénom: Karl*, Paris: Gallimard, 2012, p. 277s.

formulação típica do saint-simonismo[38]. Após a revolução socialista e apropriação coletiva dos meios de produção, o Estado não é "abolido", ele se estende pouco a pouco, explicava Engels[39]. Quanto mais o socialismo se desenvolver, menos necessidade teremos de *governar* e cada vez mais bastará *administrar* a sociedade que se torna semelhante a uma grande empresa. Há mais necessidade de relações de comando: as funções de gestão serão realizadas pelos proletários no quadro de uma economia cujos meios materiais serão propriedade do Estado. A função do futuro Estado é destinada a limitar-se progressivamente ao controle das operações de produção, isto é, a um papel puramente técnico de fiscalização do processo produtivo. Seguindo essa tradição engelsiana, Lênin identifica o poder proletário a uma administração, e mais precisamente a uma administração que tem um papel de fiscalização da produção e de repartição dos recursos. Ele sublinha que, por felicidade, essas indispensáveis funções técnicas de fiscalização, de registro e de contabilidade têm desde logo de ser simplificadas e mecanizadas a ponto de que as pessoas do povo (a famosa "cozinheira") poderão bem depressa realizá-las[40]. A gestão por todos da economia sob controle do Estado, tal é, portanto, a definição do poder proletário. E sente-se nesse texto tudo o que procede em Lênin de sua admiração pela economia de guerra alemã, assim como pelos serviços postais prussianos. Ele não esconde, aliás, que os sovietes terão um papel na disciplinarização da mão de obra em uma "sociedade toda inteira que não será mais do que um único escritório e uma única oficina, com igualdade de trabalho e igualdade de salário"[41]. E ele especifica:

Aqui, *todos* os cidadãos se transformam em empregados assalariados do Estado constituído por operários armados. *Todos* os cidadãos tornam-se os empregados e os operários *de um único 'cartel'* do povo inteiro, do Estado. O todo significa obter que eles forneçam um esforço igual, observando exatamente a medida de trabalho e recebendo um salário igual.[42]

38 Cf. Lénine, *L'État et la révolution*, p. 21.
39 Sobre essa concepção de Engels, cf. capítulo 5, infra.
40 Ibidem, p. 56-57.
41 Ibidem, p. 133.
42 Ibidem, p. 132.

Em uma segunda fase do comunismo, não haverá sequer necessidade de controle, cada qual terá integrado a necessidade da autodisciplina.

Um outro texto de Lênin publicado em outubro de 1917, algumas semanas após a redação de *O Estado e a Revolução*, acentua os traços saint-simonianos do aparelho de Estado "socialista", tal como o representa Lênin, pelo lugar decisivo que concede à estatização bancária. No artigo intitulado "Conservarão os bolcheviques o poder?", Lênin tenta convencer seus opositores de que os comunistas poderiam governar sozinhos se eles se apossassem do poder. Se, como ele explica, a Rússia foi dirigida, desde a revolução de 1905, por 130 mil proprietários fundiários contra os pobres, não há razão para que os 240 mil membros do Partido Bolchevique não possam dirigi-la em favor dos pobres. Eles poderão, munindo-se de um aparelho do Estado muito mais forte do que sob o capitalismo, porque terão à sua disposição todas as alavancas financeiras:

Os grandes bancos constituem o "aparelho de Estado" de que *temos necessidade* para realizar o socialismo e que nós *tomamos inteiramente pronto* do capitalismo; nossa única tarefa é então a de *suprimir* desse excelente aparelho de Estado aquilo que *faz dele um monstro capitalista*, de o reforçar mais *ainda*, de torná-lo mais democrático, mais universal. A quantidade se transformará em qualidade. Um banco de Estado, único, maior entre os maiores, que contaria com sucursais em cada cantão, ao lado de cada fábrica, eis já os nove décimos do aparelho *socialista*. Eis a *contabilidade* em escala nacional, o *controle* em escala nacional da produção e da distribuição dos produtos, algo, poderíamos dizer, como o *vigamento* da sociedade socialista. Esse "aparelho de Estado" (que não é completamente um aparelho de Estado no regime capitalista, mas que o será completamente entre nós, no regime socialista), nós podemos nos "apoderar dele" e "fazê-lo funcionar", assestando um só golpe, por um único decreto, pois o trabalho efetivo de contabilidade, de controle, de registro, de estatística e cálculo é realizado nesses casos por *empregados*, que são na maioria proletários ou semiproletários. [...] Desses funcionários, nos será necessário exigir muito mais e nós *podemos* ter muito mais, porque o capitalismo simplificou as funções do registro e do controle e os reduziu a *operações* pouco complicadas e acessíveis a todo homem que sabe ler e escrever. "A estatização" da massa de empregados dos bancos, dos cartéis, do comércio etc. é uma coisa perfeitamente realizável do ponto de vista técnico (graças ao trabalho preliminar efetuado em nosso proveito pelo capitalismo e pelo capitalismo financeiro), e do ponto de vista político, se o controle e a vigilância pelos sovietes forem realizados.[43]

Há de se convir que uma tal visão do novo Estado que generaliza o funcionalismo e não deixa aos sovietes senão um papel de fiscalização não concorda quase com o ensinamento que Marx tirava da Comuna, ele que havia também sofrido fortemente a influência do saint-simonismo; herdara dessa doutrina, notadamente, uma desconfiança profunda em relação à política como tal, cujos traços se percebem ainda em *A Guerra Civil na França*. No entanto, o que impressiona nesse escrito de Marx deve-se ao altíssimo valor que concede à atividade política de massa da população parisiense. O povo organizado em assembleia de distrito não se achava confinado às tarefas técnicas de gestão, fazia política, auto-organizava-se, redigia leis, transformava as instituições existentes, e não tinha necessidade de um partido dirigente para se desincumbir dessas tarefas. Em uma palavra, se Marx via na autoatividade do povo a única via possível para a sua emancipação, Lênin, por sua vez, não podia impedir-se de pensar que este último precisava de um tutor até o desaparecimento das contradições de classe. Há, portanto, um sutil desvio, porém importante, entre Marx e Lênin. Para Marx, a resolução da tensão entre a maneira ditatorial de exercer o poder (a coerção no tocante às antigas classes dominantes) e a forma democrática das instituições ("associação de produtores") baseava-se unicamente na participação autêntica da maioria da população nas instituições do novo Estado e na liberdade política efetiva que permitia às novas instituições guardar sua vitalidade. Ora, a tomada do poder pelos bolcheviques, decidida por Lênin, e seus métodos de governo criaram obstáculo a essa participação e sufocaram essa liberdade.

O IMPERATIVO DO "MAIS ESTADO"

Após a revolução, a luta entre as classes concentra-se na atividade do Estado. É ele, e somente ele, na medida em que é o instrumento da nova classe dominante, ou mais exatamente

---

43 Lénine, Les Bolcheviks garderont-ils le pouvoir?, *Oeuvres*, t. 26, p. 101-102.

do Partido considerado como o garante de sua hegemonia, que conduz a luta não apenas contra as forças armadas do inimigo, mas contra todas as forças sociais, políticas e ideológicas que ameaçam entravar a marcha da revolução. Esse ponto da doutrina na política bolchevique sempre prevaleceu sobre a auto-organização democrática dos operários e dos camponeses. Tratava-se de fato de uma herança da prática social-democrata centrada no Partido. Até Trótski, a despeito de sua experiência com a revolução de 1905, cedeu a isso. O Estado, como ele escrevia em 1906, é "uma máquina nas mãos de forças sociais dominantes" e "todo partido político digno desse nome luta para conquistar o poder político e pôr assim o Estado a serviço da classe cujos interesses ele exprime"[44]. Mais tarde, Lukács prestou homenagem a Lênin precisamente por ter conseguido fazer do Estado "uma arma na luta de classe". Essa teoria do Estado como "instrumento" e como "arma", compreende-se facilmente, conduz mais ao seu reforço do que à sua extinção, a partir do momento em que a pesada tarefa da qual se incumbe, sobretudo em um país atrasado e que pode contar cada vez menos com a revolução mundial, é a construção do novo modo de produção e de uma nova sociedade. Essa tese estritamente *instrumentalista* do Estado ajudou grandemente não apenas a reconstrução do Estado em meio ao caos da guerra civil e da desordem econômica, mas também a pôr em pé um "superestado" dotado de uma lógica e uma dinâmica próprias.

Quanto menos os sovietes estavam em condições de contribuir para o "definhamento do Estado", papel que lhe era atribuído pela teoria, mais a burocracia do Partido e do Estado invadia todas as instituições sociais. Esse embargo se efetuava em nome da necessidade, reafirmava muitas vezes desde a primavera de 1918, de uma autoridade central para fazer face aos inimigos do *front* e da retaguarda durante a guerra civil, para impedir o desmembramento do país e para travar o profundo retrocesso que ele sofria após a Grande Guerra[45]. Os bolcheviques no poder foram assim os principais restauradores do "princípio do Estado", apesar de sua proclamada fidelidade ao

---

44 L. Trotsky, *Bilan et perspectives*, Paris: Seuil, 1974, p. 47-48.
45 Moshe Lewin fala de um recuo econômico e social de cinquenta anos. Cf. M. Lewin, *La Formation du système soviétique...*, p. 291.

pensamento de Marx[46]. Por ocasião do VII Congresso, em março de 1918, Lênin descompôs Bukharin, que desejava adicionar uma cláusula ao deperecimento do Estado, no programa do Partido: "Neste momento, somos absolutamente a favor do Estado. [...] Proclamar de antemão a extinção do Estado seria forçar a perspectiva histórica [...]."[47] Vale dizer que o ponto de vista das "etapas" retornou à ordem do dia. A prioridade era restabelecer a ordem reconstruindo o Estado central, e essa reestatização levada "com mão de ferro" pelos bolcheviques foi assegurada pelos órgãos militares e administrativos colocados sob a estrita dependência do Partido, como o Exército Vermelho, a polícia política e a administração central. A hipercentralização estatal que daí resultou não foi o efeito da exclusiva aplicação de posições leninistas. Houve também uma mistura de respostas pragmáticas e de justificações dogmáticas que a conduziriam.

Após a guerra civil, a desagregação de toda coordenação econômica, em uma situação de extrema penúria de recursos, provocou condutas centrífugas: cada soviete local, cada comitê de fábrica, cada sindicato tendia a pensar, em primeiro lugar, em seus próprios interesses; as províncias se autonomizavam, os campos voltavam-se para si mesmos: "em presença desta anarquia crescente, a centralização dos poderes parece cada vez mais necessária", comenta Victor Serge[48]. Mas a única exigência para responder ao caos generalizado não basta para dar conta dessa propensão sistemática a sujeitar absolutamente tudo às decisões do centro político. Havia aí também uma escolha política, partilhada pelas "elites" urbanas russas, confundindo-se nisso todas as tendências. Pôr fim, nos campos e nas fábricas, aos processos revolucionários que haviam dado um poder autônomo às comunidades locais e aos coletivos de trabalho tornou-se a prioridade absoluta. E, para chegar aí, era preciso a todo custo

---

46 O termo russo *Gosudarstvennost*, que Nicolas Werth traduz por "princípio do Estado" e Moshe Lewin por "qualidade de Estado", é precisamente o termo que Bakunin em 1873 havia oposto ao princípio da anarquia no seu folheto *Gosudarstvennost i Anarkhia* (traduzido para o francês *Étatism et anarchia* [Estatismo e anarquia]). Cf. Nicolas Werth, Les Bolcheviques et la restauration du "principe de l'État" (1917-1922), *La Terreur et le désarroi. Staline et son système*, Paris: Perrin, 2007; M. Lewin, *La Formation du système soviétique...*, p. 440.

47 Lénine, *Oeuvres*, t. 27, Paris/Moscou: Éditions Sociales/Éditions du Progrès, 1961, p. 149.

48 V. Serge, *L'An 1 de la révolution russe*, p. 294.

restaurar uma autoridade central, aquilo que os comunistas se puseram a fazer apoiando-se, aliás, nos serviços de administrações do antigo regime[49]. O encarniçamento com o qual foram finalmente esmagadas as tentativas de organização local dos camponeses influenciados pelos anarquistas da Ucrânia dão testemunho disso, mas a *Makhnovchtchina*, entre 1918 e 1921, não foi senão um caso particular entre as revoluções camponesas que escapavam ao enquadramento estatal e que davam de novo vida a comunas rurais que os "modernizadores" de todas as tendências haviam muito rapidamente enterrado, a começar pelos dirigentes da revolução. Houve também numerosos casos de burocratização e de subordinação de formas de auto-organização nas fábricas e nas cidades. Em vez de trabalhar para a federação dessas estruturas de bases e de todos esses órgãos descentralizados de alcance autogestionário, como teriam desejado a corrente libertária russa e certos SR de esquerda favoráveis a uma "Federação dos Sovietes Econômicos" com células de base tanto nas fábricas quanto nas aldeias[50], o novo poder preferiu enveredar pelo caminho de uma centralização autoritária, especialmente no domínio econômico, com o Conselho Supremo da Economia Nacional, o Comissariado Nacional da Agricultura, o Comissariado das Estradas e Comunicações, o Comissariado do Abastecimento, o Comitê principal do trabalho obrigatório etc. Do mesmo modo, criou órgãos estatais ou paraestatais ligados ao Partido, mesclando quadros do antigo regime, "especialistas" e elementos plebeus, a fim de pôr em execução medidas coercitivas e repressivas instrumentalizando a "violência de baixo" para dirigi-la contra os "inimigos do povo"[51]. É nesse espírito que foram formados o exército do abastecimento, os "comitês de camponeses pobres" ou as tropas cada vez mais numerosas da polícia política (Tcheka). Moshe Lewin resumiu a obra dos bolcheviques falando de um "empreendimento frenético de construção do Estado, a partir de uma ampla base social, em que se mesclavam elites e elementos plebeus"[52]. O "comunismo de guerra" – do qual se falou muito, após o golpe, que

---

49 Cf. N. Werth, *La Terreur et le désarroi...*, p. 54.
50 Cf. O. Anweiler, op. cit., p. 282.
51 Cf. M. Ferro, op. cit., p. 878.
52 Apud Werth, *La Terreur et le désarroi...*, p. 57.

havia sido uma maneira precipitada de passar ao socialismo –, foi sobretudo um momento de restauração estatal e de disciplinarização da população.

Trótski tornou-se o teórico mais radical desse "mais Estado" em *Terrorismo e Comunismo* (1920):

> O fato é que sob o socialismo não haverá mais aparelho de coerção, não haverá mais Estado: o Estado se dissolverá inteiramente na comuna de produção e de consumo. A via do socialismo não passa menos pela máxima intensificação do papel do Estado. [...] Assim como a lamparina, antes de se extinguir, brilha com uma chama mais vivaz, o Estado, antes de desaparecer, assume a forma da ditadura do proletariado, quer dizer, do Estado mais impiedoso, que se apodera imperiosamente da vida dos cidadãos de todos os lados.[53]

E tal é particularmente o caso no domínio do trabalho:

> Nenhuma outra organização social, exceto o exército, se atribuiu o direito de subordinar tão completamente os cidadãos, de submetê-los tão totalmente em todos os sentidos à sua vontade, do que o Estado da ditadura do proletariado se considerou no direito de fazê-lo e o fez. Somente o exército, precisamente porque resolveu à sua maneira as questões de vida e de morte das nações, dos Estados, das classes dirigentes, adquiriu o direito de exigir de todos e de cada um a submissão a suas tarefas, aos seus objetivos, aos seus regulamentos e às suas ordens. E ele aí chegou tanto mais completamente quanto as tarefas de organização militar coincidiam com as necessidades do desenvolvimento social.[54]

Essa nova ideologia de Estado é temível no que ela justifica todas as coerções e repressões: pelo fato que é "seu" Estado que ordena, as massas devem se dobrar a todos os decretos, controles, os métodos e injunções que servem para consolidá-lo. Como Ante Ciliga percebeu mais tarde, os métodos capitalistas e burocráticos foram reforçados desde o início dos anos de 1920 nas fábricas:

> Trabalho por empreitadas, separação entre o trabalho e a direção, concentração de todas as funções dirigentes nas mãos da administração, funções dos operários reduzidas a simples executantes, consolidação do sistema salarial, desigualdade crescente dos salários em proveito dos burocratas.[55]

---

53 L. Trotsky, *Terrorisme et communisme*, Paris: Union Générale d'Éditions, 1973, p. 254.
54 Ibidem, p. 213-214.
55 A. Ciliga, *Dix ans au pays du mensonge déconcertant*, p. 114.

Lênin acabou por reconhecer que, em alguns anos, o antigo aparelho estatal havia se reconstituído, e para pior. No fundo, e é preciso de fato reconhecer isso, ele *soube* que aquilo que havia desencadeado lhe escapava e ia em um sentido que não tinha previsto, a despeito das numerosas advertências que lhe foram dirigidas por aqueles que ele considerava, por essa razão, como "pequeno-burgueses", na verdade como "inimigos da revolução". No XI Congresso do Partido, em março de 1922, Lênin preveniu, por sua vez, seus camaradas: "A máquina vos escapa das mãos, dir-se-ia que um outro a dirige, ela corre em uma outra direção do que aquela que se lhe fixou." Ele prosseguiu nesses termos: "Se consideramos Moscou com seus 4.700 comunistas responsáveis e toda a máquina burocrática, qual dos dois conduz o outro? Na verdade, os comunistas não conduzem, são conduzidos."[56] Em 1923, em um de seus derradeiros escritos, ele foi a ponto de escrever que o antigo aparelho administrativo herdado do passado "não vale absolutamente nada"[57]. E, com efeito, a hipercentralização do poder e a hipertrofia burocrática revelaram rapidamente toda sua ineficácia e todos seus efeitos econômicos contraprodutivos, notadamente pela brutalidade exercida contra os camponeses. Mas, em vez de encarar um retorno rápido à vida democrática e ao poder operário efetivo sobre os meios de produção, Lênin procurou antes a solução nos métodos de administração do capitalismo ou do Estado burguês. O remédio, acreditava ele, devia vir da direção unipessoal das fábricas e da exclusão dos operários da gestão da empresa. Isso que aparecia como a principal conquista de Outubro se desvanecia ante a "autocrítica das fábricas" e o comando "ditatorial" (*dixit* Lênin) dos chefes da empresa[58]. Era estender à vida econômica a crença nas virtudes dos chefes e dos guias, crença que estava no coração de sua concepção do Partido, mas que era também a de colocar no poder chefes muitas vezes brutais que bem depressa se comportaram mais como soberanos

---

56   Apud V. Serge, Destin d'une révolution (1937), *Mémoires d'un révolutionnaire et autres écrits politiques. 1908-1947*, p. 402.
57   Cf. Lénine, De la coopération, *Mieux vaut moins mais mieux et autres textes de 1923*, Paris: Éditions de l'Éclat, 2014, p. 75.
58   Cf. M. Lewin, *La Formation du système soviétique*..., p. 238; e mais recentemente Yves Cohen, *Le Siècle des chefs. Une histoire transnationale du commandement et de l'autorité (1890-1940)*, Paris: Amsterdam, 2013, p. 419s.

do que como dirigentes competentes[59]. A introdução do taylorismo na produção é uma das manifestações mais evidentes da crença segundo a qual os chefes e o comando são insubstituíveis. O objetivo mais urgente, segundo Lênin em 1918, era a elevação do nível da produtividade nas fábricas. Cumpria, pois, pôr em ação todos os métodos que permitissem atingir esse alvo:

> Aprender a trabalhar, eis a tarefa que o poder dos sovietes deve apresentar ao povo em toda a sua amplitude. [...] Nós poderemos realizar o socialismo justamente na medida em que tivermos conseguido combinar o poder dos sovietes e o sistema soviético de gestão com os mais recentes progressos do capitalismo. É preciso organizar na Rússia o estudo e o ensino do sistema Taylor, sua experimentação e sua adaptação sistemáticas.[60]

Essas soluções organizacionais produziam o impasse em um fenômeno cujos novos dirigentes não perceberam de imediato a importância e que viria a ser um dos grandes temas da sociologia e do pensamento político do século XX: o fenômeno burocrático. A centralização e a verticalização extremas do poder, a generalização da coordenação administrativa das relações econômicas e sociais (os "métodos administrativos"), o crescimento das funções repressivas da polícia política, e até a reciclagem na administração dos quadros desmobilizados do Exército Vermelho, todos esses elementos conjugados deram nascimento a uma proliferação burocrática que modificou rapidamente a fisionomia do poder. O próprio Partido conheceu um crescimento desde 1917 que o transformou em uma organização de massa, permitindo aos jovens provenientes das classes populares atingir, como mencionado acima, responsabilidades administrativas de quadros do Partido e do Estado, porém ao preço de uma submissão total ao "aparelho"[61]. Os costumes próprios da burocracia, as vantagens materiais dos altos funcionários e dos responsáveis do Partido, o controle minucioso da população e as múltiplas limitações estabelecidas para as liberdades, o reino do relatório e do formulário, a concorrência entre administrações, todos esses aspectos se encaixaram no coração das relações sociais e políticas.

---

59   Cf. M. Lewin, *La Formation du système soviétique...*, p. 339.
60   Lénine, Les Tâches immédiates du pouvoir des Soviets, *Oeuvres*, t. 27, p. 268.
61   Cf. M. Lewin, *La Formation du système soviétique...*, p. 288-289; e M. Ferro, op. cit.

No fim de sua vida, Lênin, quando reconheceu os defeitos do "burocratismo", tentou em vão reorganizar a cabeça do Partido, como se a renovação devesse partir daí[62]. Segundo ele, a tarefa da nova direção era a de reconstruir o aparelho do Estado conforme métodos gerenciais eficazes. A cada crise, Lênin contava com um organismo burocrático para controlar a burocracia: o Comissariado de Controle do Estado que se tornou Inspeção Operária e Camponesa, o Bureau de Organização do Partido, a Comissão Central de Controle do Partido etc. Em 1923, ele acreditou até que poderia superar os defeitos do burocratismo fundindo a Inspeção Operária e Camponesa com a Comissão Central de Controle do Partido, como se a concentração nas mãos de um pequeno número de expertos integrados fosse resolver as disfunções do poder[63]. Uma reforma das estruturas da cúpula do governo, último esforço para "criar uma máquina ditatorial capaz de se controlar [sic]", "um regime ditatorial racional"[64]: eis a que expedientes tecnocráticos estava reduzido o dirigente do Partido Bolchevique, por não ter compreendido a tempo o fenômeno burocrático e, de um modo mais geral, por não ter permitido a existência e o desenvolvimento de formas de auto-organização da classe operária e da população.

Essa revolução não escapou, pois, do sinistro destino das revoluções políticas que, como diz Marx, "não fizeram mais do que aperfeiçoar a máquina burocrática, em vez de quebrá-la"[65]. Podemos mesmo chegar até a dizer que nenhuma revolução jamais conseguiu constituir a esse ponto "um horroroso corpo de parasitas que prende, tal como uma rede, o corpo da sociedade, [...] ao obstruir todos os poros", para retomar a imagem de Marx a propósito do Estado francês[66]. A Revolução Russa foi um revés nesse ponto fundamental e Lênin foi bastante lúcido para constatá-lo. No início dos anos de 1920, a única saída que Lênin encara é o estabelecimento, resignado "ou realista", de um capitalismo de Estado autoritário e ditatorial. Isso não foi com certeza sua última palavra, mas de fato sua antepenúltima.

---

62 Cf. M. Lewin, *Le Dernier combat de Lénine*, p. 121.
63 Cf. Lénine, *Mieux vaut moins mais mieux et autres textes de 1923*, p. 114.
64 Essas formulações são de Lewin, *Le Dernier combat de Lénine*, p. 134.
65 Karl Marx, Le 18 brumaire de Louis Bonaparte, *Oeuvres*, t. 4, *Politique 1*, p. 530-531.
66 Ibidem.

Ele assim mesmo se apercebeu, ainda que não fosse por um momento, que o "princípio do Estado", que iria se tornar o coração da ideologia da burocracia sob Stálin, não era um princípio tão socialista como ele havia pensado, que a estatização dos meios de produção e o "comando único" não eram quase nada propícios à elevação do nível cultural da população ou à eficácia econômica. Em 1923, ele apelou para um outro princípio, que havia até então desprezado, o da *cooperação*, em particular no mundo camponês, e que era evidentemente em parte a herança de um socialismo europeu com o qual ele reatava demasiado tarde[67]. O apelo a uma "revolução cultural" em seus últimos artigos publicados, espécie de terceira revolução centrada em uma reeducação das massas graças à cooperação generalizada sob o controle do Estado, não era a esse respeito senão um último sobressalto para salvar uma revolução falida. Pode-se inscrever essa reviravolta na conta de uma certa flexibilidade na adaptação às circunstâncias. Pode-se também pensar que sua concepção do poder, do Estado e do Partido não o havia preparado para se engajar nos caminhos da democracia socialista.

O ESTADO TERRORISTA EM GUERRA CONTRA A SOCIEDADE

Do mesmo modo que, segundo Hegel, o Estado é a encarnação de Deus no mundo, o Estado proletário tornou-se para os bolcheviques a encarnação da História à qual não se deve hesitar em sacrificar as liberdades e as inevitáveis vítimas humanas. Esse Estado proletário estava em guerra contra tudo aquilo que, na sociedade, ameaçava frear o elã revolucionário. No imaginário bolchevique, o Estado era feito para a guerra, governando por e para a guerra[68]. A guerra de classe era a sua razão de ser. Em suma, a análise marxista do Estado como instrumento de opressão da antiga classe dominante se transformara

---

67 Cf. Lénine, *De la coopération*, p. 62s.
68 Uma testemunha, que pertenceu ao aparelho do Kremlin, interrogada por Svetlana Alexievitch, declara: "Nosso Estado sempre funcionou sob o regime da mobilização, desde os primeiros dias. Ele não foi concebido para a paz" (apud S. Alexievitch, *La Fin de l'homme rouge ou le temps du désenchantement*, Arles: Actes Sud, 2016, p. 182).

em justificação da violência que o Estado exerce sobre todos aqueles que, de uma maneira ou de outra, constituíam entraves voluntários ou "objetivos" no caminho do socialismo. Evidentemente, as circunstâncias contribuíram para essa radicalização da "violência legítima" do Estado, e é assim que a questão do abastecimento das cidades foi tratada como uma questão de guerra contra os pequenos camponeses proprietários. Foi Trótski, convertido a uma espécie de ultrabolchevismo, que, sem dúvida, melhor o explicou em *Terrorismo e Comunismo*, texto escrito em plena guerra civil. A "classe montante", segundo ele, não podia se permitir nenhuma fraqueza, sua luta era uma luta de morte. O terror era, pois, a sequência lógica da revolução: ele garantia o seu sucesso, ele assegurava sua duração. Numa tal guerra, tudo era permitido se o objetivo fosse atingido: "A questão das formas e do grau da repressão não é, evidentemente, uma questão 'de princípio'. É uma questão de adaptação dos meios ao fim"[69], escrevia ele contra Kautsky. E à acusação de ter atacado a liberdade da imprensa socialista, Trótski respondeu:

Em tempo de guerra, todas as instituições e todos os órgãos do poder do Estado e da opinião pública tornam-se, direta ou indiretamente, órgãos para a condução da guerra. Isso concerne em primeiro lugar à imprensa. Nenhum governo que esteja sustentando uma guerra séria pode permitir a difusão em seu território de publicações que sustentem direta ou secretamente o inimigo. E com mais forte razão em período de guerra civil. A natureza desta última é tal que os dois partidos têm, na retaguarda de suas tropas, círculos importantes da população que estão ao lado do inimigo. Na guerra, onde a morte sanciona os sucessos e os fracassos, os agentes inimigos que se acham infiltrados na retaguarda dos exércitos devem sofrer a pena de morte.[70]

Apoderar-se do poder em um país com enorme maioria camponesa, debilitado pela guerra mundial e bem depressa dilacerado pela "guerra suja" civil, e sobretudo querer conservar o poder sem partilhá-lo, não podia ser feito senão com o apoio de forças sociais bastante numerosas e extremamente mobilizadas ou, na falta disso, por meio de um terror de massa imposto à

---

69   L. Trostsky, *Terrorisme et communisme*, op. cit., p. 98.
70   Ibidem, p. 100.

população graças a "órgãos" especiais. Se em teoria, como vimos, a ditadura devia ser a do proletariado por meio de suas próprias instituições, no plano dos fatos, foi o Partido minoritário que tomou sua direção. Bem depressa, ele se dotou de máquinas e de métodos voltados à organização da repressão e da intimidação. Durante o verão de 1917, Lênin escrevia que, se no período de transição entre capitalismo e socialismo, o Estado como aparelho especial de repressão era ainda necessário, isso acontecia porque essa repressão era "coisa relativamente tão fácil, tão simples e tão natural que custaria muito menos sangue do que a repressão das revoltas de escravos, de servos e de operários assalariados e que custaria muito menos caro à humanidade"[71].

Nada esteve mais afastado dessas "profecias" do que a realidade das práticas dos bolcheviques desde o início do novo poder. Bem depressa, foi instalada uma "máquina" não "simplesmente" repressiva, mas verdadeiramente terrorista, independente de todo controle da população e exercendo-se contra a população, provocando uma desconfiança generalizada em relação a espiões e informantes, um medo permanente de ser detido e deportado, e finalmente o retraimento em si mesmo e a passividade. A Tcheka foi criada em dezembro de 1917 para responder à ameaça de greve dos funcionários, seis semanas após a tomada do poder, e desde o início de 1918 estava pronta para entrar em ação. Esse organismo administrativo, situado no início sob a autoridade dos sovietes locais, devia oficialmente, quando de sua criação, dispor de poderes limitados aos inquéritos. Somente os tribunais revolucionários deviam estar habilitados a julgar e a condenar. Na realidade, desde o verão de 1918, seus poderes se ampliaram: ela geriu diretamente seus próprios campos de prisioneiros, abrindo o vasto domínio concentracionário, mais tarde descrito por Soljenítsin ou Chalámov, e começou a executar suas vítimas. Como relatou um de seus chefes entre os mais desapiedados,

ela não julga o inimigo, ela golpeia. Nós não fazemos a guerra contra pessoas em particular. Nós exterminamos a burguesia como classe. Não procurai, no inquérito, documentos e provas sobre aquilo que o acusado cometeu, em ato ou em palavras, contra o poder soviético. A primeira

---

71 Lénine, *L'État et la révolution*, p. 118.

pergunta que deveis fazer é a que classe ele pertence, qual sua origem, sua educação, sua instrução e sua profissão. São essas questões que devem decidir a sorte do acusado. Eis a significação e a essência do Terror Vermelho[72].

E Félix Dzerjinski, o grande mestre do Terror Vermelho, não tinha tampouco meias medidas: "A coação proletária sob todas suas formas, começando pelas execuções capitais, constitui um método com o fito de criar o homem comunista."[73] Dzerjinski, que havia desempenhado um papel de grande importância no Comitê Militar Revolucionário de Petrogrado, encarna a ligação entre os dois organismos: eles haviam sido um e outro concebidos como os "braços armados da ditadura do proletariado" contra os "inimigos do povo", segundo a formulação decisiva do Comitê Militar Revolucionário, em novembro de 1917[74]. Mas a Tcheka tornou-se logo um Estado dentro do Estado. O crescimento dessa polícia política secreta foi extremamente rápido. Em 1921, seus efetivos já chegavam a 250 mil agentes, às vezes recrutados entre os antigos da polícia tsarista, compostos amiúde de elementos cínicos e corrompidos a abusar de seu poder ou ávidos de lucros ilícitos, coisa que os dirigentes políticos sabiam desde o começo[75].

Em quatro anos de existência, a Tcheka cometeu dezenas, na verdade centenas de milhares de execuções, especialmente quando se processou o esmagamento de diversas insurreições, sobretudo camponesas, em reação às requisições forçadas[76]. A repressão "extrajudiciária" que exercia era, por definição, expeditiva e arbitrária, como aquela que praticava o exército no *front*. Quanto ao funcionamento dos tribunais populares e revolucionários, subordinados ao Partido, eles não foram concebidos para

---

72 Martyn Latsis, *Les Commissions extraordinaires (Tcheka)*, Moscou: Librairie de l'État, 1921. Cf. também V. Serge, *L'An 1 de la révolution russe*, p. 369.
73 Apud Jacques Baynac, *La Terreur sous Lénine*, Paris: Éditions du Sagittaire, 1975, p. 35.
74 Cf. N. Werth, Un État contre son peuple. Violences, répressions, terreur en Union soviétique, em Stéphane Courtois et al., *Le Libre noir du communisme*, Paris: Presse Pocket, 1999, p. 80.
75 Ver sobre esse ponto o testemunho do efêmero Comissário da Justiça, o socialista-revolucionário Isaac Nachman Steinberg, em *Quand j'étais commissaire du peuple*, Paris: Les Nuits Rouges, 2016, p. 99s.
76 Cf. o relatório de Sergeï Petrovitch Melgournov sobre as execuções, *La Terreur rouge en Russie, 1918-1924*, Genebra: Éditions des Syrtes, 2004.

fazer justiça, mas para serem instrumentos da luta de classe. Soljenítsin cita um folheto de Danichevski, primeiro presidente do Tribunal Militar Revolucionário, nomeado por Trótski, e cuja jurisdição se estendia a todos, civis e militares, na zona do *front*. Ele escrevia aí, em 1920: "Os tribunais militares revolucionários são, em primeiro lugar, órgãos destinados a aniquilar, isolar, tornar os inimigos de nossa pátria operária e camponesa incapazes de prejudicar e aterrorizar; apenas secundariamente são cortes que estabelecem o grau de culpa do réu."[77]

A deportação, a tortura e o fuzilamento tornaram-se instrumentos de governo. Não poupavam pessoa alguma. O Terror não golpeava apenas os antigos nobres, os burgueses ou os *kulaks*, mas também pessoas entre as mais desprovidas que eram acusadas de serem "especuladores" por terem tentado vender alguns bens para se alimentar[78]. Operários que exigiam melhorias em suas condições de trabalho ou aumentos de salário eram licenciados, e às vezes deportados e até fuzilados por sabotagem. As categorias "bandidos", "parasitas", "sabotadores" e "contrarrevolucionários" não cessaram de se ampliar para incluir camadas sociais cada vez mais numerosas. Toda oposição política ao regime tornou-se um crime passível de punição. Dzerjinski, dirigindo-se a um de seus emissários encarregado de combater a oposição na província, escreveu-lhe: "Escolha pessoas resolutas que sabem que não há nada mais eficaz do que uma bala para calar qualquer um."[79] A violência burocrática como modo instituído de governo que suscita um medo visceral em todos aqueles que se arriscam a passar da linha oficial tornou-se possível pela latitude de ação concedida aos órgãos de repressão desde o início da guerra civil. E, entre os "inimigos do povo", incluiu-se logo os mencheviques, os SR e os anarquistas.

Em 17 de maio de 1922, alguns dias antes de seu primeiro ataque de paralisia, Lênin escrevia ao Comissário de Justiça, Kurski, a propósito do novo Código Penal: "É preciso formular tão amplamente quanto possível o artigo concernente ao Terror,

---

77 Apud Alexandre Soljénitsyne, *L'Archipel du goulag: 1918-1956. Essai d'investigation littéraire*, Paris: Fayard, 1991, p. 264.
78 Cf. A. Berkman, op. cit., p. 61s.
79 Apud Werth, Un État contre son peuple..., op. cit., p. 99.

visto que somente a concepção revolucionária da justiça e a consciência revolucionária podem determinar suas condições de aplicação prática." E em uma carta um pouco anterior, ele lhe especificava o seguinte:

> Em minha opinião é necessário estender a aplicação da pena de morte comutável em banimento [...] a todos os gêneros de atividades dos mencheviques e dos SR etc.; cumpre encontrar uma formulação que coloque esses procedimentos em ligação com a burguesia internacional.[80]

É com esse tipo de artigo, introduzido pouco depois, que foram julgados e condenados os SR entre junho e agosto de 1922. Mais tarde, quando o grupo de Stálin se apoderou dos órgãos de repressão, foi a vez dos comunistas de oposição sofrerem as consequências dessas "extensões" e dessas "ligações". Na realidade, a partir de 1922, o Terror, de início administrativo, foi aplicado no seio do mesmo Partido com a perseguição das dissidências. Os membros oponentes ou simples recalcitrantes foram deslocados, enviados para longe "em missão", vigiados, e progressivamente desencorajados pela exclusão e pela privação de trabalho, de alojamento, de meios de existência.

A lógica da guerra de classe conduzida pelo Partido incitou a delegar aos "órgãos de segurança" um poder quase ilimitado sobre o destino dos indivíduos. Como acentuou Soljenítsin, a "montagem de processos" e de "complôs" pelos "órgãos" não data de 1937, contrariamente ao que pretende a lenda krutscheviana. É desde o início que "a indústria penitenciária" funcionou para a denúncia caluniosa como lastimou, aliás, o próprio Dzerjinski, que já não era inteiramente senhor da máquina infernal que os bolcheviques haviam criado. Uma simples denúncia bastava para mandar prender um indivíduo: o objeto da acusação era inventado depois. Investigação, instrução e incriminação confundiam-se em um mecanismo encarregado de produzir culpados, de modo que mui rapidamente o sistema judiciário entregou-se a práticas da confissão pela tortura: toda confissão valia como prova de culpabilidade. Nenhuma apelação era possível. Por uma simples medida administrativa, a Tcheka

---

80 Apud A. Soljénitsyne, op. cit., p. 307. Cf. também L. Schapiro, *Les Bolcheviques et l'opposition...*, p. 233.

podia internar e deportar para um campo de trabalho durante um tempo que ia até cinco anos e podia cada vez mais executar diretamente as personagens reconhecidas como perigosas ao regime[81]. Soljenítsin descreveu bem o funcionamento da máquina policial da Vetcheka, "único órgão repressivo na história da humanidade que concentrou em suas mãos ao mesmo tempo a espreita, a detenção, a instrução, a representação do ministério público, o julgamento e a execução da *decisão*"[82].

Esse retrocesso inaudito das práticas policiais e judiciárias é indissociável da legitimação da violência pura em nome do poder proletário. A lógica da guerra social fez descobrir, àqueles que a adotam, sempre mais inimigos e, bem depressa, segundo quotas programáveis estatisticamente, que os levou evidentemente a produzir outros tantos culpados. Como mostra ainda o autor de *O Arquipélago do Gulag*, o sistema repressivo, qual toda administração burocrática, tinha necessidade de "fabricar cifras", isto é, de administrar o Terror em uma escala sempre maior para justificar sua existência e o crescimento de seus efetivos. Para isso, os órgãos de segurança difundiam junto das autoridades do Estado toda espécie de informações sobre supostos complôs. Houve, sem dúvida, tentativas para retomar o controle da Tcheka, mas a trajetória repressiva tal qual havia sido traçada por Lênin desde o mês de dezembro de 1917 dava livre curso à arbitrariedade policial fora de todo controle da justiça, e foi impossível endireitá-la[83]. Como observa Leonard Schapiro, "essas disposições permaneceram letra morta". O hábito fora adquirido, adiciona ele, "de não ter em conta nenhum direito"[84]. Podia-se doravante prender e massacrar os reféns pelo único fato de não pertencerem à boa classe, podia-se julgar um indivíduo não sobre o que ele havia feito ou até dito, mas por seu *curriculum vitae*.

Uma tal ordem jurídica, pervertida por uma "sociologia" sumária das classes sociais transformada em princípio penal

---

81 Cf. L. Schapiro, *Les Bolcheviques et l'opposition...*, p. 217.
82 A. Soljénitsyne, op. cit., p. 36.
83 Cf. Steinberg, op. cit., p. 30s. Este último tentou nas primeiras semanas de existência da Tcheka "moderar o zelo" desta, instaurar um controle sobre suas atuações e de convertê-la em "um serviço puramente técnico junto aos júris da justiça e do Tribunal Revolucionário" (p. 74 e 75). Lênin, em pessoa, se opôs a essa tentativa.
84 Cf. L. Schapiro, *Les Bolcheviques et l'opposition...*, p. 216.

e por cláusulas liberticidas que assimilam a liberdade da crítica à da agitação contrarrevolucionária, engendra um medo ao cotidiano que dissuade rapidamente quem quer que seja de exprimir uma opinião desfavorável ao novo poder. A monopolização dos meios de existência pelo Partido-Estado reduz a nada toda independência individual. O Estado e seus relés, governos locais e sindicatos, controlam tudo e sobretudo o emprego, o alojamento e o abastecimento, isto é, as condições de sobrevivência do indivíduo e de sua família em um período de penúria. Panait Istrati teve oportunidade de verificar o efeito disso sobre certos parentes de Victor Serge: "O terror que golpeia o ventre e o abre, isto é, a pira dos terrores, produz um dia ou outro a covardia geral, e os dois acoplados permitem aos tiranos desfrutar a seu gosto."[85] Victor Serge sofreu diretamente a guinada policial do Estado burocrático: "A Guepeu se imiscui em todas as coisas"[86], resumiu ele.

O poder bolchevique criou uma máquina infernal da qual perdeu o controle. Ele entregou, de maneira mais simples, a uma polícia secreta recheada de arrivistas e de pessoas sem princípio nem passado revolucionário o poder de punir e matar sem limites. Victor Serge justificou o Terror Vermelho como sendo uma resposta ao Terror Branco no seu relato *O Ano 1 da Revolução*. Ele se arrependeu disso mais tarde, quando se deu conta da engrenagem em que os bolcheviques estavam engajados. Sem dúvida, houve razão de sublinhar que aqueles que fazem uma revolução não podem agir como se ela não tivesse de se chocar com inimigos irredutíveis, prontos a todos os horrores, o que foi o caso. Mas a revolução, até na guerra que lhe é movida, deve se impor limites morais e jurídicos para se manter fiel aos seus objetivos. Ora, foi exatamente isso que o bolchevismo no poder não chegou a fazer, tratando todos os dissidentes, e notadamente todos os defensores da democracia operária e do pluralismo político, como inimigos a erradicar[87]. A mentira e a calúnia tornaram-se meios para sujar todos os adversários políticos. O assassinato físico foi precedido pelo assassinato simbólico. O bolchevismo tornou-se uma máquina discursiva

---

85 P. Istrati, *Vers l'autre flamme...*, p. 549.
86 V. Serge, Destin d'une révolution (1937), *Mémoirs d'un révolutionnaire*, p. 424.
87 Cf. V. Serge, *L'An 1 de la révolution russe*, p. 368s.

que se nutria de violência exacerbada, misturando análise econômica, filosofia da história e insultos grosseiros. O marxismo degenerou, bem antes de Stálin, em uma ideologia do poder pronta para justificar crimes de massa. Assim, em fevereiro de 1921, em Petrogrado, o movimento grevista dos operários foi imediatamente considerado uma atividade antirrevolucionária, fruto de um complô menchevique ou do SR. E a simpatia dos marinheiros de Cronstadt pelas reivindicações operárias lhes valeu uma repressão sangrenta ordenada por Zinoviev e Trótski, sob o pretexto falso de que seu movimento era composto de camponeses *kulakisados* e que era dirigido por um general branco a serviço da Entente.

O Estado totalitário não data do "Termidor Russo" de 1927, no momento em que os oponentes e todos os heréticos foram perseguidos a pretexto de seu suposto "trotskismo". Isso estava em germe, *desde o início*, no terrorismo policial que permitiu mais tarde a destruição física de toda uma geração de revolucionários. Foram de fato Lênin e seus companheiros que abandonaram à Tcheka e depois à Guepeu um direito de vida e morte sobre os cidadãos, e foram ainda eles que permitiram que se instituísse um sistema de delação que não deixou de envenenar todas as relações sociais. O Terror Vermelho deteve-se oficialmente em 1920, durou dois anos. Na realidade, criou um modo de governo pela violência que perdurou mesmo após o fim da guerra civil, e que até se reforçou e se sistematizou para o desespero daqueles que haviam acreditado que isso não era senão uma "época transitória e necessária".

UMA SOBERANIA DE ESTADO ANTISSOVIÉTICO

Da teoria do Partido soberano à concepção do Estado ditatorial, há continuidade. Não basta constatar que o Partido e o Estado, de instrumentos, tornaram-se fins em si[88], assim como não basta perceber que Lênin desenvolveu um "elitismo estreito"[89], fundado na crença de que somente o Partido podia dirigir a

---

88 Cf. M. Lewin, *Le Dernier combat de Lénine*, p. 16.
89 Ibidem, p. 125.

marcha da revolução. É preciso ir mais longe e compreender que o bolchevismo jamais foi outra coisa senão a culminação fanática e delirante da doutrina ocidental da soberania, princípio da construção dos grandes Estados modernos. E isso em contrassenso completo às intenções de Marx, que acreditava ter chegado o tempo da libertação das golilhas estatais impostas à sociedade. Ardil da história, talvez, em todo caso temível armadilha de uma ilusória dialética da história que desejava que o "mais Estado" desemboque em seu desaparecimento. São pouco numerosos dentre os revolucionários os que se aperceberam disso. Em compensação, o jovem Trótski adivinhara já em 1904 que o "substituicionismo" leninista era uma versão particular da doutrina da soberania do Estado. Ele havia compreendido que a ditadura do proletariado corria o risco de ser substituída pela ditadura *sobre* o proletariado:

> Não é a classe operária que, por sua ação autônoma, tomou em suas mãos o destino da sociedade, mas uma "organização forte e poderosa" que, reinando sobre o proletariado e através dele sobre a sociedade, assegura a passagem ao socialismo. A fim de preparar a classe operária para a dominação política, é indispensável desenvolver e cultivar sua autoatividade, o hábito de controlar ativamente, de maneira permanente, todo o pessoal executivo da Revolução. Eis a grande tarefa política que a social-democracia internacional assumiu. Mas para os "jacobinos social-democratas", para os intrépidos representantes do substituicionismo político, a enorme tarefa social e política que é a preparação de uma classe para o poder de Estado é substituída por uma tarefa organizacional tática: a fabricação de um aparelho de poder.[90]

Outros, menos conscientemente sem dúvida, desvelaram a natureza desse poder explicando, a exemplo de Victor Serge, que o Partido era o "cérebro" ou a "alma" do novo corpo estatal. Sem que o saibam necessariamente, a metáfora do "cérebro" está inscrita nas mais velhas justificações do poder de um soberano dotado de uma alma que assegura a unidade da vontade[91]. É precisamente essa imbricação da unidade da vontade e da autoridade

---

90 L. Trotsky, *Nos tâches politiques*, Paris: Denoël/Gonthier, 1970, p. 165.
91 Ver, em particular, a introdução do *Leviatã* de Hobbes, em que a soberania no Estado é definida como "uma *alma* artificial" que "dá vida e movimento ao conjunto do corpo" (Thomas Hobbes, *Léviathan. Traité de la matière, de la forme et du pouvoir de la republique ecclésiastique et civile*, Paris: Sirey, 1971, p. 5).

do Soberano que é o caráter próprio da metafísica ocidental do poder que o bolchevismo retomou por sua conta, exacerbando-o.

O que Marx havia percebido tanto na sua crítica da concepção hegeliana do Estado como no seu comentário sobre a Comuna era que o socialismo moderno conduzia a toda uma outra concepção do poder, a do autogoverno das sociedades. Isso os bolcheviques não tinham ignorado completamente, mas com reservas mentais muito sérias. Se Lênin, em 1905, deixara de ver nos sovietes os órgãos do poder revolucionário[92], Trótski os vira com melhores olhos por aquilo que eles podiam ser, as instituições fundamentais da democracia operária. Presidindo por um tempo o Soviete de Petrogrado em 1905, entrevira nessa criação espontânea do movimento operário "uma instância operária de autoadministração revolucionária", expressão da "verdadeira democracia, não falsificada"[93]. E alguns meses mais tarde, ele escrevia *Balanço e Perspectivas*:

> Os sovietes eram organizações criadas, de modo concertado, pelas próprias massas, a fim de coordenar suas lutas revolucionárias. E esses sovietes, eleitos pelas massas e responsáveis perante as massas, são incontestáveis instituições democráticas, fazendo a mais resoluta política de classe no espírito do socialismo revolucionário.[94]

Esse juízo contrastava com a desconfiança dos bolcheviques que, de seu lado, haviam sido quando muito "seguidistas" [*suivistes*] em 1905 e, na maior parte do tempo, céticos. Tendiam a ver no soviete um rival do Partido, que só podia errar politicamente a não ser que adotasse integralmente o programa do bolchevismo. Eles não chegaram a livrar-se do alfa e do ômega do programa bolchevique: o papel dirigente do Partido. Como sublinha Anweiler,

> contrariamente às falsificações históricas do estalinismo e também a uma opinião espalhada fora da Rússia, segundo as quais os bolcheviques teriam tido uma parte preponderante no nascimento dos conselhos de 1905, a verdade nua é que nada fizeram para isso e que na origem o princípio dos conselhos não figurava de nenhum modo em sua doutrina[95].

---

92 Cf. J. Marie, *Lénine. La Révolution permanente*, p. 102.
93 Cf. L. Trotsky, *1905*, Paris: Minuit, 1969, p. 95 e 213.
94 L. Trotsky, *Bilan et perspectives*, Paris: Seuil, 1974, p. 45.
95 O. Anweiler, op. cit., p. 93.

Aconteceu o mesmo em 1917, ao menos até a virada do mês de abril. Mas o que permaneceu é a ideia de que os sovietes deviam ver-se na obrigação de aceitar a imposição externa do verdadeiro programa revolucionário que muitas dificuldades os teriam impedido de produzir por si mesmos.

Com a revolução, o proletariado era teoricamente o sujeito coletivo da nova soberania estatal organizada pelos sovietes, mas só lhe foi dado vir a sê-lo praticamente com a condição de receber a linha justa do Partido. E, considerando os fatos, os sovietes não eram senão os órgãos locais do poder central com competências reduzidas, obrigados a seguir os decretos vindos de cima[96]. Lênin, na realidade, sempre os concebeu como correias de transmissão do Partido. Como diz Anweiler: "Lênin não podia imaginar os sovietes de outro modo senão sob a forma de organizações dirigidas, de alavancas de comando manejadas pelo Partido a fim de atuar sobre as massas, não como instrumentos de uma autêntica democracia operária."[97] E ele acrescenta: "De repente, houve contradição, e quase insolúvel, entre o Lênin idealizando a 'democracia soviética' e professando a utopia de um Estado sem funcionários nem policiais, e o Lênin que colocava como dogma o papel incondicionalmente dirigente do partido, e a teoria do Estado que daí se seguia."[98] E esse dogma se traduzia nos fatos por uma política repressiva em relação a todos aqueles que não haviam parado de lutar pela liberdade de organização da classe operária. O ponto culminante dessa repressão foi sem dúvida o esmagamento, em março de 1921, da revolta dos marinheiros de Cronstadt, cuja palavra de ordem era "Todo poder aos sovietes e não ao Partido".

Lênin escolheu a soberania estatal à custa dos sovietes. Ele os converteu nos relés de uma política definida por uma instância que era simbólica e praticamente superior aos sovietes. A centralização das decisões na cúpula do Partido-Estado não concordava em nada com o ideal do autogoverno popular. Porém, mais fundamental ainda, e isso supera, por certo, o quadro do presente trabalho, é preciso perguntar se a crença, já tão

---

96 Ibidem, p. 256.
97 Ibidem, p. 103.
98 Ibidem, p. 309.

forte em Marx, de que existe uma "ciência da história" que a elite no poder dominaria, não está em perfeita adequação com a própria história da soberania ocidental que se desenvolveu apoiando-se numa ciência política sacralizada.

4. A Sombra de Outubro e as Revoluções Ocultas

O Outubro Alemão de 1923 passa muitas vezes como tendo sido um "Outubro fracassado". Ele parece ilustrar até como caricatura a tese aqui sustentada com respeito à sombra projetada por Outubro de 1917 sobre as revoluções que o precederam, assim como sobre as que o seguiram. Entretanto, diferentemente da Revolução Mexicana de novembro de 1910 e da Revolução Espanhola de julho de 1936, de que se irá tratar nesse capítulo, o Outubro Alemão de 1923 não foi uma verdadeira revolução no sentido que damos a essa palavra. Ele oferece antes o exemplo de uma insurreição artificialmente programada que não deu certo, não por falta de um estado-maior bolchevique, mas porque o estado-maior que existia realmente era prisioneiro do modelo bolchevique da tomada do poder. Tendo feito pressão sobre o dirigente comunista Brandler a fim de orientar os esforços do partido alemão para uma preparação técnica da insurreição, a direção da Internacional Comunista, encarnada por Zinoviev e Trótski, foi largamente responsável por esse malogro. A palma coube a Trótski, que insistiu para que se determinasse uma data fixa para a insurreição e chegou mesmo a ponto de sugerir a data de 7 de novembro, que era a do aniversário da insurreição bolchevique[1]. O argumento principal que ele adiantou para defender essa proposição vale a pena ser mencionado: "O Partido Comunista não pode começar nada inspirando-se numa lei histórica liberal segundo a qual as revoluções sobrevêm sem ser preparadas, *sem poder ser fixadas de antemão*."[2] Sem que o soubesse, Trótski revelava a quintessência do bolchevismo: as revoluções podem e devem ser fixadas de antemão! Mas a sugestão de Trótski foi rejeitada.

A situação na Saxônia torna-se rapidamente crítica: no dia 12 de outubro apresenta-se um novo governo regional que contava com três ministros comunistas, e também ministros sociais-democratas. Em 21 de outubro, as tropas do general Müller cruzaram a fronteira da Saxônia a fim de restabelecer a ordem. Ainda aí, como em outubro de 1917, o que choca é o pouco caso que os dirigentes alemães fizeram do aviso dos órgãos de auto-organização dos trabalhadores. Com efeito, em princípio, a convocação para a greve geral devia ser lançada por um congresso nacional dos conselhos de fábrica, o qual teria assim dado uma legitimidade à ação revolucionária organizada pelo Partido Comunista, mas, em lugar disso, os ministros sociais-democratas e comunistas se limitaram a convocar em conjunto para o dia 21 de outubro uma conferência de diversas organizações operárias da Saxônia. Não tendo conseguido obter o assentimento dos sociais-democratas de esquerda, os dirigentes alemães decidiram finalmente renunciar ao chamado à greve geral e à insurreição[3]. Evidentemente, a direção do Partido

---

1 Cf. Chris Harman, *La Révolucion allemande. 1918-1923*, Paris: La Fabrique, 2015, p. 335.
2 L. Trotsky, Peut on déterminer l'écheance d'une révolution ou d'une contre-révolution? [Pode-se fixar a data de uma revolução ou de contrarrevolução?], apud C. Harman, op. cit., p. 386, nota 25 (grifos nossos), disponível em: <www.marxist.org/>. Como vimos (cf. capítulo 1, supra), Trótski fez a noção de "momento oportuno" sofrer uma dilatação temporal para melhor adaptá-la à estratégia leninista de tomada do poder em outubro de 1917. Com o Outubro Alemão de 1923, ele inventa, desta vez aqui, o momento oportuno com data fixa!
3 Sabemos que a ordem de cancelamento da insurreição nunca chegou a Hamburgo. Para uma narrativa da insurreição fracassada de Hamburgo por parte dos destacamentos comunistas, ver o precioso testemunho de Jan Valtin, *Sans patrie ni frontières*, Arles: Actes Sud, 1997, cap. 4: "Les Sacrifieés".

queria apenas se beneficiar de uma "cobertura democrática" para poder desencadear a insurreição armada e, por não tê-la obtido, ordenou que se desse marcha à ré. Era isso mesmo? Era preciso manter, custasse o que custasse, a data da insurreição para o dia 24 de outubro? Anos mais tarde, Trótski comparou os argumentos de Brandler e de Radek aos que Zinoviev e Kamenev haviam opostos à insurreição em outubro de 1917[4], atribuindo-se pelo próprio fato o belo papel, o de Lênin na ocorrência. Porém, partidários e adversários da insurreição no fundo concordavam: conforme as "sacrossantas lições de Outubro", cumpria arranjar-se a fim de conseguir uma aparência de legalidade democrática para uma ação decidida e organizada unilateralmente pelo Partido Comunista. Como tão bem se expressou Trótski em suas Lições de Outubro: "O proletariado dos outros países tem ainda o dever de resolver o seu próprio problema 'Outubro'" e, para resolvê-lo, tem uma única solução: "estudar Outubro", isto é, compreender que, após a Comuna, "Outubro" abrira uma nova era na história da estratégia revolucionária e do modelo de organização[5].

Mas a sombra de Outubro, é preciso lembrar, não é redutível às únicas tentativas de reiteração do modelo bolchevique da tomada do poder. Ela não é a sombra projetada pela teoria ou pela doutrina do leninismo consideradas em sua coerência interna, mas a conjunção de um certo número de práticas: a centralização das decisões na cúpula do Partido, o senso mais absoluto da disciplina, a subordinação de toda a questão de estratégia e de tática aos interesses superiores do Partido, o culto da soberania do Estado, a desconfiança visceral em relação às formas de auto-organização independentes do Estado e do Partido e, em consequência, a recusa de reconhecer praticamente sua autonomia[6]. E é precisamente essa sombra que não permitiu ver autênticas revoluções por aquilo que elas eram.

Nós nos dedicaremos neste capítulo a restituir sua verdadeira face a duas dessas revoluções sociais que sofreram duramente, durante todo o século XX, pela comparação com o suposto "modelo" de Outubro de 1917. A primeira é a Revolução

---

4   Cf. C. Harman, op. cit., p. 365.
5   L. Trotsky, Les Leçons d'Octobre, Montreuil: Les Bons Caractères, 2014, p. 7.
6   Cf. Introdução, supra.

Mexicana, que estourou em novembro de 1910, e a segunda é a Revolução Espanhola, que começou em julho de 1936. A primeira precedeu a insurreição de Outubro em sete anos, a segunda a seguiu dezenove anos mais tarde. Como iremos ver, uma e outra foram objetos de um rechaço maciço, largamente inconsciente para a primeira, e cientemente organizada pelas forças que pretendem estar inspiradas no modelo bolchevique, para a segunda. Nos dois casos, elas foram pouco ou muito assimiladas a "revoluções burguesas".

A REVOLUÇÃO MEXICANA, UMA REVOLUÇÃO SOCIAL OLVIDADA

A Revolução Mexicana foi um acontecimento de um alcance considerável que convém repor em seu justo lugar: o da primeira revolução do século XX. Primeira, ela não o foi apenas pela cronologia, mas de início e sobretudo no fato de ter sido a primeira revolução *social* desse novo século. Ela foi, portanto, ao mesmo tempo a "primeira revolução do século XX" e a "primeira grande subversão social da América Latina contemporânea"[7]. Em um discurso pronunciado em 14 de fevereiro de 1914 durante um *meeting* realizado em Los Angeles, intitulado "Orientação da Revolução Mexicana", Ricardo Flores Magón, um dos principais animadores do Partido Liberal Mexicano (PLM), explicou ao seu auditório que "o movimento mexicano é uma verdadeira revolução social"[8]. Por essa afirmação, ele se empenhava em negar as interpretações malévolas que emanavam o mais das vezes de homens "que se gabavam de ser revolucionários", que reduziam esse movimento a uma luta pelo poder entre dirigentes, "como foram a maior parte dos movimentos armados que ocorreram na América Latina" desde o acesso de seus Estados à independência. A verdade é que "o povo mexicano se sublevou e se levantou em armas, não para ter o prazer de dar-se um novo presidente, mas para conquistar,

---

7   Cf. François-Xavier Guerra, La Révolution mexicaine: d'abord une révolution minière?, *Annales, Économies, Sociétés, Civilizations*, ano 36, n. 5, 1981, p. 785.
8   Association pour l'art et l'expression libre, *La Révolution mexicaine de Ricardo Flores Magón*, Paris: Spartacus, 2004, p. 111.

a ferro e fogo, Terra e Liberdade"⁹. Uma tal interpretação no curso da Revolução Mexicana pode seguramente ser discutida. A insurreição não foi de modo algum "magonista" no sentido de que seria conforme aos ideais de Ricardo Flores Magón, não mais, aliás, do que ela seria "madeirista"¹⁰, tanto é verdade que a peculiaridade de uma verdadeira revolução é a de frustrar pela força de sua espontaneidade todo projeto e todo esquema preestabelecido. Tudo o que se pode dizer é que a Revolução Mexicana foi grandemente influenciada e mesmo preparada por anarquistas, e não pelos militantes do PLN exclusivamente¹¹. Nem por isso deixa de restar o fato de que a trajetória intelectual e política pessoal de Ricardo Flores Magón seja, à sua maneira, menos emblemática. Pois testemunhou ativamente a radicalização do movimento, acompanhando-o em cada uma de suas fases e, além disso, antecipou constantemente seu desenvolvimento e suas possibilidades, com o risco da marginalização e do mais completo isolamento. A partir de 1900, quando a ditadura do general Porfirio Díaz flagelava desde 1876, Jesus, Enrique e Ricardo, isto é, os irmãos Flores Magón, fundam a revista *Regeneración*, que se tornará o órgão de imprensa do PLM desde a criação do partido em fevereiro de 1901. Em 1º de julho de 1906, o comitê organizador do PLM publica em Saint-Louis (Missouri) um *Programa-Manifesto* que exercerá grande influência sobre a maior parte dos chefes revolucionários e inspirará alguns artigos da Constituição de 1917¹². Prega-se aí especialmente o estabelecimento de eleições livres, para pôr termo a reeleições contínuas, a supressão de chefes políticos (*caciques*), enfeudados aos proprietários de terras, a abolição das *tiendas de raya*, que permitiam aos patrões recuperar o salário que pagavam a seus empregados, a jornada de trabalho de oito horas e a proibição do trabalho infantil,

---

9   Ibidem, p. 113. Magón retoma aqui o *slogan* dos populistas russos.
10 Madero foi o organizador da sublevação de novembro de 1910 que devia resultar na demissão de Porfirio Díaz. Ele tornou-se presidente e foi denunciado pelos magonistas e pelos zapatistas como traidor da causa da revolução. Ele foi assassinado em fevereiro de 1913.
11 Cf. P. Ferrua, Du Réformisme à l'anarchisme, *Itinéraire*, n. 9-10, 1º semestre 1992, p. 29.
12 Cf. J.S. Herzog, *Histoire de la révolution mexicaine*, Montreal: Lux, 2009, p. 62-63.

o estabelecimento de um salário mínimo, o reconhecimento dos direitos dos trabalhadores e a restituição das terras (*ejidos*) aos camponeses[13]. A partir do mês de setembro de 1906, grupos armados distribuídos em cinco zonas insurrecionais passam à ação e atacam pontos estratégicos na esperança de uma generalização da revolta. A despeito do malogro dessa primeira tentativa, em 1908, sempre por instigação do PLM, uma verdadeira sublevação aconteceu em Viesca, em Las Vacas (Coahuila) e em Paloma (Chihuahua). No mês de janeiro de 1911, com a ajuda dos Industrial Workers of the World (IWW)[14], a insurreição é lançada na Baixa Califórnia: os magonistas atacam e tomam a cidade fronteiriça de Mexicali. No início de maio, apoderam-se brevemente da cidade de Tijuana antes de serem daí desalojados pelo exército. Cada vez, as instruções são de pôr imediatamente em prática as medidas preconizadas pelo programa do PLM: assim, na Baixa Califórnia, os magonistas obrigam as companhias ferroviárias a aumentar o salário mínimo e a respeitar a jornada de oito horas[15]. A série de levantes não tem por objetivo fundar uma república independente na Baixa Califórnia, mas traduzir na prática os princípios do anarquismo internacional de maneira a fazer disso "as bases da reorganização econômica, social e política do México"[16].

DO LIBERALISMO RADICAL AO COMUNISMO ANARQUISTA

A orientação anarquista dos magonistas é, aliás, muito claramente definida e proclamada em um novo *Manifesto* do PLM,

---

13   Ibidem, p. 62. Na organização de cada *hacienda*, ou grande domínio agrícola, a loja (*tienda de raya*) tinha um lugar especial: vendia-se aí aos camponeses produtos a um preço superior ao do mercado e aí suas dívidas eram contabilizadas, transmitidas de pai para filho sem que jamais pudessem se extinguir. As *tiendas de raya* eram, pois, propriamente falando, "lojas do senhor" (F.-X. Guerra, La Révolution mexicaine..., op. cit., p. 802). Quanto ao termo *ejido*, designa uma extensão de terra fora de um povoado e cuja função era o de assegurar às famílias seus meios de subsistência (J.S. Herzog, op. cit., p. 20).
14   Muito cedo os irmãos Magón tecem estreitos laços com esse movimento, notadamente com a Western Federation of Miners dos IWW.
15   Cf. Manifeste du PLM, *Itinéraire*, p. 49.
16   Cf. J.S. Herzog, op. cit., p. 98.

publicado em 23 de setembro de 1911, em Los Angeles, que declara guerra à "sombria trindade": "Capital, Autoridade, Clero". O texto é uma convocação para "instaurar um meio no qual a terra, as casas, os meios de produção e os meios de transporte sejam de uso comum", de modo que "tudo aquilo que for produzido será enviado para um armazém geral da comunidade onde todo mundo terá o direito de pegar tudo aquilo de que precisa segundo suas necessidades"[17]. Ele especifica nesses termos a oposição do PLM aos outros partidos: enquanto esses últimos "vos oferecem a liberdade política após o triunfo", "nós, os liberais", "conscientes de que não se deve esperar nada de bom dos governos e que 'a emancipação dos trabalhadores deve ser obra dos próprios trabalhadores'", "nós vos convidamos a tomar a terra, as máquinas, os meios de transporte e as casas", em suma, a realizar aqui e agora, imediatamente, "a expropriação e a organização do trabalho livre"[18]. Bem antes da conclusão, os signatários insistem: "não nos deixemos guiar pelos dirigentes; que cada qual seja senhor de si próprio; que tudo se arranje pelo consentimento mútuo das individualidades livres"[19]. Se se presta atenção ao detalhe do programa, só podemos ficar espantados pela diferença de conteúdo entre o *Manifesto* de 1906 e de 1911. Voltando ao *Manifesto* de 1906 em um artigo da *Regeneración* de 9 de novembro de 1915, Ricardo Flores Magón fala de um "tímido programa socialista" que foi depois "posto em prática pelo governo"[20]. Mas é para melhor inferir disso que o *Manifesto* de 1911 – que "pleiteia a implantação do comunismo anarquista no México" e que é desde já "praticado pelas massas deserdadas" – é, ele também, prometido a uma próxima realização prática: "O que é que nos impede de pensar que o resultado da presente Revolução será o comunismo anarquista?"[21] O leitor se surpreende então em imaginar uma história cujo curso irresistível faz das "loucuras" e das "utopias" de ontem realidades práticas de hoje. Porém, essa apresentação tem mais o caráter de autojustificação do

17 Cf. Association pour l'art et l'expression libre, op. cit., p. 97 e 99.
18 Ibidem, p. 101. A menção à fórmula da I Internacional já figura num artigo de 15 de outubro de 1910: "Carne de canhão" (Ibidem, p. 44).
19 Ibidem, p. 103.
20 Ibidem, p. 131 (o governo em questão é o de Carranza).
21 Ibidem, p. 130-132.

que de explicação propriamente dita, dando a entender que o único erro de Ricardo Flores Magón foi o de ter tido razão cedo demais.

Na realidade, é o sentido da referência ao "liberalismo", mantido a favor e contra tudo durante todos esses anos, que é preciso interrogar para ver aí com mais clareza. É essa permanência que desconcerta e às vezes exaspera os partidários de uma estrita "ortodoxia" anarquista[22]. Em 1915, o PLM se definia como uma "união operária revolucionária" sem que a autodesignação de "liberais" desaparecesse, no entanto. Um artigo publicado no *Regeneración* em 19 de novembro de 1910, redigido algumas horas antes de eclodir a revolução, convocava para o reagrupamento das massas sob "as bandeiras libertárias do Partido Liberal". Além disso, em fevereiro de 1911, celebrava-se o progresso da "Revolução Liberal". Em junho de 1911, repetia-se, com algumas linhas de intervalo, a fórmula "nós, os liberais radicais". Não há razão alguma para ver aí uma duplicidade aliciadora. Cumpre então falar de "gradualismo" ou ainda de "transformismo" político, como sugere, por exemplo, Pietro Ferrua? Segundo ele, a estratégia política de Magón partia de "uma plataforma liberal mais ampla" e visava "a transformação da revolução política em revolução social"[23]. Além do caráter inverificável dessa hipótese, tal raciocínio nos parece passar ao lado de uma questão essencial: que sentido Ricardo Flores Magón podia dar ao termo "liberalismo" para continuar a reivindicá-lo em 1910-1911?

Um texto de novembro de 1910, intitulado "Liberdade Política", pode contribuir para nos esclarecer. Magón afirma aí que

---

22 Ibidem, p. 59-67. Heiner Becker, em um artigo intitulado "'Les Temps nouveaux': controverse et débats" (*Itinéraire*, n. 9-10, p. 59-67, leva em conta uma polêmica aberta em 1911 a propósito do caráter libertário do PLM: em um artigo da revista *Les Temps nouveaux*, um anarquista italiano afirma que "o Partido Liberal Mexicano nunca foi um partido libertário", referindo-se ao "programa liberal" do *Manifesto*, de 1906. É preciso esperar a intervenção de Kropotkin em abril de 1912 para que a polêmica se extinga enfim. Este último assinala, não sem razão, a estreiteza de visão da maioria dos anarquistas: "Infelizmente os nove décimos (ou melhor, talvez os noventa e nove centésimos) dos anarquistas não concebem a revolução de outro modo senão sob a forma de combates nas barricadas ou de experiências triunfais garibaldianas". (Association pour l'art et l'expression libre, op. cit., p. 67.)

23 P. Ferrua, Du Réformisme à l'anarchisme, op. cit., p. 31.

"a liberdade política, por si mesma, é impotente para fazer a felicidade dos povos" e que é essa a razão pela qual é preciso "trabalhar para a liberdade econômica, que é a base de todas as liberdades, a sólida fundação sobre a qual se pode erguer o grandioso edifício da emancipação humana"[24]. Inegavelmente, a primazia da liberdade econômica sobre a liberdade política é aqui proclamada com força. Cumpre, por isso, inferir daí que a liberdade política não é senão uma pura ilusão? Seguramente, ela é ilusória "por si própria", isto é, considerada independentemente da liberdade econômica, sem a qual os pobres não podem exercer seus direitos políticos. Um texto de 3 de setembro de 1910 diz isso de maneira límpida: "A liberdade política necessita do concurso de uma outra liberdade *para ser efetiva*: essa liberdade é a liberdade econômica". O parágrafo seguinte coloca os pingos nos "is" ao se referir ao tão controvertido *Manifesto* de 1906: o PLM "tinha a convicção, convicção que ainda tem, convicção muito firme que ele guarda carinhosamente, de que a liberdade política deve ser acompanhada da liberdade econômica *para ser efetivo*"[25]. Nenhuma dúvida, pois, que para Magón a liberdade econômica é "a base de todas as liberdades", "*sem* a qual a liberdade política não é senão uma sangrenta ironia"[26], mas *com* a qual a liberdade política torna-se efetiva. O verdadeiro "liberalismo" é aquele que quer conquistar o "direito de viver" e que, conquistando esse direito pela expropriação social, "torna efetiva, isto é, realiza a liberdade política. Essa realização significa a supressão do poder dos "políticos profissionais", mas ela não reduz, por isso, a liberdade política a uma simples ilusão. Pois a oposição decisiva é aquela do *direito de viver* e do *direito de propriedade*, mas não a da liberdade econômica e da liberdade política. O *Manifesto* de 1911 pode, portanto, saudar, sem se retratar, os esforços do povo mexicano "para pôr em prática os altos ideais de emancipação *política*, econômica e social"[27]. Por consequência, o acesso ao poder, em novembro de 1911, do antirreeleicionista Madero não é a realização

---

24 Association pour l'art et l'expression libre, op. cit., p. 56.
25 Ibidem, p. 27 (grifos nossos).
26 Ibidem, p. 35 (grifo nosso).
27 Ibidem, p. 96 (grifo nosso).

dessa liberdade política além da qual cumpriria procurar a realização da liberdade econômica: o liberalismo de Ricardo Flores Magón é, todo ele, o contrário do etapismo grosseiro dos mencheviques russos, do qual, como vimos, aliás, os próprios bolcheviques não eram totalmente isentos[28]. É nesse sentido que o liberalismo *radical* pode ser um liberalismo *libertário*, irredutivelmente oposto ao liberalismo *burguês*: ele é o liberalismo da liberdade integral, realizado até o fim, quer dizer, até a negação prática do princípio da propriedade. Para compreendê-lo, é preciso se desprender do uso estritamente pejorativo e polêmico desse termo que uma certa esquerda estatista e autoritária desejaria hoje impor e reencontrar o espírito de antiabsolutismo que anima o verdadeiro liberalismo[29].

UMA REVOLUÇÃO OPERÁRIA E AGRÁRIA

Mas além da trajetória dos irmãos Magón e da influência direta do magonismo, a Revolução Mexicana foi radical, na medida em que foi largamente a obra das massas camponesas e operárias. Hoje em dia, não se cria dificuldade em reconhecer a importância do papel desempenhado pelos camponeses nessa insurreição, a ponto de se reduzir às vezes a base inicial da revolução a uma "revolução agrária", mas é, muitas vezes, mais difícil avaliar o papel desempenhado pelos operários desde o começo do movimento. No entanto, a maior parte dos chefes revolucionários que se ilustraram em seguida não participou da sublevação contra Porfirio Díaz, entre novembro de 1910 e março de 1911: até Emiliano Zapata, que encarnou a revolução agrária, aguardou que o movimento revolucionário obtivesse seus primeiros êxitos no Norte, e sobretudo no Estado de Chihuahua, para se levantar em 10 de março de 1911[30]. Em todos os primeiros meses do levante, o epicentro deste último situava-se no norte do México, no eixo montanhoso da Sierra

---

28 Cf. capítulo 1, *supra*.
29 É inútil especificar que esse liberalismo libertário se encontra nas antípodas do neoliberalismo atual e daquele de seus adeptos que se dizem de bom grado "liberais-libertários".
30 Cf. F.-X. Guerra, *La Révolution mexicaine*, op. cit., p. 785.

Madre ocidental que se estende sobre os estados de Chihuhua, Sonora, Durango e Sinaloa, caracterizado por uma precária agricultura de montanha, de florestas, porém sobretudo de minas.

O grosso das tropas revolucionárias era recrutado nas regiões mineiras[31]. O terreno aí havia sido de alguma maneira preparado por insurreições organizadas pelo PLM, entre 1906 e 1908. Os chefes tinham sido então obrigados a exilar-se no sul dos Estados Unidos e "sua propaganda havia tocado com prioridade essa população móvel e desenraizada de mineiros dos dois lados da fronteira, no seio de um meio físico e humano muito semelhante"[32]. Além disso, o programa do PLM, publicado em 1906, estava particularmente bem adaptado aos mineiros, o que se explica em grande parte pelo fato de que a redação de sua seção operária fora confiada a antigos grevistas da mina de Cananea[33]. Assim, nessas regiões, o magonismo constituíra um verdadeiro fermento ideológico e, após as vitórias de março de 1911, a sublevação acabou por se estender fora das zonas mineiras, em direção aos estados do Sul e às zonas agrícolas do Norte. É preciso então render-se à evidência: a Revolução Mexicana nasceu nas zonas industriais e operárias do México. O contraste, "a revolução agrária se apresenta, ainda em junho de 1911, e é quase secundária, como resultado da destruição do poder político que a revolta mineira provocou"[34].

Foi a partir de novembro de 1911 que o problema da distribuição de terras se colocou em toda a sua acuidade no conjunto do país, sem que Madero tivesse tomado consciência de sua importância e da urgência que ele representava[35]. Durante todo o período do governo provisório precedente à chegada de Madero ao poder, os combatentes zapatistas continuaram a desfechar ataques de surpresa contra as forças governamentais. O acesso de Madero à presidência não mudou em nada seu estado de espírito:

---

31 Ibidem, p. 790.
32 Ibidem, p. 804.
33 Em junho de 1906, os grevistas da mina de Cananea reivindicavam especialmente um salário mínimo e a igualdade salarial entre trabalhadores mexicanos e trabalhadores norte-americanos. Bom número dessas reivindicações foi retomado no programa de julho de 1906 do PLM.
34 F.-X. Guerra, La Révolution mexicaine..., op. cit., p. 812.
35 Cf. J.S. Herzog, op. cit., p. 131-132.

Os zapatistas não se importavam nem com o sufrágio efetivo nem com a não reeleição. A maior parte dentre eles não compreendia mesmo a significação exata desses termos. O que eles queriam era a restituição das terras roubadas às comunas pelos poderosos proprietários, com a cumplicidade das autoridades responsáveis. Era isso, era sua sede de terras, eram as injustiças das quais haviam sido vítimas que os fizeram abandonar seus lares e se lançar na luta.[36]

No dia 25 de novembro de 1911, os generais e os chefes zapatistas assinaram um manifesto conhecido sob o nome de *Plano de Ayala* que denunciava a traição de Madero e convocava ao "prosseguimento da revolução começada por ele". No que diz respeito à reforma agrária, esse plano se limitava a propor a restituição das terras aos seus legítimos proprietários e a expropriação de um terço dos grandes proprietários fundiários mediante prévia indenização. Tais medidas, demasiado moderadas, foram rapidamente ultrapassadas devido à radicalização desencadeada pelas lutas sangrentas dos anos que se seguiram[37]. No início do mês de março de 1912, o general Orozco, que os zapatistas haviam escolhido em novembro de 1911 como chefe da revolução, sublevou-se contra o governo. Ele adotou um programa muito mais avançado do ponto de vista social, que trazia a marca da influência do *Manifesto* do PLM de 1906. Madero, por sua parte, não via saída para a questão agrária a não ser pelo loteamento dos terrenos comunais e dos terrenos nacionais, a despeito do aviso de especialistas da questão agrária que preconizavam "a reconstituição imediata dos *ejidos* em forma comunal"[38]. Durante esse tempo, o movimento em favor da expropriação dos proprietários latifundiários prosseguiu em muitos estados, dando lugar a tentativas de expropriação, notadamente a iniciativa de grupos do PLM[39]. Foi necessário esperar a lei de 6 de janeiro de 1915, promulgada por Carranza, o primeiro chefe do exército constitucionalista[40], para que a reforma

---

36   Ibidem, p. 133.
37   Ibidem, p. 135.
38   Ibidem, p .141 (sobre os *ejidos*, cf. a nota 13 desse mesmo capítulo).
39   Cf. Chronologie Terre et Liberté, *Itinéraire*, n. 9-10, p. 93.
40   Durante todo esse período opuseram-se dois campos, o da Constituição e o da Convenção. Os "convencionistas" invocavam a Convention d'Aguascalientes (10 de outubro de 1914), apoiando-se nos campos e eram sustentados pelos ▶

agrária fosse proclamada e que o movimento revolucionário dos anos anteriores fosse assim legalmente reconhecido. Essa lei considerava que a espoliação das terras atribuídas às comunas na época colonial era uma das principais causas do descontentamento das populações rurais e dispunha, em consequência, que era necessário restituir os terrenos comunais de que estas últimas haviam sido desapossadas e de atribuí-las às aldeias que delas foram desprovidas. Segundo Jesús Silva Herzog, a importância dessa lei reside na afirmação de que "todas as comunas, tivessem tido ou não *ejidos*, possuíam o direito de ter terras para a satisfação de suas necessidades"[41]. Em 1916, o artigo 2 do Programa de Reformas Políticas e Sociais elaborado por uma convenção em que predominavam os representantes de chefes zapatistas estipulava o seguinte: "Devolver às municipalidades terrenos comunais e as águas das quais foram desapossadas e dá-las igualmente àquelas que não as dispunham ou que as têm em quantidade insuficiente para a satisfação de suas necessidades."[42] Enfim, a Constituição de Querétaro, adotada em 5 de fevereiro de 1917, tornou obrigatório no seu artigo 27 restituir os terrenos comunais e atribuir terras às comunas. Vê-se que a questão de terras comunais é o eixo da Revolução Mexicana como revolução agrária.

LA CASA DEL OBRERO MUNDIAL, UMA INSTITUIÇÃO OPERÁRIA ÚNICA

Qual é o lugar ocupado pelo movimento operário na Revolução Mexicana? Em 1910, os operários mexicanos são, em termos numéricos, muito fracos: 195 mil em 15 milhões de habitantes, dos quais 11 milhões no campo[43]. O proletariado é, ademais, muito heterogêneo. Os estrangeiros, americanos ou espanhóis principalmente, são aí numerosos, notadamente nos setores

▷ exércitos de Zapata e Villa. Os "constitucionalistas", que se apoiavam sobretudo nas cidades, eram dirigidos por Carranza e Obreón e se proclamavam herdeiros de Madero e da legalidade constitucional.
41   J.S. Herzog, op. cit., p. 243-244.
42   Ibidem, p. 265.
43   Cf. Jean A. Meyer, Les Ouvriers et la révolution mexicaine: Les Bataillons rouges, *Annales. Économies, Sociétés, Civilizations*, ano 25, n. 1, 1970.

ferroviário e petroleiro. Os artesãos rurais, os mineiros, que são muitas vezes camponeses, e os trabalhadores sazonais da indústria formam uma "multidão intermediária" "entre a sociedade rural e o mundo operário". No contato com seus confrades, trabalhadores como eles, mas filiados aos Cavaleiros do Trabalho e às IWW, os ferroviários se organizam muito cedo, desde o fim do século, e permanecem por muito tempo anarcossindicalistas radicais. Muitas organizações operárias vêm à luz graças ao acesso de Madero ao poder: a União Mineira Mexicana do Norte, a União dos Trabalhadores em Pedreiras, a Confederação dos Tipógrafos do México.

É preciso conceder aqui um lugar todo particular à notável instituição que foi a Casa del Obrero Mundial (Casa do Operário Mundial). Ela foi fundada em julho de 1912 a partir de uma ideia dos anarquistas Juan Francisco Moncaleano, colombiano de origem, e Eloy Armenta, espanhol, aos quais se reuniram logo outros espanhóis e mexicanos. Aí participaram de imediato meia dúzia de corporações: os alfaiates, os sapateiros, os carpinteiros, os tipógrafos, os pintores e os talhadores de pedras, todas velhas corporações de ofício. Em 1914, os maçons, motoristas de taxis, condutores de caminhões e de bondes, encanadores, empregados de restaurantes, encadernadores, se uniram ao empreendimento. Jesús Silva Herzog escreve a esse respeito: "Dirigidos pelos leitores assíduos de Piotr Kropotkin, de Bakunin e de Elisée Reclus, é inegável que a Casa del Obrero Mundial teve durante muitos anos uma grande influência sobre certo número de trabalhadores mexicanos, cada vez mais numerosos a frequentar a ilustre instituição."[44] Seu programa era de inspiração nitidamente anarcossindicalista: a emancipação completa devia ser o objetivo do sindicalismo revolucionário. De fato, seu manifesto de 3 de junho de 1913 condenava toda participação na vida política e adotava o princípio da ação direta como um meio de luta[45].

Após o assassinato de Madero e a tomada do poder pelo general Huerta, os operários da Casa del Obrero Mundial "pronunciaram-se contra o governo de Huerta e defenderam com muita vontade e coragem seus ideais de revolução social"[46]. Pela

---

44   J.S. Herzog, op. cit., p. 142.
45   Cf. Casa del Obrero Mondial, *Itinéraire*, n. 9-10, p. 77.
46   J.S. Herzog, op. cit., p. 172.

primeira vez na história do país, eles celebraram a festa dos Trabalhadores, o 1º de maio de 1913 em um teatro do México, depois organizaram no dia 25 de maio um grande *meeting* em torno do monumento de Benito Juarez[47]. Sob a ordem do governo, a Casa foi fechada em 27 de maio de 1914 e seus dirigentes foram presos. Quando o exército constitucionalista de Carranza tomou o México em 15 de agosto de 1914, a Casa retomou sua atividade de propaganda revolucionária e ocupou um "suntuoso edifício", o prédio do Jóquei Clube. Foram aí instalados mais de 5 mil operários e criaram-se comitês, "os delegados se multiplicaram e os porta-vozes do socialismo espalharam-se por toda a parte a fim de intensificar uma campanha que devia ter como resultado o triunfo definitivo de ideias libertárias que haviam sido objeto de tanto palavreado e discussões", como relata Jesús Silva Herzog[48]. Mas a trégua quase não durou. Algumas semanas mais tarde, Carranza deu ordem de expulsar os operários de seu novo local. Entretanto, em 12 de fevereiro de 1915, na esperança de obter uma proteção do Estado, oito dirigentes da Casa concluíram um pacto com o governo no qual eles se comprometiam a colaborar para "o triunfo da revolução constitucionalista". Seis batalhões vermelhos foram formados pelos sindicatos para combater as forças de Villa e de Zapata, e, mais tarde, alguns dentre eles foram incorporados no exército[49]. Numerosos foram os dirigentes que se opuseram ao pacto e o denunciaram, notadamente os dirigentes anarquistas da Casa, os operários anarcossindicalistas simpatizantes do IWW ou os ferroviários influenciados pela ideologia de Flores Magón[50]. Em Orizaba, houve inclusive choques violentos entre os batalhões vermelhos e os operários das fiações de Rio Blanco. O termo desse pacto colocando as organizações operárias sob a tutela do governo não tardou a chegar. Em janeiro de 1916, os batalhões vermelhos foram dissolvidos. Finalmente, em 4 de agosto de 1916, a Casa foi definitivamente fechada por Carranza. Em dezembro de 1916, o Congresso Constituinte inaugurou os

---

47 Cf. Benito Juarez, eleito presidente do México em 1861, foi o inspirador da resistência à invasão francesa.
48 J.S. Herzog, op. cit., p. 233.
49 Cf. J.A. Meyer, Les Ouvriers et la révolution mexicaine, op. cit., p. 40.
50 Ibidem, p. 37.

trabalhos que acabaram em 5 de fevereiro de 1917. Algumas semanas mais tarde, a revolução eclodia na Rússia. Oito meses depois, os bolcheviques tomaram o poder.

A REVOLUÇÃO MEXICANA VISTA PELOS BOLCHEVIQUES

Quais foram precisamente as relações da Rússia bolchevique com a Revolução Mexicana? Terá ela estabelecido contatos com essa revolução que a precedera e, caso sim, terá ela reconhecido sua radicalidade ou, ao menos, sua singularidade? Em todo caso, do lado mexicano, a acolhida foi antes de tudo entusiástica. Em fevereiro de 1918, Emiliano Zapata percebia "a analogia visível, o paralelismo marcado, a absoluta igualdade que existe entre o movimento russo e a revolução agrária do México". Em março de 1918, Ricardo Flores Magón via na revolução dos sovietes um movimento que devia provocar "a grande revolução mundial que já bate à porta dos povos, a grande revolução mundial que criará importantíssimas mudanças na maneira de viver dos seres humanos"[51]. Para ambos, a insurreição de Outubro era um movimento emancipador. Mas, em 1921, com o "comunismo de guerra", o olhar de Ricardo Flores Magón mudou completamente:

> O desmoronamento da ditadura de Lênin e Trótski não é senão uma questão de tempo e os trabalhadores do mundo devem ser preparados para fazer frente a essa falência com serenidade; por meio de nossa propaganda, eles conhecerão as causas da catástrofe e compreenderão o caminho que leva a uma sociedade sem senhores.[52]

O que estava em causa, mais profundamente, era a ideia do papel dirigente e da ditadura de um partido de vanguarda, ideia que era profundamente estranha ao radicalismo popular que já existia na América Latina e no Sul da Europa. Mas, diferentemente do resto da América Latina, "a revolução no México havia influenciado e reforçado um radicalismo existente a ponto de poder oferecer

---

51 Apud Daniela Spenser, Radical Mexico: Limit to the Impact of Soviet Communism, *Latin American Perspectives*, v. 35, n. 2, março 2008, p. 57.
52 Ibidem, p. 58.

um modelo rival à experiência bolchevique"[53]. Foi precisamente isso que os bolcheviques enviados ao México se recusaram a ver.

Em outubro de 1919, Mikhail Borodin chegou ao México munido de instruções de Lênin em todos os pontos semelhantes às que foram dadas aos outros emissários enviados a outros países: organizar partidos comunistas e garantir sua representação no II Congresso da Internacional Comunista, a ser realizado em 1920. Um mês antes, reuniu-se no México um congresso que devia desembocar, no espírito de seus iniciadores, na formação de um partido comunista. Desde o princípio, viram-se confrontados por uma forte oposição dos socialistas e dos anarquistas. Nenhuma referência à Rússia dos sovietes foi feita no decorrer dos debates do congresso. A declaração final afirmava que "o socialismo mexicano tinha raiz nas organizações industriais, agrícolas e municipais de base", o que traduzia a influência manifesta dos anarquistas[54]. O partido que nasceu do congresso, o Partido Socialista Nacional, designou três delegados ao II Congresso da III Internacional em Moscou. Mas nenhum partido comunista havia sido fundado. À sua chegada em outubro, no dia seguinte ao início do congresso mexicano, Borodin encontrou os delegados que haviam promovido sem sucesso a criação de um partido comunista e, em conjunto, eles fundaram o Partido Comunista Mexicano (PCM) sem consultar os outros participantes do congresso anterior. Borodin propôs que o PCM representasse o México no congresso da III Internacional e sugeriu que indiano Manabendra Nath Roy e sua mulher, que residiam no México, fossem designados como delegados em Moscou. Borodin e Roy deixaram, pois, o México em dezembro de 1919.

A agitação operária no México em 1919-1920 impeliu o Komintern a empreender uma segunda tentativa. Os três representantes escolhidos para trabalhar no México foram o sindicalista japonês Katayama, o ítalo-americano Luís Fraina e o lituano-americano Carl Jansen. Katayama chegou ao México pouco depois da criação da Confederación General de Trabajadores (CGT) mexicana, cujos princípios diretores eram os do comunismo libertário e o método preferido, a ação direta, mas que reconhecia o PCM como organização revolucionária.

[53] Ibidem.
[54] Ibidem, p. 62.

O representante do Komintern tentou de início unificar os dois grupos que se autodenominavam partidos comunistas[55]. Todos os seus esforços foram, como ele próprio o confessa, completamente vãos, sobretudo em razão de suas lacunas concernentes à cultura política mexicana. Ele sofreu um novo revés por ocasião do congresso da CGT, em setembro de 1921, quando os anarcossindicalistas excluíram os comunistas da organização. Ao fim do mês de outubro de 1921, ele foi chamado a Moscou, deixando à Fraina a tarefa de unificar os comunistas mexicanos em um único partido. O ítalo-americano desencantou-se logo e não hesitou em concluir que "o México não possui movimento de massa revolucionário a despeito de dez anos de revolução e contrarrevolução. [...] O país se encontra nos estágios ainda primitivos de organização e educação"[56]. Em suma, a posição de Fraina e do Komintern consistia em negar a existência de uma luta revolucionária no México porque não havia aí partido comunista de vanguarda. Revendo sua experiência antes de deixar o México em janeiro de 1922, Fraina dirá ao Komintern: "O camarada Katayama e eu julgamos mal a situação, imaginando que o movimento era maior – ou, ao menos, capaz de crescer. Nossos planos eram, por conseguinte, mais ambiciosos do que aquilo que podia ser realmente conseguido, e nossas despesas correspondiam a esses planos."[57]

A conclusão não teve apelação. Engessados pela certeza de que o modelo bolchevique do partido de vanguarda devia, custasse o que custasse, ser exportado ao México, os emissários do Komintern não viram pura e simplesmente o que constituía toda a originalidade da Revolução Mexicana: uma revolução radical popular, de inspiração largamente libertária, que se estendeu por uma dezena de anos em vez de se concentrar no momento da tomada do poder, e que foi de uma ponta a outra organicamente estranha ao fetichismo do partido. A sombra projetada em sua consciência por Outubro fez com que eles desprezassem o radicalismo pré-revolucionário dos trabalhadores

---

55 Além do grupo fundado por Borodin, um segundo grupo, chamado Partido Comunista do México, havia sido fundado em 1919 por um cidadão dos Estados Unidos, Linn Gale (Ibidem, p. 65).
56 Ibidem.
57 Ibidem, p. 67.

influenciados pelo anarcossindicalismo e que rejeitassem a revolução como sendo puramente burguesa[58]. O preço a pagar para o jovem PCM foi elevado: teve de trabalhar "não só sob a dependência do Komintern, mas também à sombra da Revolução Mexicana"[59].

Quanto ao balanço comparativo da Revolução Mexicana e da Revolução Russa, Victor Serge se encarregou de resumi-la nesses termos em 10 de abril de 1938:

> O México não se tonou um Estado totalitário, apesar dos vários períodos de reação. Sua legislação operária, suas reformas agrárias, parciais mas profundas, as tendências políticas de seu desenvolvimento fizeram dele um dos países mais avançados de hoje. É permitido concluir que, *do ponto de vista dos trabalhadores, a revolução mexicana foi mais fecunda, apesar de seu caráter inacabado, do que a revolução russa*. Há, por certo, mais miséria no México do que na Rússia, porém a liberdade de opinião, a liberdade individual, a liberdade sindical e o direito de asilo existem no México. Fértil em dramas, e mesmo em atrocidades, a Revolução Mexicana foi, de longe, a mais humana das duas. Ela não inventou nem as execuções secretas, nem o pensamento dirigido nem a impostura judiciária dada em grande espetáculo.[60]

Belo ato de reconhecimento de parte de um daqueles que haviam acreditado apaixonadamente na "grande revolução de Outubro"!

A REVOLUÇÃO ESPANHOLA, UMA REVOLUÇÃO SOCIAL DISSIMULADA

Ainda que o desencadeamento da guerra civil espanhola, em junho de 1936, fosse seguido de uma vasta revolução no campo antifranquista – *mais profunda em certos aspectos do que a revolução bolchevique nos seus primeiros tempos* – fora da Espanha, milhões de pessoas lúcidas foram mantidas na ignorância, não apenas do seu vigor e da sua amplitude, mas de sua própria *existência*, em virtude de uma política de duplicidade e de dissimulação sem precedentes.[61]

---

58   Ibidem, p. 57.
59   Ibidem, p. 67.
60   V. Serge, *Retour à l'Ouest*, Marselha: Agone, 2010, p. 177-178 (grifos nossos).
61   B. Bolloten, *The Grand Camouflage: The Communist Conspiracy in the Spanish Civil War*, London: Hollies & Carter, 1961 (grifos nossos).

As primeiras linhas de *A Grande Camuflagem*, de Burnett Bolloten, figuram também em exergo da súmula erudita e muito esclarecedora que ele consagrou na sequência à guerra da Espanha e que representa o resultado de quase cinquenta anos de pesquisa e de análise, notadamente a partir dos jornais e periódicos da guerra civil espanhola[62].

Essa citação diz, em poucas palavras, o essencial. Em primeiro lugar, afirma que a Revolução Espanhola foi "mais profunda em certos aspectos do que a revolução bolchevique nos seus primeiros tempos"[63]. Mas o que significa esse "em certos aspectos"? Não há dúvida, enquanto revolução *social*, a Revolução Espanhola foi mais profunda do que "a revolução bolchevique nos seus primeiros tempos". Mas, entre as duas, a diferença é somente de grau? Para dizê-lo abruptamente, a "revolução bolchevique" foi realmente uma revolução social?

Como vimos, a insurreição armada organizada pelos bolcheviques não desencadeou de modo algum uma revolução social, ao menos se entendermos por isso uma refundação da sociedade pela própria sociedade. O processo revolucionário, que já estava bem encetado desde fevereiro, é o de uma *contrarrevolução* iniciada pela conquista do poder, cumpriria falar, pois Outubro marcou a liquidação do sonho igualitário de Fevereiro. Por contraste, a Revolução Espanhola, que eclodiu em julho de 1936, provocou uma subversão das relações sociais que afetou a vida cotidiana de milhões de indivíduos e se tornou independente do Estado e, com frequência, até contrária a ele. A estatização só interveio em um segundo tempo e assumiu, aí também, a dimensão de uma verdadeira contrarrevolução. A diferença com o Outubro russo é que essa "tomada do poder" não se efetuou em um único momento, graças a uma insurreição armada, mas consistiu sobretudo em uma reconstrução progressiva do aparelho de Estado centralizado e militarizado

---

62 Cf. B. Bolloten, *La Guerre d'Espagne...*, p. 31.
63 No início do capítulo 2 da primeira parte (Ibidem, p. 55), Bolloten retoma quase palavra por palavra o juízo que havia emitido já em 1961. Falando da sublevação militar das tropas nacionalistas, ele escreve: "O fracasso da revolta nas grandes cidades [...] basta então para acarretar uma vasta revolução social que foi, em certos aspectos, mais profunda do que as primeiras fases da revolução bolchevique". Esse também é o julgamento de Gaston Leval que fala, "de uma revolução social incomparavelmente mais profunda do que todas aquelas que a precederam", em *Espagne libertaire 1936-1939*, Paris: Tops/H. Trinquier, 2013, p. 9.

que durou três anos, de 1936 a 1939, e combinou manobras de infiltração, conquista das posições dirigentes no Estado, liquidações físicas e golpes de força metodicamente preparados.

Em segundo lugar, Bolloten afirma que a existência da Revolução Espanhola foi cientemente *dissimulada* a fim de conservar na ignorância milhões de "pessoas lúcidas" no mundo, e de manter essa ignorância tão longamente quanto possível. Como indica sem equívoco o subtítulo da sua obra pioneira, *A Grande Camuflagem: A Conspiração Comunista e a Guerra Civil Espanhola*, os autores dessa política não foram outros senão os partidos comunistas afiliados à III Internacional e o Estado grão-russo de Stálin, aos quais estavam totalmente enfeudados. Foram essas forças políticas que impulsionaram uma campanha que visava escamotear o profundo conteúdo social da Revolução Espanhola ao apresentá-la como uma "revolução democrática burguesa", e a luta contra Franco como "uma luta pela defesa da república democrática burguesa"[64]. No espírito do Kremlin, era preciso subordinar tudo ao objetivo político e diplomático de uma reviravolta das democracias ocidentais (a Grã-Bretanha e a França): cumpria obter que elas abandonassem sua política de não intervenção para se juntar a uma vasta frente antifascista[65]. Para esse fim, era mister evitar o afastamento das forças políticas que, na própria Espanha, podiam dar a ilusão de uma fachada republicana. Assim, em uma carta de dezembro de 1936, Stálin chegará inclusive a aconselhar isso ao presidente do Conselho e ministro espanhol da Guerra, Largo Caballero:

É bem possível que o caminho parlamentar se mostre na Espanha como um meio de desenvolvimento revolucionário mais eficaz do que na Rússia. [...] Não é preciso afastar os chefes do Partido Republicano, mas, ao contrário, é preciso atraí-los, aproximá-los do governo. É sobretudo necessário assegurar ao governo o apoio de Azaña e de seu grupo, fazendo tudo o que é possível para ajudá-los a vencer suas hesitações. Isso é necessário a fim de impedir que os inimigos da Espanha a

---

64 Cf. sobre esse ponto, o capítulo 10 de Bolloten, *La Guerre d'Espagne...*, p. 175, cujo título "Le Camouflage de la révolution" faz diretamente eco ao título de sua obra de 1961, *The Grand Camouflage...*

65 Acerca desse ponto capital, cumpre remeter-se aos capítulos 15, 16 e 17 da obra de Bolloten, *La Guerre d'Espagne...*, p. 239 a 279.

considerem como uma república comunista, e para prevenir assim sua intervenção aberta, que constitui o perigo para a Espanha republicana.⁶⁶

A política mais constante do Partido Comunista Espanhol (PCE) e de seu ramo catalão, o Partido Socialista Unificado da Catalunha (PSUC), foi, em consequência, a de fazer tudo para frear e liquidar a revolução social em curso. Mas, além desta ação negativa, qual objetivo perseguia definitivamente o PCE? Por ocasião do *plenum* do Comitê Central do Partido Comunista em março de 1937, o secretário-geral do Partido, José Díaz Ramos, declarou que os comunistas lutavam por uma "república democrática e parlamentar de um novo tipo"⁶⁷. Se é preciso crer em Bolloten,

sob a cobertura de instituições democráticas, eles pretendiam transformar a revolução popular em Estado policial totalitário de partido único [...]. Seria também mais justo afirmar, como dois eminentes comunistas o reconheceram após a guerra civil, que a 'república democrática e parlamentar de um novo tipo' era o precursor das 'democracias populares' – na primeira fase de seu desenvolvimento – surgidas na Europa após a Segunda Guerra Mundial⁶⁸.

É assim que é preciso compreender os conselhos de Stálin concernentes ao "caminho parlamentar" como "meio de desenvolvimento revolucionário mais eficaz do que na Rússia". Se a via preconizada por Stálin se desprendia, em sua marca, do "modelo de Outubro" tomado *stricto sensu*, ela, no entanto, emprestou da experiência do bolchevismo certos elementos essenciais que fazem com que ela se delineie plenamente a partir daquilo que nós chamamos de "a sombra de Outubro".

---

66 *La Guerre d'Espagne*, p. 247. Essa carta de Stálin trazia igualmente a assinatura de Molotov, presidente do Conselho dos Comissários do Povo, e de Vorochilov, comissário da Defesa. Quanto a Manuel Azaña, republicano de esquerda, ele foi presidente da República de maio de 1936 a fevereiro de 1939.
67 Ibidem, p. 336.
68 Ibidem, p. 338.

O MOVIMENTO DE COLETIVIZAÇÃO E AS EXPERIÊNCIAS DE AUTOGESTÃO

Consideremos agora, sucessivamente, os dois pontos que introduzem o julgamento que Bolloten faz. O primeiro é a afirmação da amplitude e da profundidade da Revolução Espanhola enquanto revolução social. Como notou Federica Montseny, grande figura da Federação Anarquista Ibérica (FAI), longe de proteger as classes possuidoras, a insurreição militar dos franquistas "teve por consequência precipitar a revolução que todos desejavam, mas que ninguém esperava tão cedo"[69]. Esta última se manifestou em primeiríssimo lugar por um verdadeiro *desmoronamento do Estado* e de suas instituições, a começar, antes de tudo pelo exército e pela polícia. Segundo as palavras de um jurista republicano, não restava mais do que "as poeiras do Estado, suas cinzas". Ou ainda, como disse um socialista, convocado em seguida para se tornar ministro do Interior: "O poder do Estado estava na rua, pulverizado, e um fragmento desse poder se encontrava em mãos de cada cidadão aderente ao antifascismo, o qual se servia dele da maneira que melhor aprouvesse ao seu temperamento."[70] Na realidade, esse poder que estava "em mãos de cada cidadão" era exercido mais amiúde de maneira coletiva. A administração das comunas e dos serviços públicos locais era assegurada por comitês compostos por sindicalistas socialistas e anarquistas, o que acarretou o desaparecimento dos delegados governamentais e a redução dos velhos órgãos administrativos a "esqueletos sem vida"[71]. De fato, os comitês revolucionários faziam funcionar as repartições dos correios e telégrafos, as estações de rádio, as centrais telefônicas, os serviços de transporte; eles haviam criado uma polícia, tribunais e milícias locais cujos membros podiam ser convocados para o *front*. Diante dessa disseminação do poder efetivo nas localidades, o governo central não detinha mais do que um poder nominal.

Mas a profundidade dessa revolução ilustra-se de um modo muito particular nas subversões que as relações sociais conheceram no campo. Nas primeiras semanas que se seguiram aos

---

69 Ibidem, p. 55.
70 Ibidem, p. 90.
71 Ibidem, p. 91.

levantes de 19 de julho de 1936, as terras foram coletivizadas em uma escala sem precedentes. Segundo uma estimativa baseada em uma recuperação de informações, cerca de um terço de todas as terras aráveis e não aráveis, e uma superfície compreendida entre a metade e os dois terços de todas as terras cultivadas da Espanha republicana foram tomadas pelos camponeses[72]. Isso valia em alto grau para quase todos os grandes domínios espontaneamente coletivizados pelos camponeses sem terra que aí trabalhavam como jornaleiros antes da revolução. Mas isso valia também para as terras dos pequenos e médios proprietários, especialmente em certas regiões, como a Catalunha, cuja estrutura agrária já estava fatiada, diferentemente de outras regiões, como a Andaluzia, o Aragão, a Castela e o Levante, onde predominavam os *latifundia*[73]. Foram os trabalhadores agrícolas membros da CGT e da União Geral dos Trabalhadores (UGT) os principais instigadores da coletivização das terras. Para os anarcossindicalistas em particular, essa coletivização constituía um ponto não negociável de doutrina. Eles não conseguiam resolver-se a admitir a existência de pequenos proprietários que conservavam infalivelmente uma "mentalidade burguesa, calculista e egoísta". A virtude moral da coletivização era a de extirpar essa mentalidade pela prática do trabalho coletivo. Para o Partido Operário de Unificação Marxista (POUM), "socializar a terra não implica necessariamente trabalhá-la coletivamente, mas atribuir um lote a cada camponês a fim de que a cultive e que disponha dessa terra, sem que por isso possa alugá-la, vendê-la ou hipotecá-la"[74]. Uma declaração adotada por uma conferência agrária do POUM, em 15 de novembro de 1937, proclama que "a terra socializada será distribuída para a sua exploração", que "os pequenos proprietários atuais poderão conservar a terra que cultivam, em usufruto", e que "as colheitas devem pertencer ao

---

72 Ibidem, p. 107.
73 R. Neuville, *La Révolution espagnole. Les Collectivizations en Catalogne (1936-1939)*, 1ª parte, publicado por <autogestion.asso.fr.>, em 12 de setembro de 2016, p. 4. Cumpre lembrar que cinquenta mil grandes *terratenientes* possuíam 50% do solo cultivado na Espanha.
74 Testemunho de Rafael Sarda, engenheiro agrônomo envolvido na coletivização de Raimat, propriedade agrícola de três mil hectares perto de Lérida, na Catalunha, em Victor Alba, *Los Colectivizadores*, Barcelona: Laertes, 2001, p. 255 (apud R. Neuville, op. cit., p. 4).

cultivador"[75]. Por outro lado, para a Conferência Nacional do Trabalho (CNT) e para a SAI, a aposta era a de instaurar o regime do "comunismo libertário", de conformidade com a resolução adotado pelo congresso extraordinário da CNT, ocorrido em maio de 1936, em Saragoça.

Segundo o anarquista Isaac Puente, esse regime é "a organização da sociedade sem Estado e sem propriedade privada". Ele repousa sobre dois "núcleos", o sindicato e a comuna livre, que têm por única obrigação unir-se em uma confederação nacional de maneira a permitir que organismos de relação e de comunicação supervisionem a economia sem plano central[76]. O estabelecimento desse regime se efetuou por toda parte mais ou menos segundo o mesmo processo. Um comitê CNT-FAI era constituído em cada uma das localidades e era investido não somente dos poderes legislativo e executivo, mas também do poder judiciário. Não se podia remediar o risco de arbitrariedade, que essa concentração de poder criava, senão pela instituição de delegados eleitos, revogáveis e responsáveis diante da assembleia pública local. Uma das primeiras iniciativas desse comitê, escreve Bolloten, "consistia em proibir o comércio privado, em pôr em mãos da Coletividade as terras dos ricos, e às vezes as dos pobres, bem como as edificações agrícolas, as ferramentas, o gado e os meios de transporte"[77]. No mais das vezes, cabelereiros, padeiros, carpinteiros, sapateiros, médicos, dentistas, docentes, ferreiros e alfaiates tiveram de se integrar no sistema coletivo. Estoques de bens eram armazenados em um depósito comunal cujo controle era entregue ao comitê local. Algumas comunidades, tal como a pequena cidade aragonesa de Praga, chegaram inclusive a suprimir o uso do dinheiro para as trocas internas. Em outros casos, foram criadas moedas locais. Instaurou-se igualmente um "salário familial" que permitia repartir os bens em função do tamanho de cada família; cada parte era, portanto, determinada pelas necessidades dos membros da Coletividade e não pela quantidade de trabalho fornecida por cada operário. Os alimentos produzidos localmente em quantidade abundante constituíam exceção e eram

75   V. Alba, *Histoire du POUM*, Paris: Ivrea, 2000, p. 229.
76   Ibidem, p. 112.
77   Ibidem.

distribuídos gratuitamente, as outras mercadorias deviam ser adquiridas por meio de bônus no depósito comunal, e repartidas em função das necessidades. A principal dificuldade que os comitês CNT-FAI precisaram enfrentar na prática era a do recurso à coerção para reunir proprietários exploradores e os meeiros ao coletivismo. Por certo, as coletivizações na Espanha não tiveram o caráter burocrático e violento que apresentaram na Rússia, ainda que tenham se chocado com a hostilidade de muitos pequenos proprietários forçados a entrar nas coletividades. De um lado, para estabelecer o sistema coletivo, o voto era feito com a mão levantada ou por aclamação, o que acentuava a pressão sobre os hesitantes ou os oponentes. De outra parte, os recalcitrantes podiam ser sancionados de múltiplas maneiras: não apenas não podiam empregar assalariados, como eram às vezes privados de acesso aos comércios e outros serviços locais coletivizados. A violência foi às vezes mais direta, tendo por efeito empurrar os pequenos proprietários para os braços da reação nacionalista. Já em setembro de 1936, o "cenetista" Juan Peiró advertia em relação aos atos de violência cometidos contra os pequenos cultivadores da Catalunha. Com efeito, tais práticas eram difíceis de conciliar com a doutrina libertária: "Obrigar um indivíduo a integrar-se em uma coletividade por qualquer meio que seja era, sem dúvida, contrário ao espírito do anarquismo."[78] Entretanto, malgrado certos desvios e abusos, a coletivização se estendeu de forma espontânea, inventou formas diversas e originais e coexistiu muitas vezes de modo pacífico com as formas individuais de posse e exploração da terra. Sob esse ponto de vista, a experiência da Revolução Espanhola vale sobretudo pelo senso muito agudo da democracia local e da solidariedade social que apresenta e foi aí aplicado: pela primeira vez na história do país, auxílios e cuidados médicos foram levados às viúvas, aos órfãos, aos enfermos e, de maneira geral, a todas as pessoas necessitadas, e o direito à educação foi reconhecido praticamente como uma prioridade por meio da criação de escolas até nos lugarejos isolados[79].

Antes de serem liquidados pelos estalinistas ou pelos fascistas, as coletividades locais tentaram federar-se. Assim, nos

78 Ibidem, p. 127.
79 Ibidem, p. 131.

dias 14 e 15 de fevereiro, em Caspe, na província de Saragoça, reuniu-se o congresso constitutivo da Federação das Coletividades de Aragão, que congregava 25 federações cantonais, cada uma representando várias aldeias. Entre as resoluções adotadas nesse congresso estava a de reunir, para uso em comum, os instrumentos de trabalho, as matérias-primas e a força de trabalho, a fim de realizar uma solidariedade intercomunal e inter-regional, bem como contrariar as tendências ao recolhimento de cada um em si mesmo e à autarquia[80]. E no plano político, as coletividades decidiram criar um Conselho de Defesa, autorizado a substituir o representante do governo central. Mas o movimento camponês se estendia a numerosas outras regiões, mais ou menos com o mesmo modelo, o de reunir, para uso em comum, as terras, os instrumentos e a força de trabalho, inventando novos modos locais de produção, de distribuição e de troca numa base igualitária e solidária, e permitindo um emprego mais racional dos recursos. Essa inventividade coletiva não estava submetida à hegemonia de nenhum partido que oferecesse o risco de monopolizar os postos de responsabilidade e aí residia uma de suas principais características. A estrutura de base das coletividades não era, pois, o partido, porém a comuna tradicional que, no processo revolucionário, se reinventava e se reinstituía. Essa socialização descentralizada, ao levar em conta as particularidades locais, tanto as geográficas quanto as humanas, permitia evitar os desastres de uma coletivização burocrática e centralizada como aquela que a União Soviética conhecera alguns anos antes.

O movimento de coletivização, chamado então de "sindicalização", assumiu igualmente amplitude nas cidades. Esse foi notadamente o caso na Catalunha, onde se difundiu muito depressa não apenas na grande indústria como também nos setores mais modestos do artesanato. Richard Neuville nos dá uma ideia do ritmo acelerado das coletivizações nos serviços públicos:

Já em 19 de julho, a Companhia de Bondes foi tomada. Três dias mais tarde, os bondes, repintados com as cores da CNT, circulam de novo na cidade. Em 21 de julho, os ferroviários se apoderam das linhas da estrada de ferro do Norte e da MZA (Madri – Saragoça – Alicante) e constituem

---

[80] Cf. G. Leval, op. cit., p. 84-85.

comitês revolucionários para assegurar a defesa das gares e organizar os serviços. Eles criam diversos "comitês de serviços": conselhos de oficina, de terminais e de tração, do pessoal dos trens, das estradas e dos trabalhos, da exploração e dos maquinistas. Em 24 de julho, em Manresa (subúrbio de Barcelona), os sindicatos da CNT e da UGT decidem proceder a tomada de todos os serviços e a ocupação das dependências da Companhia Geral das Estradas de Ferro da Catalunha. Em 31 de julho, a Generalitat da Catalunha reconhece aos organismos sindicais o direito de organizar todos os serviços técnicos, industriais e administrativos da Companhia Geral das Estradas de Ferro da Catalunha. Ela nomeia um delegado cuja missão exclusiva é a de vigiar a exploração. Em 25 de julho, os empregados das agências marítimas (entre as quais a célebre companhia Transatlântica) se apoderam dos escritórios do porto e fazem com que a Generalitat reconheça a coletivização. Entre os dias 25 e 31 de julho, os serviços de água, de telecomunicações, de energia, de iluminação são coletivizados em toda Catalunha.[81]

Mas o movimento não se limita aos serviços públicos, longe disso. A partir de 22 de julho, a maioria das empresas metalúrgicas e têxteis passam para o controle dos operários e dos sindicatos, e reconvertem uma parcela de sua atividade a fim de contribuir ao esforço de guerra, dando lugar a experiências muito ricas de autogestão. Em todas as empresas coletivizadas, comitês de controle ou de empresa são eleitos pela assembleia dos trabalhadores e, em geral, compostos por cinco a seis delegados e representantes dos diferentes serviços[82].

De maneira mais geral, numa escala que abrange o país todo, certos sindicatos empreenderam a reorganização de setores inteiros da indústria, especialmente fechando pequenas fábricas e concentrando a produção em locais maiores e melhor equipados. Foi assim que na Catalunha, os trabalhadores da UGT e da CNT fecharam mais de 70 fundições para melhor concentrar o material e o pessoal em 24 outras. Em Barcelona, os sindicatos dos marceneiros afiliados a esses mesmos sindicatos fecharam centenas de pequenas oficinas, concentrando a produção nas

---

81 R. Neuville, op. cit., p. 2.
82 Richard Neuville, em *La Révolution espagnole*, dá o exemplo de um curtume autogerido no subúrbio de Barcelona no qual coexistiam dois organismos: de um lado, um comitê de fábrica encarregado da organização de trabalho, composto de delegados de cada setor e, de outro, um conselho de fábrica e o diretor nomeados pela assembleia geral dos operários. Nos dois casos, o mandato de cada membro é revogável.

fábricas mais importantes e a CNT reduziu o número de empresas de 71 para 40 no setor da indústria do couro, ao passo que mandou fechar 70 fábricas e lojas entre as 100 que existiam na indústria do vidro. Nessa mesma cidade, a CNT suprimiu 905 salões de cabeleireiros para conservar apenas 212. O mesmo processo de concentração reduziu o número de casas de costura, alfaiatarias, comércios de couro e de metais em Valência, e de fábricas de confeitos em Torrentes, uma prática que os anarquistas chamavam de "socialização" para melhor distinguí-la de toda forma de estatização[83]. Entretanto, a execução de semelhante concentração não se fez sem a expropriação de um grande número de firmas de pequenos industriais e comerciantes que haviam sobretudo esperado que a revolução os protegeria das grandes empresas[84].

O PARTIDO, PONTA DE LANÇA DA RECONSTRUÇÃO DO ESTADO

Vamos agora ao segundo ponto que Bolloten sublinha no seu julgamento: a "grande camuflagem", para retomar o título de seu livro, ou a dissimulação organizada pela contrarrevolução estalinista cujo relativo sucesso é assaz surpreendente. De onde o PCE obtinha sua força e como conseguiu tornar-se, em alguns meses, "o partido político mais poderoso do campo antifranquista", com seus 250 mil aderentes? Invocar o apoio político e militar da Rússia estalinista, ou ainda o prestígio que a URSS tirou de sua ajuda à República em certos meios e que, indiscutivelmente, respingou sobre o PCE, não basta para explicar esse êxito. Para compreender como a contrarrevolução reagrupa suas forças no interior do campo republicano, é preciso partir da própria revolução, porquanto a contrarrevolução não é jamais senão uma *reação* à revolução. Ora, nos primeiros dias, a Revolução Espanhola traduziu-se de início, e antes de tudo, como se disse, pelo *esboroamento* do Estado republicano. A contrarrevolução organizou-se, pois, tendo em vista a *reconstrução* do Estado.

---

83 Cf. B. Bolloten, *La Guerre d'Espagne...*, p. 102-103.
84 Ibidem, p. 105.

Para fazê-lo, ela privilegiou de pronto, e não sem clarividência, "a solução do problema militar", isto é, a reconstrução do exército. O PCE estava muito bem preparado para essa tarefa. Desde 22 de julho de 1936, o órgão do PCE, *Mundo Obrero*, traduzia nesses termos as palavras de ordem "Disciplina, Hierarquia, Organização" que deviam ser impostas a todos os militantes: "Cada homem obedece ao seu grupo, cada grupo à organização diretamente superior, e assim por diante. Assim, o triunfo no está assegurado."[85] Como Fernando Claudin, membro do PCE, dirá a Bolloten, durante trinta anos

> suas estruturas, seu funcionamento, a formação de seus quadros [tornavam o PCE] particularmente apto para levar a cabo essa tarefa. [...] Os traços semimilitares do modelo bolchevique, segundo os quais ele se formara, permitiam ao PCE tornar-se rapidamente o *partido militar* da República, o núcleo organizador do exército que cumpria criar rapidamente, sem o qual tudo estava condenado a perecer: as tentativas libertárias, o Estado republicano, os partidos e os sindicatos.

Após haver sublinhado o papel desse "fator essencial" no forte crescimento do PCE, ele especificará que esse crescimento dos efetivos e da influência foi muito limitado "no seio da classe operária organizada". Em compensação, adicionará ele, numerosos elementos da pequena-burguesia "se precipitaram a ingressar nas fileiras do Partido Comunista, atraídos por seu renome como partido da ordem, da legalidade e defensor da pequena propriedade", bem como "elementos jovens ainda não formados nos sindicatos ou nas organizações operárias tradicionais" que eram "atraídos pelas virtudes militares do Partido e por uma ideologia simplificada, em que a noção de Revolução [era] identificada ao antifascismo, mesclado de patriotismo"[86]. Para compreender o sucesso do PCE, é preciso discernir em que ponto a atração pela ordem e pela disciplina podia prevalecer sobre o menor escrúpulo intelectual ou de consciência. Gerald Brenan, citado por Bolloten, não hesitará em escrever no *Le Labyrinthe espagnol*: "Voltando atrás sobre tantos princípios anteriores, eles faziam pensar nas proezas desses missionários jesuítas do século XVII que, para converter os chineses, suprimiram a história da

---

85 Ibidem, p. 375.
86 B. Bolloten, *La Guerre d'Espagne...*, p. 192-193.

crucificação."[87] Por contraste com essa disciplina de ferro, e essa ausência de escrúpulos, o funcionamento da CNT parecia a muitos como paralisante e ineficaz, em particular no plano militar: debater as operações a realizar durante horas às vezes, como certas milícias procediam, podia prejudicar seu sucesso[88].

De qualquer maneira, os estalinistas levaram vantagem em Madri a partir de setembro-outubro de 1936. O PCE toma a iniciativa da militarização das milícias e da reconstrução de um exército regular. Ele já dispunha antes da guerra de uma organização paramilitar, as Milícias Antifascistas Operárias e Camponesas (MAOP), que se tornaram a base de um novo regimento conhecido pelo nome de "5° regimento". Enrique Líster, que havia recebido uma formação militar em Moscou, foi colocado à testa do regimento em setembro de 1936 e o comunista italiano Vittorio Vidale foi nomeado comissário político- chefe do regimento[89]. Essa unidade veio a ser rapidamente "um grande centro de formação política e militar" a partir do qual foram organizadas outras unidades militares estruturadas de modo idêntico e, sob o controle do Partido, ela não tardou em se constituir na matriz do novo exército regular do Estado, destinado, segundo as palavras de La Pasionaria, a "desempenhar um papel decisivo, determinante na estrutura do futuro regime político da Espanha"[90]. Os comunistas exerceram desde então pressão sobre o chefe do governo, Francisco Largo Caballero, a fim de obter a incorporação das milícias independentes constituídas pelos partidos e pelos sindicatos em um exército regular posto sob o controle do governo. Eles puseram em jogo os postos de comando que haviam chegado a conquistar no seio do ministério da Guerra e, particularmente, no Comissariado Geral da Guerra que estava encarregado de exercer um controle político das forças armadas por meio de comissários políticos. Progressivamente, as milícias foram transformadas em brigadas. Tal foi o caso, não sem viva resistência devido a uma longa tradição de antimilitarismo, da famosa "Coluna de Ferro", milícia anarquista

---

87 Ibidem, p. 194.
88 Ibidem, p. 454.
89 Esse mesmo Vidali foi provavelmente o executor em pessoa de Andrés Nin, o secretário do POUM, após a detenção dos dirigentes do POUM em 16 de julho de 1937. Cf. ibidem, p. 678.
90 Ibidem, p. 381.

que manteve o *front* de Teruel durante os primeiros meses da guerra. No início de março de 1937, Largo Caballero promulgou uma portaria ministerial anunciando que as milícias do *front* de Teruel ficariam subordinadas ao ministério da Guerra, a contar do dia 1º de abril. A chantagem "militarização ou dissolução" acabou por operar e, finalmente, desmoralizada e em vias de desintegração, a Coluna de Ferro tornou-se no fim de março a 83ª brigada do exército regular.

Ao mesmo tempo que essa política de remilitarização acelerada, as forças da polícia foram reconstituídas. A guarda civil que, como a guarda de assalto e polícia secreta estava literalmente desintegrada logo após a eclosão da revolta franquista, foi reorganizada sob o nome de "Guarda Nacional Republicana". Uma importância toda particular deve ser concedida ao "desenvolvimento do corpo de carabineiros, os *carabineros*, um corpo composto de funcionários das aduanas e da administração, bem como de guardas dependentes do ministério das Finanças"[91]. Desde o momento em que Juan Negrín assumiu o controle desse ministério, em setembro de 1936, os *carabineros* viram seus efetivos aumentarem com grande rapidez e foram transformados em corpo de elite dedicado à manutenção da ordem. Ulteriormente, dado o fato de sua aproximação dos comunistas, Negrín recrutou novos *carabineros* nas fileiras do PCE e do PSUC[92]. Quanto à polícia secreta, o Servicio de Investigación Militar (SIN), que era composta de membros do PCE e de "técnicos" russos, ela foi desde sua criação um "simples auxiliar da polícia secreta soviética"[93]. Moscou encarregou, por outro lado, o espião Aleksandr Orlov de estabelecer, na Espanha Republicana, uma seção do Narodnii Komissariat Vnutrennikh Diel (NKVD, Comissariado do Povo para os Negócios Interiores) cuja ação secreta desempenhou um papel essencial no enfraquecimento interno do campo antifascista, acumulando as exações como o massacre de cerca de mil detentos da Prisão Modelo, no dia 6 de novembro e na noite de 7 para 8 de

---

91 Ibidem, p. 314.
92 Ibidem, p. 315. Os efetivos desse corpo passaram de quarenta mil em abril de 1937 a cem mil no decorrer do ano de 1938. Muito impopular entre os soldados e os oficiais do exército, eles eram apelidados "*a peste verde*", devido à cor de seus uniformes.
93 Ibidem, p. 318.

novembro de 1936, por ocasião da batalha de Madri[94]. Não tendo de prestar contas senão a Moscou, essa divisão secreta atuava independentemente dos Ministérios da Justiça e da Defesa Nacional e formava um verdadeiro "Estado dentro do Estado", dirigindo suas próprias prisões e campos chamados "de trabalho"[95].

Alguns dias ante da batalha de Madri, em 4 de novembro de 1936, após ásperos debates internos, a CNT decidiu entrar no governo de Largo Cavallero e aceitou quatro ministérios: a Justiça (Joan Garcia i Oliver), a Indústria (Joan Peiró), o Comércio (Juan López Sanchez) e a Saúde (Federica Montseny). Uma tal decisão constituía, sem dúvida, uma virada na história do anarquismo espanhol. Por certo, a CNT já havia aceitado, em 27 de setembro de 1936, entrar no governo da Generalitat da Catalunha, mas a participação em um governo nacional provocou de outra maneira uma fratura mais grave. Aqueles, entre os anarquistas, que aprovaram esse passo o fizeram a pretexto das "circunstâncias": "Tanto no plano dos princípios quanto por convicção, a CNT sempre foi antiestatista e inimiga de toda forma de governo. Mas as circunstâncias mudaram a natureza do governo e do Estado espanhol." O artigo da *Solidaridad Obrera*, jornal cotidiano da CNT, em Barcelona, argumentava: "Hoje, o governo, enquanto instrumento de controle dos órgãos do Estado, cessou de ser uma força de opressão contra a classe operária, do mesmo modo que o Estado não representa mais o organismo que divide a sociedade em classes."[96] Outros, como Federica Montseny, tiveram a coragem de reconhecer publicamente que a participação dos anarquistas no governo devia significar "seja um ato de audácia histórica fundamental, seja uma revisão tática e teórica de toda uma obra e de toda uma história"[97].

94 Ibidem, p. 320. O "sinistro Vidali" foi então encarregado por Orlov dos trabalhos sujos da NKDV: interrogava os prisioneiros e executava ele próprio, com uma bala na nuca, aqueles que ele decidia que pertenciam à "quinta coluna", termo de propaganda que designava os militantes antiestalinistas.
95 Cf. P. Broué, *La Révolution espagnole. 1931-1939*, Paris: Flammarion, 1937, p. 95-96.
96 *Solidaridad Obrera*, 4 de novembro de 1936, texto reproduzido em P. Broué, op. cit., p. 135.
97 Ibidem, p. 304. Muitos anos após a guerra, em 1947, ela afirmaria (p. 305): "Eu sabia, todos nós sabíamos que [...] *o poder* [governamental] *se reorganizaria e*

De sua parte, os dirigentes do PCE esperavam que a participação da CNT e da FAI no governo reforçaria a autoridade deste último com base nessas organizações anarquistas, e permitiria ao Estado central recuperar os elementos de poder dos quais os comitês revolucionários haviam se apoderado, favorecendo a restauração das municipalidades e dos órgãos administrativos locais cujas funções tinham sido, segundo eles, usurpadas por esses comitês.

Foi em Barcelona que o conflito, incubado durante muito tempo, eclodiu numa segunda-feira, 3 de maio de 1937, e tomou a forma de um enfrentamento armado. Nesse dia, às 15h, o comissário geral da Ordem Pública, membro do PSUC, atuando conforme uma decisão do Comitê Executivo do Partido atacou, com três caminhões de guardas de assalto, o edifício da Telefônica, ocupado desde julho de 1936 pela CNT e considerada como uma posição chave da revolução. Os estalinistas e os republicanos do governo regional e central não toleravam mais a ausência de controle governamental sobre a central telefônica. Reforços não tardaram a chegar de parte a parte. A cólera ganhou os bairros operários e logo centenas de barricadas foram levantadas nas ruas. Durante todo o dia 4 de maio, os dirigentes da CNT e da FAI conclamaram seus partidários a cessar fogo e continuaram a fazê-lo na quarta-feira, 5 de maio, atitude que provocou desilusão nas fileiras dos revolucionários, muitos dos quais abandonaram as barricadas durante a noite de 6 para 7 de maio. Ao amanhecer, a UGT e a CNT convocaram para a retomada do trabalho e, na noite de 7 de maio, a tropa de assalto, enviada pelo governo, de Valença entrou na cidade sem encontrar resistência. Reforços continuaram a afluir, elevando ao fim de alguns dias a doze mil o número de homens que ocupavam a região. Não só a dominação dos anarcossindicalistas na Catalunha fora rompida, mas, como escreve Pierre Broué, "as 'Jornadas de Maio' soavam os dobres da revolução."[98] Os estalinistas acentuaram sua pressão para que o POUM fosse interditado e intensificaram, com o auxílio dos serviços secretos russos, que aplicavam os mesmos métodos que em Moscou,

---

se consolidaria, e o que seria o mais delirante e o mais terrível, com nossa cumplicidade e nossa ajuda, destruindo moralmente um grande número dos nossos."
98 Ibidem, p. 92.

a repressão em relação aos "trotsko-fascistas". Andrés Nin, líder do POUM, foi levado, torturado e assassinado, e muitos outros militantes internacionalistas sofreram sorte semelhante.

No mesmo momento, nos campos, os estalinistas espanhóis promoveram uma vigorosa política contra a coletivização, aproveitando o fato de que um dos seus, Vicente Uribe, detinha o ministério da Agricultura no governo de Largo Caballero. Em 1937, os ataques de unidades militares comunistas contra as pequenas lavouras coletivas multiplicaram-se na província de Toledo. Segundo o dirigente do diário CNT em Madri, Enrique Líster, então comandante da 11ª divisão, tornou-se responsável pelo assassinato de um grande número de camponeses de Castela julgados "incontroláveis" e "fascistas". Mas foi em Aragão que os estalinistas se mostraram os mais decididos em acabar com as coletivizações. Em 19 de agosto de 1937, o governo central dirigido por Negrín decretou a dissolução do Conselho de Defesa de Aragão, dominado pelos anarquistas. No mesmo momento, Jose Ignacio Mantecón, membro da Esquerda Republicana e simpatizante do Partido, foi nomeado governador geral da região[99]. A partida anunciava-se difícil, dado que Aragão era uma das últimas praças-fortes anarcossindicalistas que resistiam ao poder central e controlavam três das cinco divisões presentes na região. Mas, na realidade, a decisão de empregar a mão forte já havia sido tomada em máximo segredo pelo governo central desde 5 de agosto. Nesse dia, Enrique Líster foi convocado pelo ministério da Guerra para ser informado de que o governo decidira enviar um destacamento militar para Aragão a fim de aplicar sua resolução de dissolver o Conselho de Defesa. Mantecón ordenou a dissolução das coletividades camponesas e a prisão dos militantes do CNT. O relatório da CNT aragonesa estabelece que

a terra, o material agrícola, os cavalos e o gado confiscados dos partidários da direita foram dados aos seus antigos proprietários ou às suas famílias, os edifícios construídos pelas Coletividades, como os estábulos ou os galinheiros, foram destruídos e, em certas cidades, até os ensacadores foram privados dos grãos necessários ao ensacamento enquanto eram presos seiscentos membros da CNT[100].

99 Cf. B. Bolloten, *La Guerre d'Espagne...*, p. 350-351.
100 Ibidem, p. 351 e 706.

Assim, após o esmagamento da CNT, da FAI e do POUM no decorrer das jornadas de maio de 1937 em Barcelona, os estalinistas empreenderam a destruição implacável das fazendas coletivas na região vizinha de Aragão. A destruição das coletividades e a repressão que a acompanhou contribuíram para a queda desse *front* alguns meses mais tarde. A contrarrevolução estalinista, exercida contra os anarcossindicalistas e os comunistas do POUM, combinou os métodos terroristas em vigor na URSS e a restauração das prerrogativas do Estado central espanhol. Tribunais especiais foram criados para interditar as atividades das organizações revolucionárias e sancionar as críticas com respeito ao governo ou à URSS; a censura se abateu sobre os jornais e revistas de esquerda independentes; o decreto de coletivização na Catalunha foi suspenso como "contrário à Constituição".

George Orwell devia descobrir que na Espanha, atrás das realidades militares, jogava-se aquilo que se chamou "guerra política"[101], guerra que não opunha apenas a "democracia" ao "fascismo", mas também duas concepções radicalmente diferentes do comunismo no campo antifascista. Ela opunha uma concepção que podíamos dizer "libertária" a uma concepção totalitária e terrorista do comunismo. Sejamos claros: os anarquistas e os comunistas do POUM podiam ter cometido erros, cultivado ilusões e manifestado às vezes sectarismo ou oportunismo. O essencial não está aí. Essas organizações encarnaram sobretudo a fidelidade à tradição autenticamente socialista, nascida um século mais cedo, da emancipação do povo pelo povo, autoemancipação que a I Internacional havia colocado como princípio e como objetivo. A Revolução Espanhola chocou-se *diretamente* com a face hedionda do comunismo totalitário, aquele mesmo que havia desde há muito liquidado na União Soviética todos os partidários da democracia operária e do pluralismo político. Uma dupla conclusão salta desse quadro sombrio: em primeiro lugar, a experiência espanhola põe a nu a lógica absolutamente totalitária do *devir-Estado do Partido* inscrita desde o início na tomada do poder do Estado pelos bolcheviques; em segundo lugar, foi o triunfo dessa lógica que

---

101 George Orwell, *Hommage à la Catalogne*, Paris: 10/18, 2000, p. 235.

quebrou a mola da revolução social, a mais promissora do século XX, acarretando sua derrota e abrindo diretamente a via para a vitória de Franco.

Neste início do século XXI, a figura do partido dirigente, tal qual foi edificada no fim do século XIX, encontra-se em plena decomposição. Hoje, as formas da atividade política estão em vias de serem reinventadas, o imaginário democrático está liberado e renovado com o melhor da tradição libertária. Trata-se precisamente do momento em que se torna possível ler de outro modo todas as experiências revolucionárias do século XX, no México, na Espanha ou alhures, isto é, considerá-las por aquilo que elas foram: momentos de prodigiosa inventividade democrática na mais pura filiação à Comuna de 1871. É o que a sombra de Outubro não pode mais esconder.

5. Qual Comunismo?

> *Do empreendimento bolchevique não resta nem restará senão um imenso amontoado de cadáveres torturados, a criação inaugural do totalitarismo, a perversão do movimento operário internacional, a destruição da linguagem – e a proliferação no planeta de numerosos regimes de escravagismo sanguinário. Para além, uma matéria de reflexão sobre esse sinistro contraexemplo do que não é uma revolução.*
>
> CORNELIUS CASTORIADIS

A Revolução de Outubro aboliu os privilégios, declarou guerra à desigualdade social, substituiu à burocracia o governo dos trabalhadores pelos trabalhadores, suprimiu a diplomacia secreta; ela se esforçou em dar às relações sociais uma completa transparência. O estalinismo restaurou as formas mais ofensivas do privilégio, deu à desigualdade um caráter provocante, sufocou por meio do absolutismo policial a atividade espontânea das massas, fez da administração o monopólio da oligarquia do Kremlin, deu vida ao fetichismo do poder sob aspectos que a monarquia absoluta não teria ousado sonhar.[1]

Trótski, a quem se deve essa oposição categórica entre revolução bolchevique e estalinismo, procurou até seu assassinato salvar "o espírito de Lênin" do desastre totalitário. Numerosas são as testemunhas e as pesquisas que provaram que tal salvamento era impossível. Toda tentativa desse gênero estaria infalivelmente condenada ao fracasso.

Em um texto publicado no *Pravda* em janeiro de 1923, Lênin se referia a Napoleão para descrever sua ação: "Ela me lembra,

---

1 L. Trotsky, *Leur morale et la nôtre*, Paris: Jean-Jacques Pauvert, 1972, p. 31. Não há lugar aqui para voltar "à contradição de Trótski". Ela foi magistralmente exposta por Claude Lefort, em um artigo que trazia esse título, em *Éléments d'une critique de la bureaucratie*, Paris: Gallimard, 1979, p. 34s.

disse Napoleão, 'A gente se engaja e depois...vê'."[2] Em um século, tivemos um largo tempo para *ver* as consequências de Outubro e constatar que, infelizmente, teria sido necessário ver *antes* de se engajar. Os "traidores" Kamenev e Zinoviev possuem ao menos o mérito de ter levantado uma questão séria em sua carta pública contra o desencadeamento da insurreição: as circunstâncias permitiriam aos bolcheviques manter-se sozinhos no poder e, se sim, a que preço? Essas circunstâncias mostraram-se particularmente desfavoráveis, como escreveu Lewin:

Uma vez realizado o ato decisivo, ia-se descobrir que um certo número de fatores estratégicos de primeira ordem, com os quais se contava, fariam falta, e às vezes de maneira cruel. Raramente uma vitória, no presente caso estrondosa, fora obtida com base em tantas premissas falsas.[3]

A falência do bolchevismo não pode ser devida unicamente a Lênin, como sublinha Lewin, mas sua concepção da revolução e sua prática do exercício do poder eram no mínimo contraditórias com a ideia do enfraquecimento do Estado. Até Trótski acabou por admitir, sem dúvida um pouco tarde, que o bolchevismo, com seu pendor para a centralização no comando, teve sua parte de responsabilidade na deriva do regime. Todavia, não houve no século xx outro comunismo *realizado* senão aquele inaugurado pela insurreição de Outubro, e reproduzido a seguir, mais ou menos servilmente, por outros regimes. E é de fato porque ele continua a designar esse tipo de regime político "comunismo" que o termo conserva algo de desencorajador para todos aqueles que lutam contra o capitalismo e procuram ultrapassá-lo. A sombra de Outubro acabou por quase eclipsar as múltiplas significações que o termo possuía antes da insurreição bolchevique. Ela conseguiu sobretudo proibir toda forma de interrogação sobre os sentidos que ele poderia assumir amanhã. Toda aposta deste livro é o de restituir essa pluralidade e de contribuir para levantar essa proibição.

---

2   Lénine, Sur notre révolution. À Propos des mémoires de N. Sukhanov, *Mieux vaut moins mais mieux et autres textes de 1923*, p. 84.
3   M. Lewin, *La Formation du système soviétique...*, p. 282.

UM COMUNISMO DE ESTADO

O bolchevismo é uma figura histórica particular do comunismo: um *comunismo de partido* que se transformou, uma vez efetuada a tomada do poder, em *comunismo de Estado*. O modelo bolchevique do Partido constituiu uma espécie de laboratório do ultracentralismo do poder de Estado, desde o início do regime. Como vimos, a oligarquia central do Partido acabou por decidir a respeito de tudo, na cúpula do Estado, reduzindo à condição de espectro a instituição dos sovietes. Em face das dificuldades, um duplo processo de estatização e centralização se pôs em movimento, convertendo o novo poder num aparelho de Estado com inúmeras ramificações, ao procurar exercer um controle total sobre a economia e a sociedade.

No entanto, quando chegava o momento de definir o comunismo, Lênin se refugiava em generalidades, menos inocentes, contudo, do que se poderia crer à primeira vista. Em seu discurso no III Congresso da União da Juventude Comunista da Rússia, em outubro de 1920, ele assim se exprimiu: "O que é um comunista? Comunista é uma palavra latina. *Communis* quer dizer: comunal. Sociedade comunista quer dizer sociedade onde tudo é comunal: a terra, as fábricas, o trabalho de todos; eis o que é o comunismo."[4] O recurso à etimologia latina é enganador, na medida em que pode dar a impressão de um entendimento *a mínima* sobre o sentido do termo. Ora, no espírito de Lênin em 1920, "tudo é comunal" significa manifestamente "tudo pertence ao Estado": a terra, as fábricas, o trabalho de todos são então propriedade do Estado, portanto a terra e os meios de produção tanto quanto a própria atividade de produção. Quando ele pronuncia esse discurso, não nos esqueçamos, a Rússia vive sob o "comunismo de guerra": requisições forçadas nos campos, racionamento implacável para a população, completa "socialização" da produção e do trabalho, monopólio do poder pelo Partido etc. Que nome é preciso dar a um tal regime? Como lembra Victor Serge nas suas *Memórias* a propósito do período 1918-1921:

---

4 Lénine, Les Tâches des unions de la jeunesse, discurso pronunciado em 2 de outubro de 1920, em *Oeuvres*, t. 31, p. 292-324.

O regime desse tempo foi depois chamado de "comunismo de guerra". Chamavam-no então "comunismo" simplesmente, e aquele que, como eu, se permitia considerá-lo como provisório atraía olhares reprobatórios. Bukharin, no seu tratado de *A Economia do Período de Transição*, cujo esquematismo marxista indigna Lênin, procedia da ideia de um regime definitivamente estabelecido.[5]

O que tendia então a prevalecer entre os bolcheviques era a ideia de que o comunismo de guerra se identificava ao comunismo "pura e simplesmente", razão pela qual o acréscimo dos termos "de guerra" parecia supérfluo. A definição muito geral dada por Lênin encobre de fato uma identificação do "comunismo de Estado" ao comunismo "pura e simplesmente".

Não obstante, os dirigentes bolcheviques também acreditavam que esse *comunismo de Estado* se transformaria em *comunismo sem Estado*, que a construção de um superaparelho de Estado iria conduzir a um Estado social desembaraçado de toda burocracia. Pensar que o controle do Estado pelos sovietes, eles próprios estritamente controlados pelo Partido, ofereceria uma garantia qualquer para tal passagem, era não ver que a centralização estatal seria acompanhada não por uma eliminação da burocracia, segundo o modelo da Comuna de Paris, mas antes, ao contrário, por uma burocratização de amplitude ainda inédita. Era igualmente ignorar que o terrorismo como método de governo iria isolar ainda mais a diminuta elite dirigente e dar todas as suas chances em seu seio ao dirigente mais astuto e mais cínico[6].

Aos olhos de Victor Serge, em todo caso, o "comunismo de Estado" tornou-se ainda antes de 1920 uma realidade incontornável. Qual é a tarefa do "Estado comunista" logo após a revolução? Essa é a única questão que vale a pena propor-lhe. O "comunismo de Estado" chegará a realizar as condições necessárias da evolução interior para o "comunismo sem Estado" da "livre associação dos produtores"? Parece-lhe, com efeito, duvidoso que o Estado possa "morrer de morte natural", como Lênin e Bukharin esforçaram-se para provar, o primeiro em *O Estado e a Revolução*, e o segundo em ABC *do Comunismo*.

5 V. Serge, *Mémoirs d'un révolutionnaire et autres écrits politiques. 1908-1947*, p. 596. O tratado de Bukharin foi publicado em 1920.
6 Cf. A. Berkman, *Le Mythe bolchevique...*, p. 301.

"O perigo do comunismo de Estado [...], escreve Serge, é que o Estado pode obstinar-se em durar."[7] Eis por que, de seu próprio ponto de vista, os anarquistas russos desempenham um papel essencial em estimular, por suas críticas, o avanço rumo ao "comunismo sem Estado". É notável que a um espírito formado desde sua juventude no *anarquismo* não repugne falar de modo algum do "comunismo de Estado" ou do "Estado comunista" como de uma realidade que deve ser reconhecida, sem ficar embaraçado com a questão de saber se a doutrina autoriza ou não tais expressões. Há o "comunismo de Estado", e é preciso progredir para o "comunismo sem Estado": tais são os dados do problema. Pois não se passa do primeiro comunismo ao segundo de maneira natural, a despeito da homonímia. Temos aí, no mínimo, a indicação do fato de que não se pode chegar ao fim da dificuldade pelo exclusivo decreto *a priori* de uma definição. Pois, tomada em si mesma, a etimologia da palavra "comunismo" nada diz da significação determinada que o termo "comum" assume a cada vez e, por consequência, o vocábulo "comunismo". Evidentemente, ela funciona em Lênin como um argumento de autoridade: portanto, o fato de *communis* significar "comunal" em latim de forma alguma quer dizer que o comunismo possa ser definido abstratamente como uma "sociedade em que *tudo* é comunal". Pois esse "tudo" inclui tanto a terra e os meios de produção quanto a própria atividade de trabalho. Poder-se-ia também, por certo, inferir da etimologia latina que o comunismo é "a propriedade comum da terra e dos meios de produção produzidos pelo trabalho propriamente dito"[8], com exclusão da própria atividade de trabalho, portanto nem "tudo" é exatamente comunal.

---

7   V. Serge, *Mémoires d'un révolutionnaire et autres écrits politiques, 1908-1947*, p. 152-153.
8   Quiseram reconhecer aí a forma pela qual Marx caracteriza a sociedade pós-capitalista no fim do capítulo 24 do livro 1 do *Capital* (Paris: Éditions Sociales, 1983, p. 857). Ali, porém, Marx fala explicitamente do restabelecimento da "propriedade individual", mais do que da propriedade comum do trabalho.

HISTORICIDADE E PLURALIDADE DE COMUNISMOS

Não há essência do comunismo que permitiria autenticar ou, ao contrário, desqualificar uma reivindicação, uma proclamação ou uma denominação de "comunismo", mas dele existem muitas formas históricas. Assim, não podemos desqualificar de antemão um comunismo que faria do Estado um meio de sua instauração, a pretexto de que pertenceria à suposta essência do comunismo implicar a supressão de todo Estado, de modo que um "comunismo de Estado" seria uma contradição nos mesmos termos de um "círculo quadrado", ou seja, uma espécie de "heresia lógica". Pois é preciso entender-se previamente acerca da natureza do "comum" ao qual se faz referência, de tal maneira que seja esse entendimento, e somente esse, que determine a cada vez o que há nele do comunismo. Deve-se partir da pura lógica e resolver-se a decidir a questão a partir da própria experiência histórica.

Cada vez que se trata de "comunismo", o plural é sistematicamente conveniente: houve, e há sempre, *os* comunismos, irredutíveis uns aos outros. Tal pluralização do termo nada mais faz, no fim das contas, senão decorrer do reconhecimento da *historicidade* do comunismo. Por "historicidade" é preciso não entender aqui uma simples inscrição na história, mas uma relatividade ante condições históricas específicas. Para ter qualquer chance de se reencontrar no labirinto dessas múltiplas acepções, cumpre começar por impor-se algumas regras elementares. A primeira é a de não cometer violência contra a relação que um pensamento mantém consigo próprio ao impor a denominação de "comunismo", mesmo quando ele se recusou sempre explicitamente a isso, como faz Marx, nos *Manuscritos de 1844*, ao falar do "comunismo inacabado" de Proudhon para melhor filiá-lo numa história finalizada por seu suposto termo, a saber, o comunismo científico, ele próprio compreendido como "comunismo acabado"[9]. A segunda regra é a de resistir à tentação de tomar

---

9   Cf. Karl Marx, *Manuscrits économico-philosophiques de 1844*, Paris: Brin, 2007, p. 143-147. Ele fala, na ordem, do "comunismo grosseiro" de Babeuf, do "comunismo inacabado" de Proudhon e Cabet e, por fim, do "comunismo acabado". Ver-se-á mais adiante todo caráter arbitrário dessa reconstrução, ao ▶

pela palavra as genealogias e as reconstruções arriscadas pelos primeiros comunistas na busca de precursores, como se a coisa ou a ideia devesse preexistir à invenção da palavra ou do nome. Impor-se tal sobriedade será recusar-se a falar do "comunismo de Platão", do "comunismo de Jesus" ou ainda do "comunismo dos *Atos dos Apóstolos*"[10]. O terceiro princípio a seguir é o de não ceder à ilusão de uma comparação entre sequências e experiências dependentes de períodos históricos muito dessemelhantes, mas artificialmente aproximados por meio de uma única palavra "comunismo". O severo julgamento proferido por Jaurès sobre o "comunismo dos comunais pré-capitalistas" em a *História Socialista da Revolução Francesa* é nesse sentido, e à sua moda, exemplar: esse "antigo comunismo tradicional e rudimentar" é visto aí como um "comunismo de quase mendicidade e de sonolenta rotina", ou ainda como "um comunismo inferior e degradado" relativamente ao "grande comunismo futuro", o que lhe permite justificar de modo retrospectivo a partilha dos comunais pela Revolução Francesa[11]. Na realidade, é tão somente pelo anacronismo que podemos nos autorizar a falar de "comunismo" a propósito dos comunais. Nunca houve comunismo dos comunais, e os antigos *communiers*[12] nunca foram "comunistas". Tenha ele por função rechaçar ou exaltar, esse pretenso "comunismo medieval" não é senão uma invenção *ad hoc* destinada a escorar um forte preconceito pouco histórico.

Toda falta dessas três regras procede definitivamente de uma mesma *delegação de historicidade*[13]. Mas, perguntar-se-á,

> ▷ considerar o comunismo de Cabet, na medida em que se vê mal no que ele pode ser amalgamado ao socialismo de Proudhon para constituir o segundo momento dessa "história" do comunismo.

10 Como faz Étienne Cabet no seu livro *Le Vrai christianisme suivant Jésus-Christ* (*1846*). Sobre esse ponto, ver nosso livro *Marx, prénom: Karl*, p. 622.

11 Cf. Jean Jaurès, *Histoire socialiste de la Révolution française*, t. 1, *La Constituante*, p. 286 e p. 302, e t. 4, *Le Gouvernement révolutionnaire*, p. 145, Paris: Éditions Sociales, 2014 e 2015. Para uma discussão sobre esse ponto de vista, ver nossa obra *Commun,* Paris: La Découverte, 2015, p. 362-365.

12 Termo que surgiu no século XIV para designar indistintamente os usuários dos comuns, mas igualmente, o que é muito significativo, os homens mais destacados entre os burgueses de uma comuna ou ainda os membros da milícia comunal.

13 Um exemplo dessa abordagem a-histórica encontra-se na obra de Svetlana Alexievitch, *La Fin de l'homme rouge ou le temps du désenchantement*, p. 662: "A ideia do comunismo tem ao menos dois mil anos. Encontramo-la em ▶

até onde pode-se ir no reconhecimento dessa pluralidade e dessa historicidade? Não haveria um limite aquém do qual o discurso sobre "os" comunismos corre o risco de admitir não importa qual definição e renuncia, no mesmo lance, à inteligibilidade? De fato, deve-se distinguir diferentes tipos de comunismo sem, no entanto, sacrificar ao relativismo integral que consagraria *a priori* toda definição do comunismo como pertinente. Se seguirmos o fio condutor do exame histórico, poder-se-á identificar três tipos de comunismo: o comunismo da *comunidade*, o comunismo da *associação dos produtores*, e o comunismo do *Partido-Estado* que já foi questão discutida antes[14] e sobre a qual voltaremos, ainda que brevemente, após o estudo dos dois primeiros tipos. Caber-nos-á, enfim, pôr em evidência o que há de original e irredutível em um quarto tipo de comunismo, aquele que designaremos desde agora como "comunismo dos *comuns*".

O COMUNISMO DA COMUNIDADE

A palavra mestre do primeiro tipo de comunismo foi a "comunidade" com a qual Étienne Cabet afirma ter encontrado "o remédio para todos os males da Humanidade"[15]. Foi ele que, por sua *Viagem na Cária* (1840), "dá nome à reivindicação socialista comunitária" que lhe preexistia[16]. Babeuf já havia falado de "comunotistas" (*communautistes*), no fim do século precedente, mas, foi a partir de 1840 que se constituiu o hábito em certos meios de artesãos e de companheiros de ofício, em particular na imigração alemã em Paris, de se designar como "comunistas". Passou-se assim muito facilmente de "comunitário" para "comunista", transição cujo traço se encontra no texto de Moisés Hess, *Catecismo Comunista Por Perguntas e Respostas*: ao passo

> ▷ Platão, nos seus ensinamentos sobre um governo ideal e justo, em Aristófanes, em seus sonhos sobre um tempo no qual 'tudo será posto em comum'... Em Thomas More e Tommazo Campanella... E mais tarde em Saint-Simon, Fourier e Robert Owen". Como iremos ver, é difícil fazer melhor no amálgama de posições tão opostas.

14 Cf. capítulos 2 e 3, supra.
15 Étienne Cabet, *Voyage en Icarie*, Paris: Dalloz, 2006, p. 548.
16 Cf. Jacques Grandjonc, *Marx et les communistes allemands à Paris*, Paris: Maspero, 1974, p. 14.

que na versão inicial, publicada em 1844, a questão da referência ainda é a do ideal da "sociedade comunitária", na versão de 1846 essa expressão foi substituída por "sociedade comunista"[17].
A que necessidade intelectual responde a voga desse termo? Trata-se manifestamente de pôr o acento sobre a exigência de unidade. Em 1842, Théodore Dézamy, no seu *Código da Comunidade*, insiste particularmente sobre esse ponto. Protestando contra o abuso de linguagem pelo qual os aristocratas associaram a monarquia e a unidade, remetendo-se ao "instinto de unidade" que já animava "nossos pais" em 1793, afirma que um abismo separa as duas palavras: a unidade representa a união harmoniosa de todas as partes do corpo social, ao passo que a monarquia submete essas partes ao jugo de uma só dentre elas. A comunidade, prossegue ele, realiza "a unidade mais real e mais completa, a *unidade no todo*, na educação, na linguagem, no trabalho, na propriedade da terra, na habitação, no viver, na legislação, no funcionamento político etc.[18] Em suma, Dézamy o repete à saciedade, ela é "o regime da comunidade do viver". Essa comunidade dos iguais nunca perderá de vista o seguinte princípio: "afastar de todos os espíritos e de todos os corações até a menor tentação, a menor veleidade de dominação, de privilégio, de preeminência, de precedência, de preponderância, e numa palavra, de quaisquer prerrogativas"[19]. Dessa maneira, "ninguém terá de temer os funestos efeitos da incapacidade dos preconceitos, da avareza, do orgulho, da ambição etc."[20] Como Durkheim verá bem na sequência, essa unidade radical e integral visa de início e antes de tudo prevenir o organismo social da ação dissolvente, da "influência antissocial que é atribuída à riqueza"[21]. Trata-se de erradicar do coração do homem o que os gregos chamavam de *pleonexia*, isto é, o desejo de ter mais do que é devido, a sede de possuir autoconvertida em fim por si mesmo: "A sede de honras e de riquezas é um braseiro ardente,

---

17 Ibidem, p. 191, nota 2, e p. 193, nota 4. A versão inicial apareceu no n. 102 do *Vorwärts* de 21 de dezembro de 1844; a segunda versão, nos *Rheinische Jahrbücher zur gesellschaftlichen Reform*, v. 2, 1846.
18 Théodore Dézamy, *Code de la Communauté*, Paris: Prévost et Rouannet, 1842, p. 12 (grifos nossos).
19 Ibidem, p. 264.
20 Ibidem, p. 237.
21 Émile Durkheim, *Le Socialisme*, Paris: PUF, 1992, p. 63.

quanto mais a alimentamos, mais insaciável se torna, ela enche de vertigem e demência seus adoradores."[22] Vê-se por aí que a dimensão espiritual e moral da comunidade é uma dimensão demasiado forte, quase religiosa, tanto ela valoriza a "comunhão completa de todas as atividades e de todas as necessidades, de todos os espíritos e de todos os corações"[23].

Todas as disposições imaginadas por Dézamy estão ordenadas até nos seus mais ínfimos detalhes com esse único objetivo. É o caso da "instituição tão pura e tão sublime de refeições em comum" que era de rigor em Creta ou em Esparta: não bastava, com efeito, que os trabalhos fossem em comum[24], era preciso ainda que o consumo o fosse. De modo que "todos os repastos ocorriam em comum" figura como uma "regra essencial" do regime da comunidade: seu objetivo principal é "desenvolver e manter entre os iguais o sentimento da fraternidade"[25]. Assim compreendido, o sistema social do comunismo se opõe às três outras "maneiras de repartir, de consumir os produtos sociais". Há, com efeito, quatro modos fundamentais de distribuição: o sistema proprietário, que não é outro senão "o modo do acaso, do privilégio, da força, da fraude, do monopólio da compressão etc."; o saint-simonismo[26], "que tem por princípio fundamental a teocracia política e a aristocracia das capacidades" e que "desemboca quase nos mesmos resultados que o regime proprietário"; a igualdade absoluta, que pressupõe que "todos os homens têm as mesmas necessidades" e que não é praticável senão no exército, nos hospitais e nas prisões; enfim, a igualdade proporcional ou a igualdade real, que consiste em

---

22 T. Dézamy, op. cit., p. 247.
23 Ibidem, p. 237.
24 Sobre esse ponto, Durkheim não tem razão de emprestar ao comunismo em geral a regra tirada da *Utopia* de Thomas More, segundo a qual o consumo deve ser comum, enquanto a produção deve permanecer privada (E. Durkheim, op. cit., p. 64): aqui, são os repastos, os trabalhos, o ensino e os jogos que ocorrem em comum (Dézamy, op. cit., p. 265). Igualmente, é pelo menos apressado afirmar que *todas* as teorias comunistas formuladas anteriormente não seriam senão variedades do "comunismo platônico" (E. Durkheim, op. cit., p. 62).
25 T. Dézamy, op. cit., p. 44.
26 Trata-se do sistema elaborado por Saint-Simon no começo do século XIX, que tinha por princípio: "A cada um segundo a sua capacidade", daí a crítica de Dézamy concernente "à aristocracia das capacidades". Um pouco mais abaixo retornaremos ao saint-simonismo.

colocar os pratos à disposição de todos, "proporcionalmente aos apetites e segundo os gostos de cada um", e que constitui "a única verdadeira igualdade, a igualdade da natureza", aquela que realiza o sistema da comunidade[27].

Eis como se constitui a "unidade social", aquela que faltara precisamente ao edifício igualitário da Constituição de 1793. Mas nessa comunidade "de plena harmonia", o que ocorre com a "unidade política"? Para realizar uma "democracia real e completa", a unidade social e a unidade política devem necessariamente andar de mão dadas. A unidade social é "a unidade de ação, de produção, de consumo, é a unidade de metas". A unidade política "é a unidade de direção e de distribuição". Nos dois casos, o organismo de base é a comuna, que goza de uma existência própria. As comunas se ligam em congresso nacional para formar um corpo nacional de tal sorte que o Estado "não é senão uma coleção de comunas todas iguais entre si, mas uma coleção harmoniosa e inteligente"[28]. Além se constitui a "grande comuna humanitária" pela reunião de um "grande congresso humanitário"[29]. Temos, pois, a seguinte "organização comunitária": de início a comuna, depois um primeiro "centro de direção" chamado de "comunidade nacional", enfim, um segundo centro de direção denominado "comunidade humanitária"[30]. Os poderes propriamente políticos são quer de ordem administrativa, quer de ordem legislativa e executiva. Mas o que é que distingue então o exercício desses poderes políticos do funcionamento de "nossos parlamentos atuais"? De fato, as assembleias políticas do futuro, segundo Dézamy, "serão ao mesmo tempo parlamentos, institutos, academias, escolas etc.": "

Toda função do corpo político limitar-se-á a constatar e a promulgar todos os progressos, todas as descobertas, assim como a da direção social consistirá seja em operar incessantemente uma repartição equitativa de todos os produtos sociais, seja em convidar todos [os homens] de boa vontade a tomar parte nos trabalhos comuns.[31]

27 Cf. T. Dézamy, op. cit., p. 49-50.
28 Ibidem, p. 236.
29 Cf. Théodore Dézamy tem em vista estabelecer, durante o período transitório, corpos políticos intermediários, as "assembleias provinciais".
30 Ibidem, p. 265.
31 Ibidem, p. 255.

O ponto decisivo está nessa simplificação das funções políticas: constatar e promulgar todos os progressos e todas as descobertas!

"Nenhuma organização será, pois, mais simples e mais fácil do que a organização política."[32] Dézamy chega até a afirmar que "a organização social será de tal modo simplificada que *a máquina política atuará por si mesma*"[33]. Tal é o lugar estranho concedido às funções políticas nesse plano de organização da comunidade: essas funções de direção são reduzidas a funções de pesquisa e de propagação das descobertas da ciência. De alguma maneira, "na comunidade de plena harmonia, as coisas ocorrerão por si mesmas"[34], "a máquina política funcionará por si só", "as coisas se darão por si próprias": essas fórmulas são de uma ortodoxia saint-simoniana irrepreensível. Há alguma coisa aí de notável que merece ser sublinhada: apesar da oposição de Dézamy à "teocracia política" e à "aristocracia das capacidades", que caracterizariam, segundo ele, o sistema de Saint-Simon, e talvez aquém dessa oposição, encontra-se nele uma mesma fé nos progressos da ciência que simplificariam as funções políticas a ponto de absorvê-las na atividade da pesquisa científica. De fato, não é tanto sobre essa nova função da ciência quanto sobre a relação da comunidade dos iguais com aquilo que os saint-simonianos, e muitos outros, chamam nesse início de século por uma palavra nova, "associação", que se constitui uma oposição construtiva e fundamental.

O COMUNISMO DA ASSOCIAÇÃO DOS PRODUTORES

Com efeito, o termo "associação" vai adquirir uma significação que será difícil conciliar com o termo "comunidade". O que está em causa nessa divergência é precisamente a relação do indivíduo com a sociedade. "Comunidade" remete a uma subordinação do indivíduo ao todo orgânico do qual ele é membro, subordinação que visa garantir a unidade superior do corpo

---

32 Ibidem, p. 237.
33 Ibidem, p. 256 (grifos nossos).
34 Ibidem, p. 237.

contra toda manifestação de egoísmo e de cupidez por parte dos indivíduos[35]. "Associação" tende a significar uma relação entre indivíduos livres que é exclusiva, ao menos em direito, de toda forma de subordinação a um todo superior. Ela é um princípio de reorganização econômica na medida em que pode ser igualmente tão parcial (defesa dos interesses próprios às diferentes profissões) quanto geral (associação de produção ou cooperativa). A fórmula que a define melhor é aquela da "república na oficina"[36]. Porém, mais fundamentalmente, ela traz uma ideia da sociedade como relação entre os "societários" de uma mesma empresa, isto é, entre produtores que entram em relação para se prestar serviços recíprocos e complementares. Essa sociedade-empresa exclui toda sujeição a um "governo", porquanto o governo é reduzido ao comando arbitrário e ao exercício da violência que são características das "sociedades militares". O advento da "sociedade industrial" impõe redefinir o Estado como a *administração* de uma empresa cujos membros estão associados à grande obra produtiva, totalmente ao contrário do governo dos homens pelos homens. Para Bazard e Enfantin, discípulos de Saint-Simon, que publicam em 1829 uma exposição da *Doutrina de Saint-Simon*, o Estado é chamado a tornar-se "associação dos trabalhadores"[37], na nova ordem. Na associação generalizada, segundo uma célebre fórmula de Saint-Simon, "a administração das coisas substitui o governo dos homens". Essa ideia que inscreve o fim da política, quando não do Estado, no advento da sociedade industrial exercerá uma enorme influência sobre uma multidão de correntes socialistas e mutualistas. Como dirá ainda Jouhaux no início do século XX, com a associação, "a oficina substituirá o governo"[38].

Nessas condições, de onde vem que os partidários da associação tenham julgado de bom alvitre se destacar nitidamente

---

35 Essa subordinação não assume necessariamente uma forma autoritária, como é o caso na *Icária* de Cabet. Para Dézamy, "a comunidade não é outra coisa senão o corpo social, que os próprios cidadãos assumiram coletivamente" e, como tal, ela implica uma perfeita igualdade (op. cit., p. 45).
36 Acerca da experiência das associações nos anos de 1840, cumpre reportar-se à obra de Michèle Riot-Sarcey, *Le Procès de la liberté*, Paris: La Découverte, 2016.
37 Cf. Doctrine de Saint-Simon. Exposition, première année: 1829, Paris: Bureau de L'Organisateur/A. Mesnier, 1830, p. 115.
38 Cf. Célestin Bouglé, *Socialisme française. Du "socialisme utopique" à la "démocratie industrielle"*, Paris: Armand Colin, 1951, p. 163.

do comunismo da comunidade? É que, segundo eles, este último sistema cria obstáculo ao livre desenvolvimento das individualidades, ao estabelecer um modo de distribuição que não leva em conta senão a desigualdade das necessidades e não as das aptidões. Bazard e Enfantin insistem em evitar toda confusão entre os dois sistemas:

> Na organização social do futuro, cada qual, dissemos, deverá ver-se *classificado* segundo sua capacidade, *retribuído* segundo suas obras; trata-se de indicar suficientemente a desigualdade de partilha. No sistema da comunidade, ao contrário, todas as partes são iguais; e contra um modo semelhante de distribuição, as objeções necessariamente se acumulam em massa. O princípio da emulação é aniquilado, lá onde o ocioso é tão vantajosamente provido quanto o homem laborioso, e onde este vê, por consequência, todas as cargas da comunidade recairem sobre ele.[39]

O fourierista Victor Considerant resumirá nos seguintes termos essa oposição entre comunidade e associação: "A comunidade se fundamenta na igualdade absoluta de seus membros, enquanto a associação admite uma hierarquia baseada nas desigualdades e na diversidade das aptidões". Ou ainda:

> A comunidade ciosa das superioridades, tende a rebaixá-las a um nível esmagador; ela extingue toda emulação. A associação favorece o livre desenvolvimento das individualidades e seu movimento ascendente: em vez de suprimir toda espécie de disfunção, ela as multiplica ao infinito e as coloca ao alcance de todos.[40]

Todo gesto teórico de Marx irá consistir em voltar o comunismo contra o ideal de comunidade do qual ele, no entanto, historicamente proveio. Esse não é mais o comunismo *da* comunidade, mas o comunismo *contra* a comunidade, se ao menos se entende por "comunidade" uma comunhão moral e espiritual. Por meio dessa operação de virada do comunismo contra a comunidade, que constitui, à sua maneira, uma proeza, o comunismo acaba por se opor àquilo que era até então colocado nesses termos a ponto de acabar por se identificar com a própria ideia de associação: o comunismo não é mais um plano

---

39 Doctrine de Saint-Simon, op. cit., p. 111-112.
40 Cf. V. Considerant, *Exposition abrégée du système phalanstérien de Fourier*, 3. ed., Paris: Librairie Sociétaire, 1845, p. 27-28.

de organização da sociedade a regrar o emprego do tempo de seus membros, ele não é outra coisa senão a livre associação dos produtores[41]. Ele se define não mais como um ideal, mas como "o movimento efetivo que suprime o atual estado de coisas", segundo os termos de *A Ideologia Alemã*, e ao mesmo tempo como resultado ao qual esse movimento conduz necessariamente. Assim, esse resultado é, por assim dizer, antecipado na "comunidade" concretizada pela grande indústria capitalista sob a forma da concentração dos operários nas fábricas. Reencontra-se esse duplo sentido no uso que Marx e Engels fazem da palavra "associação": ela ora designa um processo objetivo, o da cooperação e o da divisão do trabalho, ora remete à sociedade comunista que se apresenta como a finalização desse mesmo processo objetivo. Assim, no *Manifesto Comunista*, a mesma palavra é portadora dos dois significados: *Assoziation*. De um lado, trata-se da questão do "progresso da indústria" que "substitui o isolamento dos operários devido à concorrência por sua união revolucionária por meio da associação [*durch die Assoziation*]"[42]. Porém, de outro lado, a sociedade comunista é descrita como "uma associação [*eine Assoziation*] na qual o livre desenvolvimento de cada um é a condição do livre desenvolvimento de todos", fato que tem por condição que toda produção seja concentrada "entre as mãos dos indivíduos associados"[43]. Vemos que a palavra "associação" remete ao mesmo tempo a uma tendência objetiva em operação no capitalismo, a da concentração dos operários na grande indústria, e à sociedade do futuro que deve supostamente resultar dessa mesma tendência objetiva. Ora, de uma a outra, nenhuma passagem é possível, pois, de um lado, sem considerar o processo objetivo da cooperação e da divisão do trabalho, o que se desenha é o modelo de uma *sociedade-fábrica* ou de uma *sociedade-oficina* submetida a uma disciplina de ferro, nas antípodas das predições saint-simonianas. De outro lado, se se considera a representação da sociedade futura em termos de *grande associação*, é todo um outro modelo que se impõe, do qual mal se vê como poderia

---

41   Sobre essa redefinição do comunismo, ver nossa obra *Marx, prénom: Karl*, p. 619s.
42   K. Marx et F. Engels, *Manifeste du parti communiste*, p. 89.
43   Ibidem, p. 101-102.

conciliar-se com o primeiro, de tal forma que a relação radicalmente não hierárquica prevalecente parece excluir a estrita subordinação entre os indivíduos implicados pelo modelo da sociedade-oficina.

O PESO DA HERANÇA SAINT-SIMONIANA

Essa dificuldade evidencia o peso esmagador da herança saint-simoniana sobre o comunismo proveniente de Marx e, para além, sobre a crítica desse comunismo por outras correntes que se dizem também partidárias do comunismo. Para se convencer disso, basta reler atentamente a célebre passagem da brochura de Engels, *Socialismo Utópico e Socialismo Científico* (1880), que faz referência a uma carta de Saint-Simon:

> Em 1816 ele proclama [que] a política [é a] ciência da produção e prediz a inteira reabsorção [*gänzliche Aufgehen*] da política na economia [...] a passagem [*Überführung*] do governo político dos homens a uma administração das coisas e a uma direção das operações de produção, portanto a 'abolição do Estado' [*Abschaffung des Staates*], sobre a qual se fez ultimamente tanto barulho, já se encontra claramente enunciada aqui.[44]

Não resta nenhuma dúvida de que, no espírito de Engels, a "reabsorção inteira da política na economia" e a" passagem do governo dos homens à administração das coisas" não são senão uma e a mesma coisa. Entretanto, se essas duas expressões são de origem saint-simoniana, "a abolição do Estado" remete sobretudo à posição defendida por Bakunin e os anarquistas durante os debates que agitaram a I Internacional nos anos de 1870, o que indica, aliás, o uso das aspas. Essa tradução da saint-simoniana "passagem" pela "abolição" do idioma anarquista tem, porém, fundamento? De uma para a outra, não há um salto que nenhuma convenção terminológica pode legitimar?

O termo *Abschaffung* significa em direito "ab-rogação" ou "abolição". É duvidoso que Bakunin e os anarquistas tenham jamais concebido a abolição do Estado como um ato jurídico

---

[44] F. Engels, *Socialisme utopique et socialisme scientifique*, Paris: Éditions Sociales, 1977, p. 99.

que procederia de uma autoridade habilitada a dizer o que o direito determina, pois o anarquismo parece excluir uma tal autoridade por princípio. Encarar uma abolição "progressiva" redunda em frisar o contrassenso puro e simples. Segundo Engels, se o Estado deve efetivamente ser "abolido", os anarquistas exigiriam que isso ocorresse "de um dia para outro", o que introduz o paradoxo da abolição da autoridade por um ato de autoridade. De outro lado, falar à maneira do próprio Engels de "extinção" ou ainda de "adormecimento", mais do que "abolição"[45], parece implicar uma espécie de "morte natural" a qual Victor Serge vê com razão ser altamente improvável: "Jamais se viu uma autoridade *consentir em desaparecer*"[46]. Resta então a frase saint-simoniana que figura no centro de todo esse desenvolvimento de Engels: "O governo dos homens dá lugar à administração das coisas e à direção dos processos de produção."[47] Mas o que essa frase está encarregada de significar é precisamente o que a frase precedente já dizia em outra linguagem: a saber, que a intervenção de um poder de Estado "torna-se supérfluo em um domínio após outro e adormece por si mesma [*schlaft dann von selbst ein*]"[48]. É esse "por si mesma" que deve reter toda nossa atenção. Ele permite, com efeito, remeter a um processo comandado não mais pela vontade legisladora do homem, mas pelos progressos da ciência: à medida que a ciência avança e se difunde na sociedade, o governo torna-se supérfluo e a administração das coisas assume seu lugar. Temos aí o pensamento profundo de Engels: a frase anarquista acerca da "abolição do Estado" é ao pé da letra inconsistente, a formulação sobre a "extinção" ou o "adormecimento" não é, quando muito, senão uma metáfora, porém a única maneira de salvar a frase anarquista da inconsistência, é fazê-la significar a mesma coisa que a metáfora, a saber, a "passagem" do governo dos homens para a administração das coisas. Essa herança saint-simoniana, plenamente assumida por Engels, possui duas faces: de um lado, a redução da política e do governo

---

45 Ibidem, p. 179: "O Estado não é abolido, ele se extingue [*er stirbt ab*]".
46 V. Serge, *Mémoirs d'un révolutionnaire et autres écrits politiques. 1908-1947*, p. 152.
47 F. Engels, op. cit., p. 179.
48 Ibidem. A tradução das Éditions Sociales por "entrar naturalmente em sono" não é falsa, mas lhe falta o "por si própria" (*von selbst*) do alemão, que aqui é essencial.

à violência e, de outro, a supressão correlativa do direito, o que se compreende facilmente se quisermos lembrar do fato de que política e direito estão reduzidos ao estatismo.

Vê-se, a singular tradução por Engels de "abolição" por "passagem" baseia-se, pois, numa crença amplamente partilhada na época sob a influência do saint-simonismo. Cabe lembrar que Dézamy dizia que na comunidade do futuro "a máquina política andará como que por si própria" e que "as coisas andarão por si próprias", graças à propagação da ciência na sociedade. De sua parte, a ideia de associação, tal qual foi enunciada por Saint-Simon antes de ser retomada por Marx por conta do "comunismo científico", parece implicar que são as próprias necessidades da produção coletiva que comandarão cada vez mais as tarefas a realizar, tornando assim supérfluo o recurso à coerção. Ora, essas necessidades da produção são descobertas pela ciência na medida de seu avanço. Uma forte valorização da ciência fundamenta nos dois casos a previsão de uma quase reabsorção da política na economia.

No que essa focalização no peso da herança saint-simoniana esclarece a nossa tipologia dos diferentes comunismos? Vimos mais acima a que ponto a leitura libertária de *O Estado e a Revolução* era insustentável. Na realidade, o uso feito por Lênin do conceito de "administração" é de inspiração nitidamente saint-simoniana: os sovietes se viam incumbidos das funções técnicas de gestão, de vigilância, de controle do processo de produção, o que não deixa também de lembrar o modelo da "sociedade-oficina", ao qual Lênin se refere, aliás, de muito bom grado[49]. Evidentemente, se há um desvio em relação à ortodoxia saint-simoniana e se a "política" subsiste apesar de tudo, é devido ao monopólio absoluto que o Partido exerce sobre as grandes decisões de orientação e à missão de educação e propaganda que ele se outorga. Toda a questão é saber se realmente é pertinente submeter esse modelo leninista a uma crítica que é ainda tributária da herança saint-simoniana, mesmo quando é de inspiração anarquista.

Desse ponto de vista, a crítica endereçada por Volin ao leninismo decorre dos limites inerentes ao comunismo anarquista. Em *A Revolução Russa*, o autor põe em evidência a

---

[49] Cf. capítulo 3, supra.

mentira bolchevique que consiste em assimilar "a ressurreição do Estado" a uma "revolução social" e lembra que a insurreição em Petrogrado "não foi senão uma pequena operação militar conduzida pelo partido bolchevista que se apoiava nas simpatias de vastas massas trabalhadoras"[50]. Ele apresenta a seguir a oposição fundamental entre as duas concepções, bolchevique e anarquista. Enquanto a primeira preconizava, explica ele, a tomada do poder político e a instauração da ditadura do proletariado, a segunda previa "o acordo federativo dos organismos de classe (sindicatos, cooperativas, todas as espécies de associações etc.), a coesão natural partindo de baixo, a centralização não política e estatal, porém *econômica e técnica*, conforme as necessidades reais". Ele acrescenta logo depois:

As duas concepções consideravam, entre outras coisas, a existência dos *sovietes* (conselhos operários), do mesmo modo que a existência de outras organizações operárias, como células da nova sociedade. Mas, enquanto a primeira concepção enxergava aí células sobretudo políticas, a segunda supunha organismos *econômicos e sociais*.[51]

Pleiteando uma "centralização econômica e técnica" e reduzindo assim os sovietes a "organismos econômicos e sociais", Volin retoma, sem duvidar disso, a concepção leninista do papel dos sovietes tal como ela resulta de *O Estado e a Revolução*. Sua crítica do bolchevismo leva completamente a uma falsa visão do problema, na medida em que o poder bolchevique havia empreendido, desde o começo, privar os sovietes de toda função política para melhor confiná-los na gestão da produção. O que comanda essa produção, por certo, é sempre a identificação de "político" a "estatismo" que constitui, como se viu, a marca da tradição anarquista.

Muito influenciada por essa tradição, a reflexão de Victor Serge revela também, à sua maneira, os limites de uma crítica do comunismo de Estado que permanece, de resto, no terreno da gestão da produção. Relatando suas próprias lembranças de 1920-1921, ele diz que ficou angustiado com o "aspecto reacionário" da Nova Política Econômica (NEP): "o sufocamento

---

50 *La Révolution russe. Histoire et vécue*, p. 108 e 120.
51 Ibidem, p. 125 (grifos nossos).

categórico de toda democracia". Interrogando-se mais tarde sobre a possibilidade de uma outra saída para o drama do comunismo de guerra, afirma: "Dando liberdade à cooperação mortalmente estatizada, convidando as associações a tomar em suas mãos a gestão dos diversos ramos da atividade econômica, podia-se suscitar imediatamente um vasto restabelecimento." Ele dá o exemplo das cooperativas dos sapateiros que poderiam prover as necessidades em couro e calçados, mas também de uma muito menos atendida, a das livrarias de Petrogrado, cujos livros confiscados apodreciam nos porões: "Confiadas a associações de amigos do livro, o resgate da livraria teria sido coisa prontamente realizada." Ele conclui sua manifestação com a seguinte frase: "Em uma palavra, eu preconizava um 'comunismo de associações' por oposição ao comunismo de Estado."[52] A proposição tem tudo para seduzir e ela se inscreve na linha reta da distinção já mencionada entre o "comunismo de Estado" e o "comunismo sem Estado" da "livre associação dos produtores": o estabelecimento de um "comunismo de associações" teria permitido progredir para essa "livre associação" que deveria ter permanecido o objetivo último, e a formulação possui ao menos o mérito de ir além da palavra de ordem enunciada em *Os Anarquistas e a Experiência da Revolução Russa*: "A produção aos produtores, isto é, aos sindicatos."[53] Victor Serge substitui as associações pelos sindicatos, mas, se essas associações são chamadas a desempenhar um papel, é na exclusiva gestão da atividade econômica. Do mesmo modo que Volin, ele vê o plano do conjunto da economia "não como ditado do alto pelo Estado, mas como resultado da harmonização das iniciativas da base"[54]. Ora, a exclusiva "democratização da economia" não pode bastar para conseguir a *despolitização* da produção que constitui, conjuntamente com o monopólio *político* do Partido, a essência do comunismo de Estado. O comunismo de guerra é sem dúvida um comunismo de Estado, mas o inverso não é verdadeiro: a virada da NEP pôs fim ao comunismo de guerra sem, no entanto, pôr fim ao comunismo de Estado. Não se pode sair desse último comunismo a não ser pondo em causa

---

52 V. Serge, *Mémoires d'un révolutionnaire et autres écrits politiques*, p. 621.
53 Ibidem, p. 156.
54 Ibidem, p. 621.

a divisão que relegava a atividade econômica para fora da política. Para acabar de uma vez, realmente, com o comunismo de Estado, teria sido necessário começar por restituir aos sovietes seu lugar de órgãos do *governo* subtraindo-os à dominação do Partido. Sem dúvida, já era muito tarde em 1921.

Definitivamente, o "comunismo das associações", apresentado por Victor Serge como uma alternativa ao comunismo de Estado, se liga de forma bastante direta ao comunismo da "associação dos produtores" estabelecido por Marx. Pode-se dizer a mesma coisa do "comunismo dos conselhos", do qual falamos na introdução desta obra: os conselhos aí são, antes de tudo, conselhos de fábrica que têm como lugar a produção. Mas isso é igualmente verdade no tocante à ideia que Volin faz do papel dos sovietes como "organismos econômicos e sociais". Ora, esse mesmo traço se reencontra, ao menos em parte, na concepção do "comunismo anarquista", tal qual ela se declara por ocasião do congresso da Federação do Jura em 1880, que girou em redor de Élisée Reclus e de Kropotkin. Kristin Ross demonstrou que essa corrente se distinguiu de pronto do "anarquismo coletivista" de Proudhon e Bakunin pela vontade de suprimir completamente o comércio e o dinheiro[55]. Ela enfatizou igualmente a importância da ideia de "associação" na concepção defendida por esse tipo de comunismo. Em uma carta de 1868 ao seu irmão, Élisée Reclus escreve que após a supressão de todas as antigas subdivisões administrativas só se pode partir do indivíduo para constituir livres associações. Ele escreve o seguinte: "Em vez de comunas e de províncias, eu propunha, pois: associações de *produção* e grupos formados por essas associações."[56] O essencial nessa ideia é que as primeiras associações constituídas a partir de indivíduos, as associações de base, de qualquer tipo, não podem ser senão "associações de produção". Por isso devemos colocar em questão o julgamento segundo o qual aquilo que uniria pensadores como Morris, Marx, Reclus, Kropotkin e outros na esteira da Comuna, seria "uma visão da transformação social baseada em

---

55 Kristin Ross, *L'Imaginaire de la Commune*, Paris: La Fabrique, 2015, p. 130. Vimos no capítulo 4 que essa posição foi posta em prática por numerosos militantes da CNT-FAI (Confederação Nacional do Trabalho- Federação Anarquista Ibérica), por ocasião das coletivizações que ocorreram nos campos em julho de 1936.
56 Apud K. Ross, op. cit., p. 152 (grifo nosso).

uma vasta federação voluntária de associações livres existentes em nível local"[57], pois se a posição de Marx difere nesse aspecto das outras, e se é isso que faz todo o seu valor, é porque ela reconhece, igualmente, nessa experiência da Comuna, a *dimensão política do autogoverno*, isto é, na medida em que representa uma brecha para além da concepção da associação dos produtores que fora até então a do próprio Marx.

Compreende-se agora o fato: as diversas correntes oriundas do comunismo da associação dos produtores devem, pouco ou muito, ao saint-simonismo sua concepção das relações entre política e produção. É essa justamente a razão pela qual elas são incapazes de oferecer uma verdadeira alternativa ao comunismo de Estado. Para romper completamente com o comunismo de Estado, ou do Partido-Estado, cumpre acabar de uma vez por todas com o dogma saint-simoniano de uma "administração das coisas" liberada do fardo da política e deixar de encarar tal liberação como um ideal do qual é preciso aproximar-se. É mister abrir o caminho para um novo tipo de comunismo que, definitivamente liberto desse legado, assuma plenamente seu caráter político.

O COMUNISMO DOS COMUNS: UM COMUNISMO POLÍTICO E INSTITUCIONAL

Para tornar-se efetiva, tal ruptura deve ser efetuada com toda consciência das apostas. Não basta saber com qual herança se deve acabar, cumpre ainda delinear positivamente o que se deve pôr em seu lugar. Por "comunismo dos comuns" entendemos não um movimento já em curso "que suprime o atual estado de coisas", segundo a fórmula de Marx, já citada, não o desenvolvimento de um ser comunitário que já estaria dado na dinâmica interna do capitalismo, mas um *projeto* que se apoia nas multiformes experimentações dos comuns (comuns urbanas, comuns de informação e de conhecimento, comuns agrícolas ou florestais etc.) prolongando ao mesmo tempo sua lógica para além dos limites atuais (fragmentação, ausência de coordenação etc.). Em todas essas experimentações, pode-se identificar um certo número de

---

57 Ibidem, p. 136.

traços salientes. Para começar, esses comuns são espaços institucionais limitados por regras elaboradas coletivamente: nesse sentido, um "não mercado" onde os produtos são oferecidos a preço livre, como o de Notre-Dame-des-Landes, é uma instituição[58]. Em seguida, esses comuns não são "sem solo", mas sempre situados, se não localizados, mesmo que esses lugares sejam muitas vezes espaços físicos bastante restritos que tomam raramente a forma de territórios contínuos (como nas Zonas de Preservação (*Zones à défendre*, ZAD]). Em terceiro lugar, essa localização não forma comunidades fechadas e exclusivas segundo o modelo da comunidade de pertinência: se há comunidades, estas são comunidades abertas e fluidas cujos limites institucionais não possuem quaisquer fronteiras. Em quarto lugar, esses comuns fazem prevalecer o direito de uso sobre o direito de propriedade, quer seja privado ou estatal, o que implica que o uso remete aqui a uma atividade de cuidado, de entretenimento e de preservação. Enfim, todos esses comuns são animados por uma mesma exigência de democracia igualitária, isto é, de uma coparticipação na deliberação, na decisão e na execução da decisão. Trata-se aí da "alma" de tudo comum. É o que nós denominamos o "princípio do comum", o qual é um princípio metainstitucional, visto que dá a todo comum a possibilidade de existir como instituição. Tal como nós o compreendemos, o comunismo dos comuns tem por ponto de partida o princípio do comum.

Ora, esse princípio é totalmente incompatível com a lógica da soberania estatal tal como ela se constituiu no Ocidente. A lógica dos comuns é radicalmente plural e não centralizada, muito ao contrário da lógica da soberania que se baseia na unicidade de um centro de decisão indivisível e absoluto, que é o sentido do *imperium* romano como poder absoluto de comandar. Esse poder revestiu formas diversas no curso da história. No comunismo de Estado, o Partido é o verdadeiro depositário da soberania porque é o detentor exclusivo da ciência. Uma estranha aliança se estabeleceu assim entre a lógica da soberania e a pretensão ao monopólio da ciência, que ia de um modo muito exato ao

---

58 Sobre a "Zone à défendre" (ZAD) de Notre-Dame-des-Landes, cf. Sylvain Mouillard, "À Notre-Dame-des-Landes, on rêve d'une 'commune libre de la ZAD'" [Em Notre-Dame-des-Landes, sonham com uma comuna da ZAD], *Libération*, 14 de dezembro de 2014, disponível em: <www.liberation.fr>.

encontro das previsões do saint-simonismo que pretendiam que a autoridade indiscutível da ciência, destinada a uma difusão irresistível por causa de sua natureza, invalidasse as pretensões dos juristas e tornasse, com o tempo, todo governo supérfluo. Para o bolchevismo, o partido de vanguarda, todo armado com sua ciência, devia conduzir ao definhamento do Estado em seu termo por meio de seu reforço "temporário". Sabe-se que esse reforço se tornou seu próprio fim, que o partido se converteu ele mesmo em seu agente mais zeloso[59] e que o que está em causa nesse arranjo singular é o papel central reservado ao Partido.

Ora, esse termo, "partido", admite dois sentidos principais. Pode tratar seja de um partido de vanguarda constituído de revolucionários profissionais organizados militarmente visando a conquista do poder de Estado, o que foi o Partido Bolchevique, seja de um partido parlamentar organizado com vistas ao exercício do governo à testa de um Estado cuja estrutura interna permanece fundamentalmente inalterada. Evidentemente, isso não vem de modo algum a dar no mesmo, se bem que nos dois casos é a lógica da soberania estatal que prevalece. A despeito dessa diferença entre as duas atitudes, deve-se notar que é, a cada vez, o objetivo que dita o modo e a forma da organização interna do partido. O partido de vanguarda dobra-se a uma disciplina militar porque se prepara para uma insurreição armada. Ele é já, à sua maneira, um *contra-Estado* antes mesmo da conquista do poder, e em vista dessa conquista. O partido parlamentar impõe aos seus eleitos uma disciplina, tendo em vista a formação de um governo a favor de uma mudança de maioria eleitoral. Ele já é, à sua maneira, um *contragoverno*, assim como testemunha, aliás, a prática dos "gabinetes fantasmas". Em outras palavras, é por necessidade interna e não por acidente que o partido se modela sobre o poder que ele dá a si com o objetivo de exercer, quer se trate do poder de Estado ou do poder de governo à testa do Estado.

Qualquer que seja o sentido retido, o partido é, portanto, tudo salvo uma forma institucional neutra. Dizer a respeito dessa forma que ela hoje está em crise é justo, mas sob a condição de não a isolar de seu conteúdo procedendo como se nos fosse lícito abandonar a forma inteira conservando o conteúdo. De fato,

---

59 Cf. capítulo 3, supra.

a forma do partido transgride duplamente o princípio do comum que reside no coração do comunismo dos comuns: para começar, naquilo que ela implica um modo de organização de tipo oligárquico; depois, naquilo que ela conduz a extravasar-se no molde do Estado-nação. As duas coisas estão, aliás, estreitamente ligadas: o poder de Estado é oligárquico no seu funcionamento mesmo e ele se exerce hoje ainda na forma que é a do Estado-nação. A esse respeito o bolchevismo é um modelo rematado, visto que o partido único se funde aí com o Estado-nação[60]. Vemos que é o princípio do comum que comanda hoje o fato deste não se constituir em partido. Não basta, pois, dizer seguindo Marx, que os comunistas não são um "partido particular" porque são a "parte mais resoluta" do movimento operário[61]. A verdade é que todo partido é, *enquanto partido*, um "partido particular" que tende necessariamente a fazer prevalecer seus interesses particulares às expensas do comum devido à sua completa subordinação à lógica da soberania estatal. Eis por que o comunismo dos comuns não pode ser o comunismo de partido.

Se o partido-Estado foi a encarnação mais cabal da soberania estatal, não é somente porque foi uma figura exemplar do *imperium* legado pela tradição. É também, e indissociavelmente, porque realizou até o fim a lógica *proprietária* do Estado-nação. Pois, ao contrário do que se diz com frequência, o *imperium* moderno não é constituído contra o *dominium*, porém a partir dele, isto é, transportando sua lógica à esfera pública. Certo, a propriedade pública é impessoal, mas, à sua maneira, ela é absoluta, assim como a propriedade privada. Não é que o soberano seja proprietário da soberania, é que a soberania é uma propriedade. É precisamente isso que o comunismo de Estado realiza sob a forma de uma extensão sem precedente da propriedade estatal. Certas correntes quiseram combater esse

---

60 Hannah Arendt incontestavelmente tinha razão ao afirmar que "a ditadura do partido único não é senão o último estágio do desenvolvimento do Estado-nação em geral e do sistema multipartido em particular" (cf. De la révolution, *L'Humaine condition*, Paris: Gallimard, 2012, p. 570). Foi isso também que Vassili Grossman acentuou quando sublinha que "a nova ordem havia recorrido à antiga fraseologia que tinha sua fonte no início do século XX, no momento da formação da ala bolchevique no Partido Social-Democrata. Mas essa nova ordem tinha por característica fundamental ser estatal-nacional" (V. Grossman, *Vie et destin*, Paris: Presses Pocket, 1984, p. 627).
61 Cf. K. Marx e F. Engels, op. cit., p. 91.

comunismo opondo à propriedade estatal uma propriedade "comum" ou ainda "coletiva". Mas isso era alimentar uma ilusão funesta da qual o movimento operário não se repôs realmente. Pois a propriedade comum ou coletiva é ainda uma propriedade que está circunscrita aos limites daqueles que são coproprietários. Nesse sentido, ela é ainda privada, quer dizer, excludente, ao menos em relação a todos aqueles que não são codetentores[62]. Murray Bookchin nota isso lucidamente, o destino de muitas empresas coletivas é a esse respeito esclarecedor:

> As cooperativas sob controle do Estado ou dos trabalhadores se transformam muitas vezes em corporações de tipo oligárquico, como se fez à larga nas experiências nos Estados Unidos e na Escandinávia. O que distingue um grande número dessas empresas é que, de modo mais ou menos marcado, elas se tornam agrupamentos de interesse particularistas. Mas elas não se distinguem por natureza das empresas capitalistas, e estão submetidas às mesmas pressões do mercado. Assim, o próprio interesse da empresa tende progressivamente a ganhar terreno sobre seus objetivos éticos mais elevados, isso geralmente em nome da *eficácia*, da necessidade de *crescer* para sobreviver, e por causa da tentação irresistível de aumentar os benefícios.[63]

Não é, pois, um acaso se hoje as cooperativas são atravessadas por uma luta que põe em confronto a lógica do comum e a da empresa: como diz Joan Subirats, a propósito da experiência das cooperativas em Barcelona, observa-se "um movimento muito politizado nas cooperativas de base, que é o oposto da tendência empresarial das grandes cooperativas"[64].

De um modo mais amplo, não se deve confiar na multiplicação de pequenos agrupamentos isolados que se difundem por seu exclusivo poder de atração. Cumpre enfrentar o problema do poder sem, no entanto, alimentar ilusão sobre a "tomada do poder" e sem procurar "conquistar o poder central". A alternativa entre apoiar os movimentos sociais e investir nas instituições é perfeitamente estéril porque ainda é uma

---

62 É o que demonstra Benoît Borrits em seu livro *Au-delà de la propriété: Pour une économie des communs*, Paris: La Découverte.

63 Murray Bookchin, *Une Société à refaire: Vers une écologie de la liberté*, Montreal, Écosociété, 2015, p. 286.

64 J. Subirats, Catalunya en Comú: construire un pays en commun(s), entrevista realizada em Barcelona em 20 de abril de 2017, por A. Ambrosi e N. Thede, disponível em: <www.remixthecommons.org>.

alternativa de partido[65]. A questão não é tanto de investir ou ocupar as instituições existentes quanto a de criar novas instituições, se necessário para a transformação das instituições existentes, portanto construir novos poderes. Como disse ainda muito justamente Murray Bookchin:

A não ser que tentemos – mas essa tentativa me parece destinada ao fracasso – reviver os mitos em que se converteram a insurreição proletária e a confrontação (fraca) armada com um moderno Estado-nação dotado de um poderoso arsenal nuclear, não temos outra escolha senão procurar estabelecer *contrainstituições* que se oponham ao poder do Estado-nação.[66]

É, portanto, à lógica proprietária do Estado-nação que é preciso acometer com prioridade, de maneira a dissociar praticamente o público do estatal e favorecer a emergência de comuns que encarnem aquilo que se poderia chamar de *público não estatal*[67]. Mas essa reposição da questão em causa está condenada de antemão ao malogro se ela espera tudo do poder do próprio Estado. A transformação do Estado pela subversão de sua lógica proprietária não pode provir do próprio Estado. Ela deve proceder de um escalão situado muito mais próximo da massa dos cidadãos do que é o escalão das municipalidades ou das cidades. A experiência do governo municipal de "Barcelona no comum" é, a esse respeito, rica de ensinamento[68]. Em vez de "continuar a converter o público em estatal", a "política do comum" deve "ir além de uma aproximação com eixo no Estado", empenhando-se aí a "criar espaços coletivos"[69]. Em lugar do protecionismo de Estado, ela deve favorecer "um movimento de proteção que gera a

---

65 No caso, aquela na qual parece ter-se encerrado o Podemos [partido político espanhol] por ocasião de seu congresso em fevereiro de 2017.
66 M. Bookchin, op. cit., p. 271.
67 É o que Joan Subirats denomina "um 'Público' que não está limitado ao institucional" ou ainda "uma esfera pública não institucional" (Cf. Catalunya en Comú, op. cit.).
68 Sobre o novo municipalismo espanhol, ver Ludovic Lamant, *Squatter le pouvoir: Les Mairies rebelles d'Espagne*, Montreal: Lux, 2016.
69 Cf. J. Subirats, op. cit. Joan Subirats fornece o exemplo de centros sociais cívicos que são propriedade municipal sendo ao mesmo tempo gerados e controlados pela comunidade dos cidadãos, iniciando assim "um processo de apropriação das instituições que acaba por ser mais forte do que se tudo dependesse do Estado.

autonomia", seja o desenvolvimento de uma capacidade de autoproteção que é "contraditória com a tradição centrada no Estado" e que está no coração do movimento atual dos comuns. Esse municipalismo não é a reedição em miniatura do soberanismo do Estado-nação, ele implica a construção de um novo espaço político da esquerda na escala da Catalunha inteira, a da *Catalunya en Comú* (Catalunha em Comum), e, ao mesmo tempo, um internacionalismo prático que se traduziu pela organização em junho de 2017 da reunião Fearless Cities (Cidades Sem Medo)[70].

Não se trata, é certo, senão do esboço de um movimento de coordenação democrática dos comuns políticos municipais, mas é essa via, entre outras, que é preciso abrir se se quer construir uma relação de forças durável e sólida. E isso não prejulga formas inéditas que no futuro as grandes cidades poderão assumir quando forem reorganizadas a partir da lógica do comum. Pode-se assim imaginar "que uma sociedade ecológica que haja chegado à maturidade se comporia de municipalidades de talhe razoável, cada uma das quais seria uma comuna de comunas menores constituídas de casas coletivas ou de habitações particulares que vivam em harmonia sutil com o ecossistema circundante". O essencial está alhures no movimento de *municipalização* que essas práticas seriam suscetíveis de acarretar para além mesmo da esfera estritamente política:

Em vez de nacionalizar e coletivizar a terra, as fábricas, as oficinas e os centros de distribuição, uma comunidade ecológica *muncipalizaria* sua economia para integrar seus recursos no sistema confederal regional. A terra, as fábricas, as oficinas seriam controladas por assembleias populares de comunidades livres, e não pelo Estado-nação ou por produtores-trabalhadores que poderiam muito bem adquirir uma mentalidade de proprietários.[71]

Além da questão das cidades por si só, deve-se lembrar que a comuna ou o município é o comum político de base. O projeto de um comunismo de comuns é, em primeiro lugar, o de uma confederação de comuns.

---

70 Cf. L. Lamant, A Barcelone, une alliance des villess contre les nouveaux monstres politiques, 13 Juin 2017, *Mediapart*, disponível em: <www.mediapart.fr/>.
71 M. Bookchin, op. cit., p. 287.

Referências Biográficas das Personagens Citadas

ALBA, VICTOR (1916-2003). Militante, jornalista e escritor comunista antiestalinista. Membro do Partido Operário de Unificação Marxista (POUM), dirigiu *La Batalla*, órgão de imprensa do partido durante a guerra civil espanhola. Após seis anos de prisão, ao fim da guerra, exilou-se de início na França, onde trabalhou com Camus no jornal *Le Combat*, depois no México. Escreveu a *História do POUM*.

AZAÑA DÍAZ, MANOEL (1880-1940). Político e escritor espanhol republicano que foi presidente da Segunda República espanhola de 1936 a 1939. Após a vitória de Franco, exilou-se na França onde morreu.

BAZARD, SAINT-AMAND (1791-1832). Herói da batalha de Paris de 1814 que, sob a Restauração, trabalhou no seio de muitas sociedades secretas para derrubar os Bourbons. Ardente promotor das ideias de Saint-Simon, foi alcunhado, ao mesmo tempo que Prosper Enfantin, "Pai Supremo" dos saint-simonianos, título que perdeu ao fim de uma ruptura ideológica com o seu homólogo, pouco antes de falecer.

BERKMAN, ALEXANDER (1870-1937). Militante e escritor anarquista de origem russa que emigrou aos dezessete anos para os Estados Unidos onde participou ativamente do movimento libertário e encontrou Emma Goldman, da qual foi próximo durante toda a vida. Após haver tentado assassinar o rico industrial do aço que havia ordenado que atirassem sobre seus empregados em greve, ele foi expulso, com Goldman e outros anarquistas, para a Rússia, em 1919, constatando bem depressa, especialmente depois do esmagamento da rebelião de Cronstat, a burocratização e repressão sob o regime bolchevique, uma desilusão que ele descreve em seu livro *O Mito Bolchevique*. Instalou-se então na França, em 1925, onde viveu até o fim de seus dias e onde continuou a militar nas fileiras anarquistas.

BOLLOTEN, BURNETT (1909-1987). Especialista da Guerra Civil espanhola que cobriu como correspondente da United Press, consagrou o resto de sua vida à mais profunda pesquisa levada a efeito sobre esse conflito, cujo resultado se encontra nos arquivos da Universidade Stanford, no livro magistral *The Spanish Civil War*.

BORODIN, MIKHAIL (1884-1951). Membro do Partido Bolchevique a partir de 1903, tornou-se, após outubro de 1917, agente do Komintern no México, na Espanha e no Reino Unido. Pôs em execução a política estaliniana de aliança com os nacionalistas chineses. Foi enviado ao gulag em 1949 por suas origens judaicas.

BUBNOV, ANDREI (1883-1938). Membro do ramo bolchevique do Partido Operário Social-democrata, participou da revolução de 1905 e foi encarcerado várias vezes. Após fevereiro de 1917, integrou o Soviete de Moscou e foi nomeado para o primeiro Politburo bolchevique pouco antes de outubro de 1917, assim como para o Comitê Militar Revolucionário. Em 1920, uniu-se à oposição ao "Centralismo Democrático" e assinou a *Declaração dos 46* em apoio a Trótski. Desapareceu nos expurgos de 1937 e teria sido executado menos de um ano mais tarde.

BUKHARIN, NICOLAI (1888-1938). Tendo se engajado muito cedo nas fileiras dos bolcheviques, foi por ocasião de seu exílio, que começou em 1911, que encontrou Lênin e Trótski e se impôs como economista marxista. De volta à Rússia em fevereiro de 1917, tornou-se membro do Comitê Central e depois do Politburo, redator chefe do *Pravda*, *Izvestia* e da revista *Bolchevik*, e redigiu numerosos textos que vieram a ser clássicos da teoria comunista. Após a morte de Lênin, tomou o partido de Stálin, e ajudou a eliminar Kamenev e Zinoviev. Bem depressa, porém, foi posto de lado e demitido do *bureau* político. Após uma reabilitação muito temporária, foi detido e depois condenado por ocasião do terceiro dos Processos de Moscou, em março de 1938, sendo executado.

BULIGUIN, ALEKSANDR (1851-1919). Ministro do Interior do tsar. Elaborou uma constituição em resposta à revolução de 1905, propondo a criação de uma nova instância cuja natureza puramente consultiva não desarmou o movimento de protesto. Por causa desse malogro, Buliguin foi demitido. Ele foi executado pelos bolcheviques.

BRANDLER, HEINRICH (1881-1967). Sindicalista, membro fundador da Liga Espartaquista e secretário do conselho operário de Chemnitz, depois cofundador do Partido Comunista Alemão (KPD), o Komintern lhe imputou a responsabilidade pelo fiasco que foi o levante de março de 1921 e a revolução fracassada de outubro de 1923. Excluído do KDP em 1928, fundou o Partido Comunista de Oposição (KPD-O). Exilou-se na França após a chegada dos nazistas ao poder e foi brevemente preso sob o regime de Vichy. Refugiou-se em Cuba em 1941 e, após o fim da guerra, retornou à Europa, se fixando na República Federal Alemã, onde permaneceu até a morte.

CABET, ÉTIENNE (1788-1856). Pensador utopista que foi um dos primeiros na França a se dizer comunista. Em 1842, publicou *Viagem em Icaria*, projeto de uma comunidade ideal que ele tentou concretizar em Illinois, com outros colonos icarianos. Essa experiência durou cinco anos, antes que os colonos se levantassem contra o autoritarismo de Cabet. Com alguns partidários, partiu para fundar uma outra comunidade. Morreu antes de conseguir seu intento.

CARRANZA, VENUSTIANO (1859-1920). Político liberal mexicano, oponente do governo de Porfirio Díaz e, depois, do de Victoriano Herta, contra o qual ele criou um exército constitucionalista. Rival de Pancho Villa, manobrou contra ele, assim como manobrou contra os zapatistas, tanto e tão bem que se impôs contra os outros chefes revolucionários e se tornou presidente do México em 1915, uma função que assumiu até 1920 e da qual aproveitou para mandar assassinar Emiliano Zapata, entre outros adversários.

CHALÁMOV, VARLAM (1907-1982). Escritor e jornalista russo, foi de início condenado em 1937 a cinco anos de gulag em Kolimá, e posteriormente, de novo, a dez anos em 1943. Após uma grave doença, em 1946, conseguiu escapar ao trabalho na mina e, graças a um detento-médico, pôde purgar o fim de sua pena trabalhando no hospital. Libertado em 1951, foi reabilitado somente em 1956, data na qual voltou a Moscou e escreveu *Os Contos de Kolimá*, sobre os anos de gulag, censurado na URSS até 1987.

CILIGA, ANTE (1898-1992). Político e escritor croata, aderiu ao partido comunista iugoslavo em 1920 e depois tornou-se rapidamente membro do Bureau Político. Expulso da Iugoslávia, foi em Moscou, em 1926, que constatou os danos da burocratização do regime. Sua oposição a Stálin lhe valeu ser encarcerado de 1930 a 1933, data na qual as pressões internacionais permitiram obter sua expulsão da URSS. Passou o resto de sua vida entre Paris, Roma e a Iugoslávia.

CONSIDERANT, VICTOR (1808-1893). Socialista utópico, discípulo de Fourier, foi cofundador do jornal *Le Phalanstère* [O Falanstério] e sucedeu a Fourier à testa da Escola Societária, devotada à difusão das ideias fourieristas. Eleito deputado em 1848, elaborou a noção de direito ao trabalho, esboçou o sistema da representação proporcional e propôs o direito de voto para as mulheres. Exilado em 1849 por se opor a Luís Napoleão, ele só retornou à França vinte anos mais tarde; aderiu à 1ª Internacional e sustentou a causa da Comuna.

DÉZAMY, THÉODORE (1808-1850). Teórico socialista, ligado entre outros a Blanqui, aderiu a várias sociedades secretas e trabalhou como secretário de Étienne Cabet. Separou-se dele para elaborar uma doutrina do "comunismo unitário".

DÍAZ RAMOS, JOSÉ (1895-1942). Padeiro de profissão, ingressou muito cedo nas fileiras da Confederação Nacional do Trabalho (CNT) onde militou até 1927, ano de sua adesão ao Partido Comunista da Espanha (PCE). Foi nomeado secretário-geral em 1932 e, a partir de 1933, pugnou pela criação de uma frente popular que unisse as forças de esquerda contra o fascismo. Durante a guerra civil, permaneceu à testa do PCE e lutou contra as milícias anarquistas. Em 1938, acometido por um câncer, teve de ir tratar-se na União Soviética. Partiu pouco antes da vitória dos fascistas, e nunca retornou à Espanha. Foi enviado em missão pelo Komintern para a Geórgia onde se suicidou.

DZERJINSKI, FÉLIX (1877-1926). Nasceu perto Vilna, fundou, em 1899, o Partido Social-Democrático da Polônia e da Lituânia (SDKPilL), onde trabalhou notadamente com Rosa Luxemburgo. Participou da revolução de 1905 e foi eleito para o Comitê Central do Partido Operário Social-Democrata na Rússia em 1906, quando se juntou aos bolcheviques. Na véspera de outubro de 1917, lutou sem reserva por uma tomada do poder pelos bolcheviques. Lênin lhe confiou a criação da Tcheka, cuja missão era a de esmagar os "inimigos do povo". Entre 1922 e 1924, a influência de Dzerjinski cresceu e ele participou da elaboração da Nova Política Econômica (NEP). Morreu subitamente de um ataque cardíaco, após uma reunião agitada do Comitê Central.

ENFANTIN, BARTHÉLÉMY PROSPER (1796-1864). *Chef de file* do movimento saint-simoniano e economista, foi o "pai supremo" do saint-simonismo junto com Saint-Amand Bazard, até a separação. Enfantin abriu então sua casa familial em Ménilmontant para uma comunidade de saint-simonianos, o que lhe valeu ser preso por atividades subversivas. Ao sair da prisão, partiu para o Egito onde procurou concretizar o projeto do canal de Suez. Regressou à França para tentar instaurar aí uma nova forma de governo, o apostolado real. Enviado em missão exploratória à Argélia, expressou críticas em relação aos métodos da colonização em seu retorno à França. Morreu após ter retomado suas atividades saint-simonianas.

FLORES MAGÓN, RICARDO (1873-1922). Militante e pensador anarquista, foi um dos precursores da Revolução Mexicana. Em 1900, no México, fundou o jornal *Regeneración*. Preso e encarcerado repetidas vezes por seus ataques contra autocracia de Porfirio Díaz, exilou-se em Missouri onde relançou o jornal e, em 1906, fundou o Partido Liberal Mexicano (PLM). Após três anos de prisão na Califórnia, Magón formou uma aliança entre o PLM e os Industrial Worker of the World (IWW). De volta ao México, após o início da revolução, simpatizou particularmente com a luta dos camponeses zapatistas, mas não pôde aliar-se com nenhum dos chefes revolucionários. Entretanto, com os IWW, conseguiu ocupar o norte da Baixa Califórnia e fundar aí uma comunidade efêmera. Precisou refugiar-se rapidamente, de novo, nos Estados Unidos, onde redigiu, em 1911, o *Manifesto* do PLM, defendendo posições claramente anarcossindicalistas e pelas quais foi, mais uma vez, preso. Morreu na prisão de McNeil Island.

GOLDMAN, EMMA (1879-1940). Imigrada russa nos Estados Unidos, aderiu ao anarquismo após o massacre de Haymarket. Autora prolífica, jornalista e grande oradora, desempenhou um papel central na difusão das ideias libertárias e do feminismo nos Estados Unidos. Foi expulsa para a Rússia em 1919 com Alexander Berkman, após tentativa de assassinato de um industrial americano. Em face das realidades do regime bolchevique, desencantou-se rapidamente e tornou-se uma de suas críticas mais veementes. Assistiu à sublevação de Cronstadt e tentou, ao lado de outros anarquistas estrangeiros, atuar a título de mediadora para evitar que a insurreição fosse esmagada. Em 1931, publicou sua autobiografia e obteve a permissão de retornar aos Estados Unidos a fim de pronunciar conferências. Em 1936, foi convidada a ir a Barcelona pela CNT e pela Federação Anarquista Ibérica (FAI) e ficou entusiasmada ao ver que os anarquistas haviam conseguido. Passou os últimos anos de sua vida no Canadá.

GORTER, HERMAN (1884-1935). Figura emblemática do comunismo de conselhos e poeta neerlandês, Gorter aderiu de início ao Partido Social-Democrata dos Operários dos Países-Baixos, depois, durante uma cisão de que foi um dos provocadores, filiou-se ao Partido Comunista dos Países-Baixos. Saudou a Revolução Russa num primeiro momento, mas bem depressa tornou-se um virulento crítico de Lênin. Em 1914, foi expulso dos Países-Baixos por suas atividades pacifistas e juntou-se aos espartaquistas na Alemanha. Fervoroso militante da ala esquerda da II Internacional, cofundou em 1921, o Partido Comunista Operário da Alemanha (KAPD).

ISTRATI, PANAIT (1884-1935). Nascido na Romênia, foi um escritor nômade e autodidata. Percorreu a Europa e aprendeu sozinho francês, língua que utilizou para escrever seus romances saudados notadamente por Romain Rolland. Após uma estada em 1927-1928 na URSS, escreveu *Vers l'autre flamme. Confession pour vaincus*, em que denuncia sem rodeios a ditadura estalinista. Tísico, passou os últimos anos de sua vida entre Nice e a Romênia. Sua obra permaneceu no esquecimento até os anos de 1960.

KAMENEV, LEV BORISSOVITCH (1883-1936). Após ter abandonado seus estudos para dedicar-se à atividade revolucionária em 1902, partiu para o exterior e encontrou Lênin, bem como outros chefes revolucionários no exílio. Em 1907, por ocasião do congresso do Partido Social Democrata Operário realizado em Londres, foi eleito para o Comitê Central. Com Zinoviev, tornou-se um dos principais colaboradores de Lênin no estrangeiro. Retornou à Rússia em 1914 para dirigir a *Pravda*, mas foi preso e enviado para a Sibéria onde permaneceu até a Revolução de Fevereiro. Depois da tomada do poder pelos bolcheviques, ainda que tenha se pronunciado contra a insurreição pregada por Lênin, foi um dos sete membros do primeiro Politburo, depois presidente do Soviete Supremo de Moscou, comissário do povo e presidente do Politburo. Após a morte de Lênin, participou com Zinoviev do afastamento de Trótski, chegando até a propor, sem sucesso, que este último fosse excluído do Partido. Em 1925, caiu em desgraça aos olhos de Stálin e, durante o Congresso do Partido desse ano, exigiu que Stálin fosse demitido de suas funções. Sua petição foi rejeitada e ele perdeu seu direito de voto no Partido. Em 1928, foi expulso e, após algumas tentativas de reintegração, fez parte dos primeiros acusados dos processos de Moscou nos anos trinta, sendo executado após dois julgamentos, em 1936.

KAMKOV, BORIS DAVIDOVITCH (1885-1938). Muito jovem, aderiu ao Partido Socialista Revolucionário russo e participou da revolução de 1905. Depois, após um exílio na Alemanha e na França, onde se juntou aos socialistas-revolucionários (SR) de Paris, voltou à Rússia depois da Revolução de Fevereiro e foi eleito para o Soviete de Petrogrado onde engrossou as fileiras dos SR de esquerda. Foi eleito para o Comitê Executivo Pan-Russo e pregou a supressão do governo provisório e a transferência do poder aos sovietes. Após Outubro, teve assento no Conselho dos Comissários do Povo e defendeu a formação de um governo de coalizão, mas, desde 1918, os SR de esquerda abandonaram a ideia, e Kamkov tornou-se um fervoroso antibolchevique. Após haver uma manifestação de contestação, precisou entrar na clandestinidade, mas foi detido em 1920. Ele será executado em 1938.

KAUTSKY, KARL (1854-1938). Dirigente político da social-democracia alemã e teórico marxista, foi uma figura tutelar do marxismo ortodoxo, impondo-se como sucessor de Engels, para o qual havia trabalhado como secretário e do qual foi executor testamentário. Foi um dos mais virulentos críticos marxistas da revolução bolchevique. Cofundou o Partido Social-Democrata independente (USPD) em 1917. Censurou, entre outras coisas, os bolcheviques por seu autoritarismo e por terem escolhido desencadear uma revolução proletária quando as condições não estavam maduras.

KURSKI, DIMITRI IVANOVITCH (1874-1932). Após ter participado das sublevações de 1905, tomou parte na revolução de Outubro e tornou-se comissário da Justiça em 1918, antes de ser nomeado procurador geral. Em 1928 foi enviado à Itália como embaixador.

KROPOTKIN, PIOTR (1842-1921). Geógrafo, antropólogo, geólogo, foi um dos principais teóricos do anarquismo ao qual aderiu em 1862, após um primeiro contato com a Federação Jurassiana e Bakunin. De retorno à Rússia, difundiu as ideias do anarquismo junto aos trabalhadores e foi detido e encarcerado em 1874 por atividades subversivas. Depois de ter-se evadido, percorreu a Europa, fundou revistas e jornais, notadamente *La Révolte* e *Freedom*. Em Londres, publicou suas principais obras, *A Conquista do Pão* e *A Ajuda Mútua, um Fator da Evolução* onde estabeleceu as bases da ética anarquista. Voltou-se contra o anarcossindicalismo. Regressou à Rússia após fevereiro de 1917 e criticou abertamente os desvios autoritários do governo bolchevique. Suas teorias inspiraram especialmente a revolta anarquista na Ucrânia.

LASCHEVITCH, MIKHAIL 1884-1928). Membro do Partido Social-Democrata a partir de 1901, suboficial durante a Primeira Guerra Mundial, juntou seu regimento aos insurgentes de 1917. Foi membro do Comitê Militar Revolucionário, e depois ocupou outros postos de alta responsabilidade na Defesa. Próximo de Zinoviev, foi excluído do Partido e depois enviado à Sibéria, onde morreu.

LARGO CABALLERO, FRANCISCO (1869-1946). Sindicalista espanhol e chefe do Partido Socialista Operário Espanhol (PSOE).

Foi ministro do Trabalho da Segunda República, depois dirigiu o Conselho de Ministros sob o governo de Azaña. Partidário, no início da guerra civil, de uma aliança entre a CNT e o PCE, alcunharam-no de "Lênin espanhol". Durante a guerra, esforçou-se em vão para congregar as forças socialistas, PSOE, PCE e o POUM, e formou brigadas mistas, reunindo socialistas, comunistas e anarquistas. Em 1937, resistiu às pressões dos comunistas e recusou-se a assinar a condenação do POUM. À guisa de represália, o PCE suscitou uma crise que o forçou a demitir-se. Justo antes da entrada das tropas franquistas em Barcelona, exilou-se na França onde foi preso pela Gestapo em 1943, a seguir foi deportado para Sachsenhausen. Sobreviveu, mas faleceu um ano depois de sua libertação, em Paris.

LATSIS, MARTIN IVANOVITCH (1888-1938). Membro do Partido Bolchevique desde 1905, militou pela tomada do poder a partir de julho de 1917. Foi membro do Comitê Militar Revolucionário e, após a revolução de Outubro, participou da direção da Tcheka, de 1918 a 1919. De 1932 a 1937, dirigiu a universidade russa de economia Plekhánov. Foi preso e executado em 1938 por atividades contrarrevolucionárias.

LAZIMIR, PAVEL (1891-1920). Militante SR que dirigiu a seção dos soldados do Soviete de Petrogrado e foi secretário do Comitê Militar Revolucionário de Petrogrado durante a revolução de Outubro. Faleceu de tifo.

LÍSTER FORJÁN, ENRIQUE (1907-1994). Membro do PCE a partir de 1925, foi enviado pelo partido à URSS no começo dos anos de 1930 para receber aí uma formação política e militar na escola dos quadros do Komintern. Na sua volta, após o golpe de Estado de julho de 1936, participou intensamente das atividades de recrutamento e de formação de milícias. Nomeado comandante da primeira brigada mista republicana, major das milícias, chefe de corpos do exército, ele mostrou um zelo particular para destruir as coletividades libertárias da Catalunha. Após a derrota republicana, refugiou-se na URSS, depois viveu na França e na Tchecoslováquia. Retornou à Espanha em 1977.

LUNATCHARSKI, ANATOLI VASSILIEVITCH (1875-1933). Militante bolchevique a partir de 1904, encontrou Lênin no estrangeiro e participou dos jornais que este último publicou na Suíça. Defendeu em seus textos posições contrárias às do chefe dos bolcheviques, especialmente sobre as questões das relações entre marxismo e religião. Em 1915, desenvolveu o conceito de cultura proletária ou *Proletkult*. Em 1917, estabeleceu o Comissariado do Povo para a Instrução Pública onde trabalhou em estreita ligação com Nadejda Krupskaia (a esposa de Lênin). Nomeado por Stálin embaixador na Espanha em 1933, morreu em Menton, na França, antes de assumir seu posto.

MADERO, FRANCISCO (1873-1913). Político mexicano, reformista e opositor do regime de Porfirio Díaz, criou em 1909 o Partido Nacional Antirreeleicionista. Detido e encarcerado, evadiu-se e refugiou-se nos Estados Unidos onde proclamou o plano de San Luis que marcou o início da Revolução Mexicana. Quando, em 1911, Díaz partiu para o exílio, Madero foi eleito presidente. Ele enfrentou uma feroz contestação, à qual respondeu pelas armas. Foi assassinado em 1913.

MARTOV, IULI (1873-1923). Fundador, com Lênin, da União de Luta para a Emancipação da Classe Operária e do jornal *Iskra*. Em 1903, formou a fração dos mencheviques no seio do Partido Operário Social Democrata em seguimento a um profundo desacordo com Lênin sobre questões de organização. Em 1917, como *chef de file* dos mencheviques internacionalistas, opôs-se à tomada do poder pelos bolcheviques exclusivamente, pronunciando-se a favor de um governo de coalizão socialista proveniente dos sovietes. Em 1920, ele pôde deixar a Rússia e foi para a Alemanha onde permaneceu até sua morte.

MONTSENY, FEDERICA (1905-1994). Militante anarquista espanhola, filha de militantes anarquistas, aderiu à CNT em 1931, depois juntou-se à FAI. Em 1936, a despeito de suas convicções antigovernamentais, aceitou o posto de ministro da Saúde no governo de Largo Caballero e aproveitou seu curto mandato para tentar estabelecer novas instituições de proteção social para órfãos, mães de família, prostitutas e deficientes. Tentou em vão legalizar o aborto. Refugiou-se na França após a vitória franquista e aí prosseguiu seu trabalho político. Voltou à Espanha em 1977.

NEGRÍN LÓPEZ, JUAN (1892-1956). Político espanhol, socialista moderado, membro do PSOE. Foi ministro das Finanças de Largo Caballero. Em 1936 supervisionou a transferência da maior parte das reservas do Banco de Espanha para Moscou, manobra batizada de "o ouro de Moscou". Sucedeu a Largo Caballero como presidente do Conselho de Ministro em 1937. Permaneceu na Espanha até o fim da guerra e esforçou-se em organizar a evacuação dos refugiados para o México. Personagem muito controvertida, Negrín foi expulso do PSOE EM 1946, sob a suposição de que trabalhava para o PCE. Morreu no exílio em Paris.

NIN, ANDRÉS PÉREZ (1892-1937). Sindicalista e político espanhol, juntou-se desde cedo às fileiras da CNT onde se tornou secretário do Comitê Nacional em 1919. De 1921 a 1930 viveu na União Soviética e aí trabalhou com Trótski no seio da Oposição de Esquerda, até que foi forçado a deixar o país. Fundou o POUM em 1935, após ter rompido com Trótski que o incitava a praticar uma política de infiltração no PSOE. No início da guerra civil, foi nomeado conselheiro de justiça na Catalunha, num posto que perdeu devido à pressão do PCE. Foi preso após as Jornadas de maio de 1937 em Barcelona em consequência de uma maquinação do Comissariado do Povo para Assuntos Interiores (MKDV) e executado por ordem Aleksandr Orlov.

NOGUIN, VICTOR (1878-1924). Membro do Partido Operário Social Democrata desde 1898. Secretário do Comitê Militar Revolucionário, alinhou-se ao lado dos partidários de um governo de coalização, sustentando que um governo exclusivamente bolchevique só poderia ser mantido pelo terror. Deixou seu posto em 4 de novembro de 1917. Em seguida, atuou em nome do governo soviético como negociador de acordos comerciais com o estrangeiro até a sua morte em 1924.

ORLOV, ALEKSANDR MIKHAILOVITCH (1895-1973). Alistado no Exército Vermelho em 1918, foi designado a servir no serviço de informação do estado-maior na região de Kiev. Aderiu ao Partido em 1920 e juntou-se à Tcheka onde foi encarregado de perseguir os russos brancos. A partir de setembro de 1936, foi encarregado de liquidar trotsquistas e anarquistas na Espanha e de vigiar a fidelidade ideológica dos oficiais republicanos. Desempenhou essa tarefa destruindo o POUM e mandando executar Andrés Nin. Em 1938, para escapar dos grandes expurgos estalinistas, fugiu para os Estados Unidos com sua família e 60 mil dólares que havia roubado da caixa da NKVD, ameaçando Stálin de revelar o nome de muitos agentes soviéticos se alguma desgraça se abatesse sobre seus próximos. Passou o resto de seus dias nos Estados Unidos.

PANNEKOEK, ANTON (1873-1960). Astrofísico, teórico e militante marxista neerlandês, foi uma figura emblemática do comunismo de conselhos nos Países-Baixos e na Alemanha onde viveu antes da primeira Guerra Mundial. Foi membro do Partido Comunista dos Países-Baixos, do Partido Comunista Operário dos Países-Baixos e do KAPD, ao lado de Herman Gorter e de Paul Mattick. Militou em favor da autoemancipação dos operários, tomando a Revolução Russa como contraexemplo.

PLEKHÁNOV, GUEÓRGUI (1856-1918). Após ter militado nos Movimentos socialistas agrários e populistas russos do fim do século XIX, fundou em 1883, em Genebra, a primeira célula marxista russa e escreveu textos que influenciaram o jovem Lênin. Em 1898, participou da criação do Partido Operário Social Democrata Russo. Desde 1905, alinhou-se ao lado dos mencheviques, continuando a ser reconhecido pelos bolcheviques como o introdutor do marxismo na Rússia. Deixou a Rússia pela Finlândia, após 1917, devido ao seu profundo desacordo com os bolcheviques, e morreu pouco depois.

PUENTE AMESTOY, ISAAC (1896-1936). Médico anarquista espanhol promotor da contracepção e de medidas de higiene, membro da CNT e da FAI. Escreveu numerosos textos desenvolvendo suas ideias anarquistas naturistas, e um panfleto fundamental na história da CNT intitulado *O Comunismo Libertário*. Morreu fuzilado em 1936, no início da guerra civil, devido às suas convicções anarquistas.

RADEK, KARL (1885-1939). Membro da SDKPiL aos 16 anos. Em 1912, após um escândalo, foi excluído do partido até que Lênin lhe oferece apoio que permite sua reabilitação em 1914. Depois de passar alguns anos entre a Suíça e a Alemanha, chegou a Petrogrado com Lênin e juntou-se aos bolcheviques. Foi nomeado vice-comissário de Propaganda e, a seguir, secretário do Comitê Executivo do Komintern. Em 1918, Lênin o enviou clandestinamente à Alemanha onde supervisionou a atividade revolucionária durante cinco anos. Em 1924, Stálin o demitiu de suas funções no Komintern. Excluído do Partido em 1927, foi reintegrado nos inícios da década de 1930 à custa de numerosas humilhações. Detido em 1937, por ocasião do segundo processo de Moscou, evitou a morte e foi condenado a dez anos de prisão. Morreu dois anos após sua detenção.

RAKOWSKI, CHRISTIAN GUEORGUIEVITCH (1873-1941). Médico, militante socialista e revolucionário romeno, foi delegado ao congresso da II Internacional em Zurique onde conheceu Engels. Militante internacionalista desde a I Internacional, participou da fundação do Komintern e tornou-se chefe do governo da República Socialista Soviética da Ucrânia. Ocupou postos de representação no exterior e, após a morte de Lênin, ligou-se à Oposição de Esquerda. Foi excluído do Partido em 1927 e, após uma breve reabilitação, foi detido em 1937, condenado a vinte anos de gulag e, por fim, liquidado em 1941.

RIAZANOV, DAVID (1870-1938). Tendo aderido aos 15 anos à organização populista Narodnaia Volia [Vontade do Povo], e depois ao marxismo russo, passou nove anos de sua juventude na prisão por causa de suas atividades políticas. No exílio a partir de 1900, retornou à Rússia para participar da revolução de 1905, mas, após a derrota da insurreição, foi deportado e só retornou depois de fevereiro de 1917. Tomou parte da fundação da Academia Socialista e, depois, do Instituto Marx-Engels consagrado à edição das obras completas desses autores. Privado de toda responsabilidade política em 1921 por ter defendido a autonomia dos sindicatos. Preso e enviado aos campos de concentração em 1930, morreu fuzilado por ordem Stálin em 1938.

ROY, MANABENDRA NATH (1887-1954). Travou suas primeiras campanhas nos movimentos nacionalistas revolucionários hindus e pregou a luta armada como único meio de pôr fim ao colonialismo. Durante a Primeira Guerra Mundial, foi encarregado de numerosas missões no exterior a fim de adquirir armas e obter apoios para a luta da independência. Residiu algum tempo nos Estados Unidos onde desenvolveu um interesse pelo marxismo. Chegou ao México em 1917 onde criou, por instigação de Borodin, o Partido Comunista do México, em 1919. Assistiu ao II Congresso do Komintern em 1920, em Moscou, e dirigiu depois uma delegação enviada à China em 1927. Separou-se da Internacional Comunista em 1929 para juntar-se à Oposição Comunista Internacional.

RÜHLE, OTTO (1874-1943). Militante alemão em favor dos Conselhos, foi eleito deputado do Partido Social Democrata (SPD) em 1912. Quando estourou a Primeira Guerra Mundial, opôs-se à concessão de créditos de guerra. Uniu-se às fileiras da Liga Espartaquista desde sus inícios e fundou, com Luxemburg e Liebknecht, a revista *Die Internationale*. Expulso do SPD em 1917 por suas posições internacionalistas, participou da criação da USPD. Aderiu em 1920 ao KAPD do qual foi rapidamente excluído. Cofundou a União Geral dos Trabalhadores da Alemanha – organização unitária, ao mesmo tempo partido e sindicato. Em 1933, após a tomada do poder pelos nazistas, o obrigaram ao exílio, de início em Praga, depois no México, onde morreu em 1943.

RYKOV, ALEXEI IVANOVITCH (1881-1938). Tendo aderido ao Partido Operário Social Democrata da Rússia em 1898, tomou o partido dos bolcheviques na cisão de 1903. Em 1917, foi eleito para o Comitê Central e, em outubro, tornou-se membro do Comitê Militar Revolucionário. Apesar de seu desacordo com as medidas tomadas pelos bolcheviques, participou do governo provisório. Foi membro do Comitê Central do partido, de 1920 a 1934, e, em 1924, sucedeu a Lênin como presidente do Conselho dos Comissários do Povo. Foi detido em 1937, quando do terceiro processo de Moscou, e executado no ano seguinte.

SERGE, VICTOR (PSEUDÔNIMO DE VIKTOR LVOVITCH KIBALT-CHICH, 1890-1947). Nasceu em Bruxelas, onde começou a militar desde jovem nos meios anarquistas e a escrever em publicações como *Les Temps Nouveaux* ou *Le Libertaire*. Em Paris, onde se instalou em 1909, foi chamado comparecer perante o juiz no processo da *Bande à Bonnot* [Banda de Bonnot, grupo anarquista] e condenado a cinco anos de cadeia na Santé. Encarcerado de novo em 1917, foi enviado à Rússia em 1919 no quadro de um acordo franco-soviético de troca de prisioneiros. Lá, aderiu ao Partido Bolchevique e sustentou, malgrado suas convicções libertárias, o novo regime. Filiou-se à Oposição de Esquerda para denunciar os estragos do estalinismo. Foi excluído do partido em 1928 e deportado para a região do Ural. Graças às pressões internacionais, foi libertado e depois expulso da União Soviética em 1936. De volta à França, denunciou os expurgos estalinistas e pregou, na Espanha, uma aproximação entre os anarquistas e os marxistas do POUM. Em 1940 deixou a França indo para o México, onde continuou a desenvolver seu trabalho militante e sua atividade de escritor até o fim de sua vida.

SMILGA, IVAR (1892-1938). Eleito em abril de 1917 para o Comitê Central do Partido, comandou o 7º Corpo do Exército Vermelho em 1920, durante a guerra russo-polonesa. Membro da Oposição de Esquerda, retirou-se em 1929 e foi excluído do Partido no mesmo ano. Preso em 1935, foi executado em 1938.

REFERÊNCIAS BIOGRÁFICAS DAS PERSONAGENS CITADAS 189

SOKOLNIKOV, GRIGORI (1888-1939). Tendo se filiado em 1905 à ala bolchevique, aproveitou-se do exílio para fazer estudos de economia em Paris e retornou à Rússia, com Lênin, em 1917. Após outubro de 1917, assinou o tratado de Brest-Litovsk. Entre 1919 e 1924, ocupou vários postos diferentes no seio do governo e foi, entre outras coisas, comissário do povo para as Finanças quando da introdução da NEP. De 1929 a 1932 foi embaixador em Londres. Preso no decurso dos expurgos estalinistas, morreu na prisão.

SOUVARINE, BORIS (PSEUDÔNIMO DE BORIS LIFSCHITZ, 1895-1984). Filho de russos imigrados na França, aderiu em 1916 à Seção Francesa da Internacional Operária (SFIO), onde se perfilou ao lado dos socialistas "minoritários". Filiou-se desde 192 à Internacional Comunista e tornou-se em 1921 membro de seu secretariado. Após a morte de Lênin, tomou o partido dos trotsquistas e foi expulso da Internacional Comunista em 1924. Consagrou o resto de sua vida a denunciar o estalinismo.

STEINBERG, ISAAC NACHMAN (1888-1957). No decorrer dos estudos de Direito na universidade de Moscou, aderiu ao partido Socialista Revolucionário antes de ser condenado ao exílio. Retornou à Rússia onde trabalhou como advogado. Após outubro de 1917, foi por um curto momento comissário do povo para a Justiça, mas demitiu-se a fim de protestar contra o tratado de Brest-Litovsk. Em 1923, para escapar as ameaças de assassinato, refugiou-se na Alemanha, país que, em 1933, ele trocou pela Inglaterra.

SVERDLOV, IAKOV (1885-1919). Filou-se ao Partido Operário Social Democrata da Rússia em 1902 e participou da revolução de 1905 nas fileiras dos bolcheviques. Em 1917, foi um dos mais ardentes partidários de uma insurreição armada, ao lado de Lênin, e tomou parte do Comitê Militar Revolucionário. Em 1919, morreu acometido pela gripe espanhola.

VALTIN, JAN (PSEUDÔNIMO DE RICHARD JULIUS HERMANN KREBS, 1905-1951). Membro do KPD, foi para Moscou a fim de aprofundar sua formação, sendo escolhido pelo Komintern que o enviou em missões para toda parte do mundo. Detido pela Gestapo em 1933, foi internado no campo de Fuhlsbüttel. Acuado pela Gestapo e pela NKDV, conseguiu salvar-se nos Estados Unidos. Escreveu pouco após sua autobiografia, *Sem Pátria Nem Fronteiras*.

VIDALI, VITTORIO (1900-1983). Militante comunista italiano que se colocou a serviço do Komintern, que o enviou ao México para vigiar as atividades do Partido Comunista, e para a Espanha, durante a guerra civil, onde teria participado do assassinato de Andrés Nin. De regresso ao México, fracassou no plano de matar Trótski. Estabeleceu-se em Trieste em 1947. A seguir, integrou o Parlamento e depois o Senado italianos.

VOLIN (pseudônimo de VSÉVOLOD MIKHAILOVITCH EICHENBAUM, 1882-1945). Membro do Partido Socialista Revolucionário desde 1904, tomou parte da marcha sobre o Palácio de Inverno, no dia 21 de janeiro de 1905, que foi reprimida com um banho de sangue. Depois participou da fundação do primeiro soviete de São Petersburgo. Preso em novembro de 1906, foi desterrado para a Sibéria, de onde conseguiu evadir-se para se refugiar na França. Em Paris, entrou em contato com os libertários e tornou-se anarquista. Voltou à Rússia após fevereiro de 1917. Redator-chefe do jornal *Golos Truda*, figurou entre os mais virulentos críticos dos bolcheviques. Participou da formação do Nabat, a Confederação das Organizações anarquistas da Ucrânia, para a qual redigiu uma "síntese anarquista". Em 1919, juntou-se ao Exército Revolucionário Insurrecional da Ucrânia com Nestor Makhno, veio a ser preso em Moscou e escapou por pouco de uma execução sumária. Detido novamente em 1920, foi encarcerado com outros militantes anarquistas. Eles encetaram uma greve de fome. Os participantes estrangeiros do III Congresso da Internacional Sindical Vermelha, especialmente Victor Serge, lograram obter que dez desses detidos, entre eles Volin, fossem libertados da prisão e banidos do país. Ele viveu de início na Alemanha, depois na França, até o fim de seus dias. Ao morrer, deixou o manuscrito de seu livro *A Revolução Desconhecida*.

ZINOVIEV, GRIGORI (1883-1936). Após ter encontrado Lênin e Plekhánov em 1905, na Suíça, aderiu em 1906 ao Partido Operário Social Democrata da Rússia. Em 1912, em Genebra, tornou-se o braço direito de Lênin, com o qual voltou à Rússia em abril de 1917. Opôs-se à sublevação armada pregada pelo chefe dos bolcheviques e pronunciou-se a favor da formação de um governo de coalizão com os mencheviques e os SR. Foi membro do Politburo e depois dirigiu o Komintern. Associou-se a Kamenev e Stálin a fim de afastar Trótski. Tornou-se, em seguida, um dos principais alvos de Stálin. Reaproximou-se de Trótski e da Oposição de Esquerda, mas essa união teve curta duração e ele foi demitido de suas funções no Komintern. Após duas exclusões seguidas de reintegrações cada vez mais humilhantes, Zinoviev foi acusado em 1934, com Kamenev e outros "velhos bolcheviques", de ter tramado o assassinato de Serguei Kirov. Eles foram sentenciados a dez anos de prisão. Em 1936, foram novamente acusados de formar uma organização terrorista e imediatamente executados.

Este livro foi impresso em São Paulo,
nas oficinas da Mark Press Brasil, em outubro de 2018,
para a Editora Perspectiva.